Ernest Gellner
Descartes & Co.

Ernest Gellner

Descartes & Co.

Von der Vernunft und ihren Feinden

Aus dem Englischen von Martin Suhr

JUNIUS

Für Mary McGinley und Gaye Woolven

Junius Verlag GmbH
Stresemannstraße 375
22761 Hamburg

© der deutschen Ausgabe 1995 by Junius Verlag GmbH
© 1992 by Ernest Gellner
Titel der Originalausgabe:
Reason and Culture: The historic role of rationality and rationalism
First published 1992
Reprinted 1993
Blackwell Publishers, 108 Cowley Road, Oxford OX 4, 1 JF UK
Aus dem Englischen von Martin Suhr
Umschlaggestaltung: Gesine Krüger, Büro für Mitteilungen,
unter Verwendung einer Collage »Interferenz (Schönheit und Zwang)«
von Volker Thies, 1993/94
Herstellung: Das Herstellungsbüro, Hamburg
Satz: H & G Herstellung, Hamburg
Druck: SOAK GmbH, Hannover
Printed in Germany 1995
ISBN 3-88506-247-X

Die Deutsche Bibliothek - CIP-Einheitsaufnahme
Gellner, Ernest:
Descartes & Co. : von der Vernunft und ihren Feinden /
Ernest Gellner. Aus dem Engl. von Martin Suhr. - 1. Aufl. -
Hamburg : Junius, 1995
Einheitssacht.: Reason and culture ‹dt.›
ISBN 3-88506-247-X
NE: Gellner, Ernest: Descartes und Co.

Inhalt

Danksagung

Dieses Buch hätte nicht ohne die äußerst großzügige Unterstützung durch die Mitarbeiter des Büros der Abteilung für Sozialanthropologie in Cambridge geschrieben werden können — Frau Mary McGinley, Frau Margaret Story, Frau Anne Farmer und Herrn Humphrey Hinton. Frau Sarah Green hat ebenfalls äußerst wertvolle Hilfe geleistet. Ihre Hilfe schloß das Tippen, Nachprüfen von Stellenangaben, die Bibliographie, die Meisterung der widerspenstigen modernen Technik und allgemeine moralische Unterstützung ein, die es mir auch unter dem Druck anderer Verpflichtungen erlaubt hat, dieses Buch zu schreiben. Für editorische Hilfe und Beistand bin ich darüber hinaus John Davey, Robert Moore, Sue Martin und Ginny Stroud-Lewis dankbar.

Auf der finanziellen Seite bin ich dem *Economic and Social Research Council* und ihrem damaligen Vorsitzenden, Sir Douglas Hague, verbunden für ein Stipendium, das dazu diente, die theoretische Untersuchung zu erleichtern, und für eine vergleichbare Unterstützung der *Nuffield Foundation* und ihrer *Assistant Director*, Frau Patricia Thomas. Diese Studie ist Teil eines größeren Forschungsvorhabens zur Theorie des zeitgenössischen gesellschaftlichen Wandels, ein Vorhaben, das ohne die empfangene Unterstützung sehr viel schwieriger durchzuführen gewesen wäre. Überflüssig zu sagen, daß die Verantwortung für die zum Ausdruck gebrachten Ansichten ganz allein bei mir liegt.

E.G.

Our reason must be considered as a kind of cause,
of which truth is the natural effect [...]
Unsere Vernunft muß als eine Art Ursache angesehen werden,
deren natürliche Wirkung die Wahrheit ist [...]

David Hume

[...] bei vielen [...] ein gewisser Grad von Misologie, d. i. Haß der Vernunft
entspringt, weil sie [...] finden, daß sie sich in der Tat mehr Mühseligkeit ge-
zogen als Glückseligkeit gewonnen haben, und darüber endlich den gemei-
nern Schlag der Menschen [...] der seiner Vernunft nicht viel Einfluß [...] ver-
stattet, eher beneiden als geringschätzen.

Immanuel Kant

C'est la raison humaine, qui a renversé toutes les illusions;
mais elle en porte elle-même le deuil, afin qu'on la console.
Die menschliche Vernunft hat alle Illusionen zerstört;
aber die Vernunft trauert selbst darum, damit wir sie trösten.

Alfred de Musset

Vernunft und Kultur

Der Fluch von Gewohnheit und Beispiel

»Denn schließlich dürfen wir uns [...] immer nur von der Evidenz unserer Vernunft überzeugen lassen.«[1]

Diese Bekräftigung der Souveränität der Vernunft ist die beste Kurzfassung des Rationalismus, die wir uns wünschen können. René Descartes war wahrscheinlich der größte Rationalist, der je gelebt hat. Und er litt darunter. Die Unterwerfung unter die Vernunft bringt keinen unmittelbaren und vollständigen inneren Frieden, wenn sie überhaupt Frieden bringt. Descartes' Denken liegt uns zu unserem Glück in ergreifender autobiographischer Form vor. Die gleichzeitig beunruhigende und tröstende Rolle, die die Vernunft in seinem Leben gespielt hat, wird überaus klar ausgesprochen: »[...] manches, obgleich es uns ganz überspannt und lächerlich erscheint, [ist] doch immerhin bei anderen großen Völkern allgemein verbreitet und [wird] gebilligt [...].«[2]

Ein wenig später betont er denselben Punkt noch stärker: »[...] man [kann] sich nichts so Sonderbares und Unglaubliches ausdenken [...], was nicht schon von irgendeinem Philosophen behauptet worden wäre; — später auf meinen Reisen hatte [ich festgestellt], daß Leute, deren Gesinnungen den unseren geradewegs zuwiderlaufen, deswegen noch nicht Barbaren oder Wilde sind, sondern daß mancher von ihnen ebensoviel oder gar mehr Vernunft gebraucht als wir [...] es [ist] viel mehr *Gewohnheit und Beispiel* [...], was unser Urteil bestimmt, als irgendeine Einsicht.«[3] Andere Nationen hegen lächerliche und extravagante Überzeugungen. Wer sind wir, daß wir denken, wir seien frei davon, uns auf Wahnvorstellungen zu verlassen? Das Illusionsargument wird von Descartes mit Recht im Sinne eines kulturellen und nicht eines individuellen Irrtums formuliert. Beunruhigend ist nicht, daß *ich* dem Irrtum unterworfen bin, sondern daß die gemeinsamen Annahmen einer ganzen Gesellschaft, die in ihre Lebensform verwoben sind und von ihr getragen werden, so irregeleitet sind. Ganze Gesellschaften haben sich mit Feuereifer, oft mit Arroganz und einer erbitternden Selbstgefälligkeit auf himmelschreiende Absurditäten eingelassen. Wie können wir unter diesen Umständen unserer eigenen, starken, kollektiven Überzeugung trauen? Wir wissen, daß solche Gesellschaften lächerlich sind. Sind wir selbst von Lächerlichkeit frei? Warum sollten wir uns selbst für unfehlbar halten?

In diesem Lichte entscheidet sich Descartes dafür, »nichts allzu fest zu glauben, wodurch man mich nur durch *Beispiel und Herkommen* überzeugt hatte.«[4] Die Befreiung vom Irrtum setzt die Befreiung von der Kultur, von »Beispiel und Herkommen«, wie er es nennt, voraus. Denn diese Ansammlung selbstgefälliger, vertrauensseliger Überzeugungen und deren Anerkennung führt die Menschen in die Irre. Es muß einen anderen und besseren Weg geben.

Die Befreiung soll auf dem Weg einer Reinigung durch *Zweifel* erreicht werden: Was einzig auf Gewohnheit und Beispiel beruht, ist zweifelhaft, nicht aber das, wie er endlich schließt, was rational ist. Kultur und Vernunft sind antithetisch. Die Kultur ist fragwürdig, die Vernunft ist es nicht. Zweifel und Vernunft müssen unseren Geist gemeinsam von dem reinigen, was lediglich kulturell, zufällig und unzuverlässig ist.

Descartes bestreitet jeglichen Ehrgeiz, ein allgemeiner oder politischer Reformer zu sein. Er versichert uns, daß sein Anspruch viel bescheidener sei, oder wenigstens scheint das auf den ersten Blick so: »Niemals ging meine Absicht weiter als auf den Versuch, meine eigenen Gedanken zu reformieren, und auf einem Boden zu bauen, *der ganz mir gehört.*«[5] So ist Descartes' Rationalismus auch von Grund auf individualistisch: Man kann, wie er behauptet, eine Welt auf Grundlagen errichten, die nicht nur rational sind, sondern die *einem ganz gehören.* Was zum Irrtum führt, ist die Verwendung von Grundlagen, die von anderen gelegt worden sind. Das Rationale ist das Private, und vielleicht sollte das Private auch das Rationale sein ...

Auf diese Weise sind Individualismus und Rationalismus eng

miteinander verbunden: Das Kollektive und Herkömmliche ist nicht rational, und die Überwindung von Unvernunft und von kollektivem Herkommen sind ein und derselbe Prozeß. Descartes will auf der Ebene der Erkenntnis ein *self-made-man* sein. Er ist der Samuel Smiles[6] der Erkenntnisbranche. Irrtum ist kulturbedingt, und Kultur ist eine Art systematischer, gemeinschaftlich verursachter Irrtum. Es gehört zum Wesen des Irrtums, daß er gemeinschaftlich herbeigeführt wird und sich im Laufe der Geschichte immer weiter vermehrt. Durch Gemeinschaft und Geschichte versinken wir im Irrtum, und wir entkommen ihm durch einsame Entwürfe und Pläne. Wahrheit wird auf eine geplante, ordentliche Weise von einem einzelnen erworben, nicht langsam durch eine Herde aufgesammelt. Es scheint, daß die vollständige individuelle intellektuelle Autarchie möglich ist. Und so sollte es auch sein, denn sie ist unsere Rettung.

Auf jeden Fall schlägt Descartes vor zu versuchen, sie zu erlangen. Ja, er glaubt, daß er die Aufgabe ganz gut gemeistert hat, gut genug, um zu rechtfertigen, sie der Öffentlichkeit zu präsentieren. Aber er hat nicht die Absicht, alle Welt zu ermutigen, seinem Beispiel zu folgen. Dieses ist nicht für jedermann geeignet: »Zeige ich Ihnen hier also das Modell meines Unternehmens, weil es mir ziemlich gut gefallen hat, so bedeutet dies nicht, als wollte ich irgend jemandem raten, es nachzuahmen.«[7]

Descartes' nach Befreiung suchender, kulturfeindlicher Rationalismus ist nicht nur individualistisch, er ist auch klassizistisch und bürgerlich. Diese Züge sind miteinander verwandt. Sein Klassizismus besteht in einer spürbaren Vorliebe für Gebäude, Rechtssysteme, Meinungen usf., die bewußt von einem einzelnen Autor entworfen sind. Es ist gut, wenn eine Sache auf einem klaren und überlegten Plan beruht. Solche Schöpfungen sind denen vorzuziehen, die durch allmähliche und ungeplante Zunahme einfach nur wachsen. Die romantische Vorliebe für ein altes, langsam gereiftes System von Institutionen und Strukturen, die eine sanfte, uralte Weisheit ausstrahlen, liegt ihm fern: »Ebenso sind jene alten Städte, die [...] erst im Laufe der Zeit zu Großstädten geworden sind, verglichen mit jenen regelmäßigen Plätzen, die ein Ingenieur nach freiem Entwurf auf einer Ebene absteckt, für gewöhnlich ganz unproportioniert [...]. Ebenso dachte ich mir, daß bei Völkern, die sich aus dem ursprünglichen Zustande halber Wildheit nur nach und nach zivilisiert [...] haben, [...] nicht so geordnete Zustände herrschen können, wie bei solchen, die [...] die Verfassungsgesetze eines weisen Gesetzgebers befolgt haben.«[8] Folgerichtig bedauert er es, daß der gewöhnliche menschliche Reifungsprozeß uns dazu zwingt zu wachsen und damit an jener Verderbnis teilzuhaben, die die Folge des Wachstums ist. Es wäre weit besser gewesen, wenn uns statt des organischen Wachstums ausschließlich die Vernunft gebildet hätte: »[...] es ist uns deshalb fast unmöglich, so reine oder so begründete Urteile zu fällen, wie sie ausfallen würden, wenn wir seit dem Zeitpunkt unserer Geburt im Vollbesitz unserer Vernunft gewesen wären und nur sie uns immer geleitet hätte.«[9] Kindheit, Jugend und Reife sind eine Art Ursünde. Eigentlich sind sie *die* Sünde des Denkens. Sie setzen uns Gewohnheit und Beispiel zu einer Zeit aus, da wir schlecht gerüstet sind, ihnen Widerstand zu leisten, denn in unserer Unreife wissen wir es nicht besser, und sie dringen in uns ein. Es wäre bei weitem besser, wenn unsere Ideen die Ergebnisse der Verwirklichung eines klaren und bewußten Entwurfs wären, und nicht, wie es der Fall ist, der Höhepunkt eines langen und ungeplanten Prozesses der Reifung.

Noch besser wäre es, wenn wir *uns selbst* entwerfen und planen würden! Genau dies will Descartes versuchen. Er will sich selbst neu entwerfen, oder zumindest den Teil seiner selbst, der ihm am wichtigsten ist – seine Ideen hinsichtlich der Welt. Er hat die Absicht, in einem weltlichen Sinne wiedergeboren zu werden. Beim zweiten Mal will er sein eigener Urheber und für das, was er denkt und weiß, voll verantwortlich sein. Das neue, regenerierte, wiedergeborene rationalistische Ich wird freilich nicht durch Glauben, sondern durch Zweifel hervorgebracht werden.

Wenn wir doch nur vollendet geboren werden könnten! Das Produkt eines langsamen, unbewußten Wachstums zu sein heißt unrein zu sein. Descartes ist gänzlich frei von jener Romantik, die im langsamen und unbewußten Wachstum tiefe Weisheit und in den ungeplanten Ergebnissen allmählicher Anpassung große Schönheit sieht. Er ist mehr als frei davon, er lehnt sie entschieden ab. Geschichte ist Verunreinigung.

Außerdem ist er von Grund auf bürgerlich. Die Regeln, die er für das Verhalten seines Geistes wie seiner Person bei der Ausführung jedes Entwurfs und besonders seines Lieblingsentwurfs, der kognitiven Selbstschöpfung, aufstellt, atmen den Geist der bürgerlichen Klasse. Es ist natürlich ganz besonders wichtig, diese Regeln bei der radikalen Rekonstruktion des Ich zu beachten. Also vor allem: keine Hast, keine unordentliche Verwirrung, keine Impulsivität. Jede Übereilung, jedes Vorurteil sind zu vermeiden; alle Probleme sollen in möglichst viele Teile geteilt werden; und man soll mit größtmöglicher Ordnung vom Einfachen zum Zusammengesetzten fortschreiten und eine begriffliche Buchführung praktizieren, die so vollständig und so allgemein ist, daß man »versichert wäre, nichts zu vergessen.«[10] In genau diesem Geist entfaltet der bürgerliche Unternehmer seine Ressourcen und hält seine Rechnungen und Berichte finanziell und rechtlich in Ordnung – langsam, sorgfältig, wohlüberlegt, abgewogen, ohne etwas auszulassen, von allem Rechenschaft gebend. Tue nur eine Sache zur Zeit. Unterwirf dein Handeln einer genauen und gründlichen Buchhaltung, die es nach klaren, einsichtigen Kriterien beurteilt. Descartes ist der prominenteste Praktiker und Prediger eines kognitiven possessiven Individualismus.

Der Individualismus, der Klassizismus und der bürgerliche Geist sind eng miteinander verbunden. Der Klassizismus, der auf bewußtem Entwurf und klaren Kriterien besteht, ergänzt wunderbar den bürgerlichen Sinn für Ordnung. Rigorose Buchführung ist ohne klare Kriterien und Maßstäbe kaum möglich. Der Individualismus ist Ausdruck eines Bedürfnisses nach Selbstgenügsamkeit, eine Sehnsucht nach Freiheit von jeder Art Verpflichtung: Er will seine Überzeugungen keiner »gemeinschaftlichen Bank des Herkommens« verpfänden, deren Verwaltung außerhalb seiner Kontrolle liegt und der man infolgedessen nicht wirklich trauen kann, weil sie nicht persönlich, individuell auf ihre Vertrauenswürdigkeit hin überprüft werden kann. (Schuldner können unter Druck gesetzt werden und geben verdächtige Zeugen ab; kognitiven Schuldnern kann man keine Integrität des Urteils zutrauen.) Der Kollektivismus hat zur Folge, daß alle, die unter seinem Einfluß stehen, zu opportunistischen Kompromissen neigen, seine Bindung an vielfältige und ungenaue Kriterien schließt eine genaue Kosten-Nutzen-Rechnung aus. Selbst wenn Descartes die »Verfassung der wahren Religion« empfiehlt, dann geschieht das auf eine Weise, die klarmacht, daß ihre Überlegenheit zumindest ebensosehr auf der ordentlichen Zentralisierung der religiösen Praxis und Verkündigung beruht wie auf irgendeinem speziellen Status des Planers. Es handelte sich hier, wie er deutlich fühlt, um eine saubere und ordentliche Offenbarung und nicht um eine von unseren gewöhnlichen, kunterbunten Gemeinderreligionen. Die Konzentration der Offenbarung in einem einzigen Punkt und die Vereinheitlichung der heiligen Hierarchie in ihrem einzelnen autoritativen Scheitelpunkt findet er an der Religion, in die er hineingeboren worden ist, ansprechender als ihren Traditionalismus oder ihre historische Vermischung mit dem Leben einer Gemeinde. Letztere Art von Attraktion, die später so sehr in Mode kam, läßt ihn gänzlich ungerührt.

Es liegt mehr als nur eine Spur von Qual in Descartes' Ringen mit seinen Problemen. Auch dies gehört vielleicht in die Tradition der frühen Bourgeoisie, wenn man Max Weber glauben will. Nach Webers Ansicht waren innere Kämpfe, Angst und Zweifel der Grund, weshalb die frühen Kapitalisten so ordentlich, systematisch und beharrlich waren und weshalb sie ebenso anspruchsvoll und verbissen Reichtum aufhäuften wie Descartes darum kämpfte, Wahrheiten aufzuhäufen. Was Descartes quälte, war zugegebenermaßen nicht, daß er vielleicht verdammt sein, sondern daß er sich im Irrtum befinden könnte. Seine Qual war intellektuell, nicht spirituell. Aber Descartes unterschied kaum zwischen beidem. Für einen wahren Intellektuellen, der sich vor allem für Ideen und die Wahrheit interessiert, ist Irrtum das eigentliche Wesen der Verdammnis. Andere Arten von Mängeln zählen nicht viel. Descartes' Leben war so sehr das Leben des Geistes, daß für ihn Irrtum nicht die Ursache der Verdammung, sondern die Verdammung selbst war.

Descartes' Ringen mit Gott, das eine bedeutende Rolle in seinen Schriften spielt, hat eine ganz besondere Qualität. Wie Hiob war René Descartes vom Problem des Übels zutiefst beunruhigt. Aber für ihn nimmt das Problem eine besondere Form an. Er scheint durch all die furchtbare Ungerechtigkeit, die in Gottes Welt vorkommen kann und vorkommt, nicht gar so sehr betrübt. Er war Teilnehmer an einem der bösartigsten und brutalsten Kriege in der Geschichte Europas, aber diese Erfahrung scheint bei ihm keine tiefen Narben hinterlassen zu haben. Es ist eine ganz bestimmte Ungerechtigkeit oder sogar ihre bloße Möglichkeit, die ihn vor allem übrigen beunruhigt: die Ungerechtigkeit, sich im *Irrtum* zu befinden. Wie konnte Gott uns mit Kräften des Geistes versehen und trotzdem zulassen, daß wir irren? Wie konnte man im Schatten einer solchen Grausamkeit leben? Es war diese Möglichkeit, die Descartes unerträglich fand, und er war sichtlich entschlossen, die Gottheit von einem solch fürchterlichen Verdacht zu befreien. *Die einzige Aktivität in der Welt, die Descartes wirklich interessiert, ist das Denken und die Suche nach Wahrheit.* Hätte er das Vaterunser verfaßt, hätte es zweifellos die Bitte enthalten: »und führe uns nicht in Irrtum«.

Das Übel in dieser Sphäre, das Vorkommen *unverdienten* Irrtums, hätte Descartes Gott im Innersten niemals verzeihen können. Ungerechtigkeit gegenüber dem menschlichen Geschick und der menschlichen Person ist etwas, was wir, wie es scheint, mit stoischer Tapferkeit ertragen müssen. Aber Ungerechtigkeit gegenüber dem menschlichen Geist in Form des Irrtums ist etwas, was Descartes nicht mit Gleichmut ertragen kann. Die Vorstellung, daß Irrtum unser Los sein könnte, obgleich wir es nicht verdient haben, läßt sich nicht ertragen. Unverdientes Elend ist erträglich, aber nicht unverdienter Irrtum.

Glücklicherweise überzeugt er sich davon, daß er ihn nicht ertragen muß. Gott ist ganz unschuldig an den intellektuellen Irrtümern, die von seinen Geschöpfen begangen werden. Er hat es ihnen durchaus möglich gemacht, den Irrtum zu vermeiden: Wenn sie trotzdem einen Irrtum begehen, ist es ihr eigener Fehler und nicht seiner.

Wenn Gott nicht daran schuld ist, den Irrtum in die Welt zu setzen, wer ist dann der Schuldige? »Die erste und Hauptursache aller unserer Irrtümer«[11] sind die Vorurteile unserer Kindheit. Die Verwicklung des unreifen Geistes in die Welt führt zu einer Vielzahl falscher Überzeugungen: »Und so wird unser Geist von Kindheit an noch mit tausend anderen Vorurteilen beladen [...].«[12] Obgleich seine offizielle Darstellung des Irrtums ein wenig individualistisch ist, da sie ihn als etwas beschreibt, das beim Wachsen seines eigenen, einzelnen Geistes geschieht, weiß Descartes andererseits sehr wohl, daß die durchgängige Struktur des Irrtums von Gesellschaft zu Gesellschaft variiert. Er wird durch das hervorgebracht, was er als *Gewohnheit und Beispiel* bezeichnet. Du sollst dich von keiner Menge dazu verleiten lassen, einen Irrtum zu begehen. Aber die meisten von uns tun genau dies. Der Feind ist offensichtlich unsere Sozialisation, unsere Zugehörigkeit zu einer Kultur. Die Rettung liegt in der individuellen Überprüfung unserer Ideen: »[Es] müssen deshalb zunächst alle Vorurteile abgelegt werden, d.h. man muß sich vorsehen und den früher einmal angenommenen Ansichten nicht vertrauen.«[13] Die Schlachtlinien sind jetzt klar: Die individuelle Vernunft steht gegen die kollektive Kultur. Die Wahrheit kann nur dadurch gesichert werden, daß man sich von Vorurteil und überliefertem Brauch befreit und seine Welt neu formt. Sie kann nur durch die auf ihre Unabhängigkeit pochende, einsame Vernunft erreicht werden. Wir suchen sie auf rationale Weise, und wir tun es allein.

Aber welche Methoden setzt die Vernunft in diesem ungeheuren Kampf ein? Kurz gesagt, sie kann sich auf einen inneren Zwang verlassen. Um genau zu sein (und diese Nuance ist äußerst wichtig), sie kann sich auf einen inneren Zwang *einer bestimmten, eingeschränkten Art* verlassen. Nicht irgendein Zwang, sondern nur dieser besondere Zwang liefert dem Geist den entscheidenden Prüfstein der Wahrheit und Rationalität.

Descartes gibt zu, daß wir uns leicht vorstellen können, daß es keinen Gott, keinen Himmel, weder andere noch unseren eigenen Körper gibt. Sie alle könnten sehr wohl Bestandteil unserer infantilen und kollektiven gewohnheitsmäßigen Vorurteile sein. Die Existenz dieser Entitäten besteht nicht den stringenten Test der Unbezweifelbarkeit, den er als Mittel unserer Dekontamination von kulturellem Aberglauben entworfen hatte.

Allein die Bejahung der Existenz eines denkenden Wesens erlaubt es Descartes, der damit das berühmteste Argument der Neuzeit formuliert, der Beschränkung der lediglich aus dem Brauch stammenden Überzeugung zu entgehen. Das Argument behauptet: *Ich denke, also bin ich.* Diese eine Behauptung, diese Wahrheit, besteht die Prüfung *wirklich* unversehrt: »[...] denn es ist ein *Widerspruch*, daß das, was denkt, zu dem Zeitpunkt, wo es denkt, nicht existiert.«[14] Auf diese Weise befreit ein unwiderstehliches inneres Widerstreben gegen die Verwerfung einer bestimmten Idee, oder positiver, ein innerer Zwang, sie zu akzeptieren, Descartes von der bitter verabscheuten, fatalen, irrtumsanfälligen Abhängigkeit von bloßem Herkommen und Beispiel, von Gesellschaft und Kultur. Unwiderstehlicher innerer Zwang allein liefert den archimedischen festen Punkt, der uns befähigt, der Versklavung durch den kontingenten und sozial schwankenden Brauch zu entkommen. Er befähigt uns, uns selbst vom Irrtum zu befreien, indem er uns unseren unbefleckten, dekontaminierten Ausgangspunkt liefert. Infolgedessen gibt es zumindest eine Idee, die die Kraft hat, sich uns, *komme, was da wolle*, aufzuzwingen, ungeachtet allen zufälligen Drucks, den die historische und kulturelle Kontingenz auf uns ausüben mag. Keine kulturelle Gehirnwäsche, wie gründlich auch immer sie vorgenommen wird, kann jenes leuchtende Eiland der sich selbst erhaltenden Gewißheit beeinflussen. Ein Entkommen aus kontingentem Brauch und Beispiel ist also trotz allem möglich.

Aber man beachte, daß nur die bessere und nicht jede beliebige alte Art von Zwang die erhabene Rolle des Befreiers des menschlichen Geistes vom Irrtum spielen kann. Nur die reine Art von Zwang kann uns befreien. Nur derjenige, der von klaren und deutlichen Ideen ausgeht, hat diese erhabene und befreiende Qualität. Nicht Zwang als solcher, sondern klarer und deutlicher Zwang ist legitim, vertrauenswürdig und befreiend.

Der wichtigste Punkt in Descartes' Darstellung der Situation des Menschen ist dieser: Um sich der Vernunft zu bemächtigen und der Kultur zu entkommen, muß man alle Irrtümer transzendieren, die der Kultur entstammen, und auf die inneren Zwänge einer besonderen Art achten. Auf sie muß man achtgeben und darf sich um keine anderen kümmern. Das angemessene Schlagwort für Descartes' Version der Philosophie der Befreiung ist *selektiver Zwang*. Nur die bessere Art innerer Befreiung kann uns vom Übel erlösen. Es ist ein Zwang, der sich erst ergibt, nachdem wir Descartes' bürgerliche

Regeln für das Verhalten unseres Verstandes beachtet haben — langsames Abwägen, Klarheit, Aufteilung der Probleme, Gründlichkeit, Buchführung, Rechnungsprüfung.

Die innere Anziehungskraft des berühmten Prinzips »Ich denke, also bin ich« ist für Descartes das oberste und entscheidende Beispiel eines solchen Zwangs durch deutliche Ideen. Er war sicher, daß kein Mensch ihm seine Zustimmung verweigern könnte. Es war geradezu das Modell eines legitimen, gültigen, inneren Zwanges. Es ist auf ganz spezifische Weise zwingend; und deshalb setzt es einen Maßstab und Präzedenzfall und Ausgangspunkt, alles zugleich. Solche Wahrheiten und allein solche Wahrheiten sind geeignet, uns zu leiten.

Dieses entscheidende Beispiel illustriert auch, warum es selbst zwingend und triftig ist: weil jeder Bestandteil selbst klar und deutlich ist. Das erlaubt Descartes, die Verbindung zwischen Klarheit und Triftigkeit zu verallgemeinern. Wenigstens glaubt er das. Es befähigt ihn zu schließen, daß *alle* derart klaren und deutlichen Ideen ähnlich zuverlässig und verläßlich seien, selbst wenn diese eine es ganz besonders ist, irgendwie sich selbst erzeugend und sich selbst rechtfertigend. Sie setzt einen Präzedenzfall, sie zeigt, daß kognitive Zuverlässigkeit erreichbar ist.

Gleichzeitig bleibt die Existenz des denkenden Ich ein Sonderfall: Es allein war von Anfang an zwingend, selbst *bevor* jene Verallgemeinerung, die auf seiner Anerkennung beruht, formuliert und akzeptiert worden war. Es machte die Erlangung jener Generalisierung möglich; und gleichwohl war es selbst eine Art leuchtendes, scheinendes Beispiel und dehnte seine eigene Legitimität auf alle jene Ideen aus, die fähig waren, seinem Vorbild zu folgen oder nachzueifern. Es war, in einem neuen Sinn, die unbefleckte, von weltlicher Verderbtheit unberührte Empfängnis.

Aus der Existenz des denkenden Ich schließt Descartes (durch ein höchst zweifelhaftes Verfahren, das ihn befriedigt, uns aber hier nichts angeht) auf die Existenz eines Gottes; und aus der Prämisse der Güte eines Gottes, der kein Betrüger sein kann, schließt er seinerseits weiter, daß klare und deutliche Ideen uns im allgemeinen nicht irreführen können. Auf diese Weise gibt die Gottheit, deren eigene Existenz durch eine Anzahl klarer und deutlicher Ideen gesichert worden war, dankenswerterweise das Kompliment zurück und erteilt ihnen allen eine Beglaubigung.

Gleichzeitig löst dies das Problem jenes Übels, das Descartes am meisten beunruhigt: Wie ist Irrtum in einer Welt möglich, die von einem gütigen Gott beherrscht wird? Antwort: Gott hat uns mit klaren und deutlichen Ideen ausgestattet. Wären wir ihnen gefolgt, wären wir frei von Irrtum. Es ist nicht sein Fehler, daß wir der Kultur, dem Herkommen und dem Beispiel folgen und in Irrtum verfallen.

Descartes' kognitive Welt ist eine Art Doppelmonarchie, in der es schwer zu sagen ist, ob die klare Vernunft oder die Gottheit der letzte Souverän ist. Jede von ihnen bestätigt die Autorität der anderen, und sie herrschen gemeinsam. Keine könnte allein herrschen. Die Gottheit bedarf klarer und deutlicher Ideen, damit ihre eigene Existenz gesichert ist. Eine Anzahl klarer und deutlicher Ideen sichert die Existenz Gottes. Klare und deutliche Ideen im allgemeinen bedürfen jedoch der Gottheit, so daß der anfänglich schmale Brückenkopf der Vernunft sich erweitert. Nur so ist es möglich, *alle* klaren und deutlichen Ideen anzuerkennen.

Nur eine einzige klare und deutliche Idee, die Existenz des denkenden (bewußten) Ich, wird autonom, ohne jede Hilfe von außen gesichert, selbst ohne die der Gottheit. Die Existenz des Ich und seiner Idee von Gott sichert dann die *Existenz* der Gottheit, die ihrerseits die Zuverlässigkeit aller *anderen* klaren Ideen garantiert. Jetzt ist die Welt endlich einer verläßlichen Erkenntnis zugänglich, und der Irrtum kann von denen, die dem wahren Pfad der Vernunft folgen, vermieden werden.

Die Einzelheiten von Descartes' Lösung gehen uns hier nichts an. Sie sind nur von historischem Interesse. Von großer und dauernder Relevanz ist dagegen seine allgemeine Charakterisierung der *condition humaine*. Der Mensch ist hilflos der Gnade falscher, aus dem Herkommen rührender Ideen ausgeliefert, die ihm im Laufe der Erziehung von seiner sozialen Umwelt eingeflößt werden. Er kann sich von ihnen nur mit allergrößter Schwierigkeit befreien. Aber befreien muß er sich! Wie? Indem er sich seinen inneren Zwängen zuwendet. Aber nicht allen: Er muß nur auf die achtgeben, die den höchsten Anforderungen an Luzidität, an logische Folgerichtigkeit Genüge tun.

Man beachte, daß die Gottheit, die die Verläßlichkeit dieser zwingenden Vorstellungen garantiert, selber eine durch und durch bourgeoise Gottheit ist. Sie ist in der Auswahl dessen, was sie anerkennt, penibel: Sie stellt keinerlei Freibrief für trübe, turbulente, obskure innere Zwänge aus. Sie ist keineswegs die Art von Gottheit, die sich durch Trance oder irgendeine mystische oder orgiastische Auflösung der begrifflichen Ordnung offenbart. Sie begünstigt keinerlei emotionale Exzesse unter ihren Anhängern, und ganz gewiß schlägt sie nicht vor, sich ihnen im Verlaufe irgendeines derartigen unziemlichen Sichgehenlassens zu enthüllen. Solche Formen der Kommunikation überläßt sie anderen und vermutlich zweifelhaften Glaubensgemeinschaften und Sekten.

Tatsächlich könnte sie von einem spirituellen Wesen, das derartige ausschweifende Wege der Kommunikation mit der Menschheit begünstigt, kaum weiter entfernt sein. Ganz gewiß empfiehlt sie keinerlei kindliche Einfachheit oder emotionale Hemmungslosigkeit als Zugangsweg zu ihr. Diese Gottheit hat eine ebenso große Abneigung wie Descartes selbst gegen das, was man später Romantik nannte. Sie will mit heftiger Emotion oder absichtlichem Exzeß als Weg zur Erleuchtung nichts zu tun haben. Sie würde den Gebrauch von Hysterie nicht verzeihen, besonders wenn sie durch die Anwendung künstlicher Mittel hervorgerufen wird. Sie gewährt inneren Zwängen ihr *Imprimatur* nur insoweit, als diese ordentlich, klar, deutlich und systematisch sind — kurzum, *rational* zwingend. Sie ist eine Gottheit der Ordnung, Nüchternheit und Vernunft.

Dieselben Tugenden, die sich Descartes im Laufe seiner Untersuchung selbst auferlegt hat, sind evidentermaßen auch die, die die Gottheit im Innenleben ihrer Geschöpfe befürwortet. Solange diese Regeln bei der Entscheidung darüber eingehalten werden, welche innere Zwänge befolgt und welche unbeachtet bleiben sollen, wird kein Irrtum auftreten. Infolgedessen ist die Gottheit nicht haftbar für den Irrtum, und kognitive Gnade kann allen gewährt werden. Sie ist allen Menschen durch ihre eigenen Anstrengungen verfügbar: Descartes scheint ein Pelagianer zu sein.

Auf diese Weise ist Descartes' besondere Version des Problems des Übels, das Problem des *Irrtums*, gelöst. Dies ist Descartes' Theodizee: Nicht die Gottheit, sondern nur unsere Mißachtung der Regeln, die sie uns für das Verhalten unseres Verstandes implizit eingeflößt hat, ist für unsere Irrtümer zu tadeln. Irrtum ist die einzige Art von Übel, die Descartes wirklich beunruhigt. Innere Zwänge einer klaren und deutlichen Art können ihn überwinden: Sie und sie allein bieten das sichere Geländer zu kognitivem Heil.

Vernunft gegen Kultur

Descartes stellte ein Programm auf mit dem Ziel, unzuverlässiger, zufällig erworbener Überzeugung zu entkommen. Er schlug praktisch ein Programm für die Befreiung des Menschen von der Kultur vor. Dieses Ziel sollte durch ein richtiges Verständnis dessen erreicht werden, was unserem Geist legitimerweise verfügbar ist und was nicht. Diese Strategie wurde von anderen weiterverfolgt und im achtzehnten Jahrhundert von David Hume und Immanuel Kant vollendet. Aber der Geist der Untersuchung und ihr impliziter Aufgabenbereich blieben weitgehend so, wie Descartes sie formuliert hatte: Der individualistische, klassizistische, bourgeoise Geist, unromantisch, antigemeinschaftlich und unhistorisch, durchdrang weiterhin ihre Ausübung und versorgte sie mit ihren stillschweigenden Annahmen. In den Details ihrer Verwirklichung veränderte sich freilich vieles.

Eine Reihe britischer Empiristen, deren Höhepunkt Hume bildet, ersetzte *Begriffe* durch *Wahrnehmungen* als die grundlegenden Bausteine des Erkenntnisgebäudes. Das individuelle Bewußtsein sollte immer noch die Grundlage von allem sein, aber als sein Inhalt wurden fließende Sinneswahrnehmungen angesehen und nicht irgendeine vermeintliche Ich-Substanz, wie Descartes behauptet hatte.

Das hatte freilich keinerlei Einfluß auf die grundlegende Strategie oder auf das Verständnis des menschlichen Daseins. Descartes vertraute »Ideen«, weil sie unser eigen waren, gegeben und innerlich manifest; der Empirist vertraute aus genau demselben Grund Wahrnehmungen oder Sinnesempfindungen. In beiden Fällen sollten private und unentrinnbare Daten die Grundlage eines neuen Gebäudes bilden. Die zentrale Position der Empiristen implizierte weiter einen kulturverweigernden Individualismus, eine Robinson-Crusoe-Haltung, die Fähigkeit und Bereitschaft, sich seine eigene Welt zu schaffen. In der Politik kombinierte Hume dies mit einem gewissen Respekt vor den fortdauernden Traditionen; aber dies modifizierte nicht seine zentrale Intuition — nämlich, daß die Welt aus privaten Bewußtseinsdaten konstruiert war und daß wir infolgedessen durch die Überprüfung dessen, was diese Daten wirklich enthielten, bestimmen konnten, was in der Welt zu finden war und was nicht.

So ersetzt innerhalb dieses Gesamtprogramms der Sensualismus den Konzeptualismus. Wir erkennen durch unsere Sinne: Der Geist selbst bewahrt oder häuft Erkenntnis nur auf, aber er erzeugt sie nicht. Descartes konnte das scholastische Diktum, daß nichts im Geist sei, was nicht vorher in den Sinnen war, nur mit Verachtung betrachten. Nach seiner Einschätzung war genau das Gegenteil näher an der Wahrheit: Der wertvollste Inhalt des Geistes ist niemals durch die Sinne hindurchgegangen. Als er zum Sensualismus zurückkehrte, ging Hume im Unterschied dazu noch viel weiter als das berühmte Diktum: Für ihn waren Begriffe oder Ideen nichts als ein Nachgeschmack von Sinnesempfindungen. Die Suche nach der leuchtend sich selbst bestätigenden Klarheit und Deutlichkeit von Descartes' *Ideen* wird aufgegeben. Es gibt keine Ideen, die sich selbst rechtfertigen. Ideen werden durch die Wahrnehmungen, die sie erzeugt haben, gerechtfertigt und können nur so gerechtfertigt werden. Aber die Wahrnehmungen behalten die Funktionen bei, die die Ideen für Descartes besessen hatten. Das kommt auf ziemlich das Gleiche heraus. Sie können diese Rolle auf die gleiche Weise spielen wie die Ideen: Sie sind auf eine unentrinnbare, unvermeidliche, zwanghafte Weise in *uns* individuell gegenwärtig. Sie versorgen uns mit einer individuellen Basis, mittels derer wir kulturelle Ansprüche zensieren können. Die Kultur kann von dem kognitiven Robinson Crusoe transzendiert werden. Und bevor die Wahrnehmungen die ihnen zugewiesene Aufgabe erfüllen können, werden sie derselben Reinigung unterzogen, der Descartes die Ideen unterzogen hatte: Sie werden atomisiert, in ihre elementaren Bestandteile zerlegt. In der kognitiven Rechnungsprüfung wird eine Stück-für-Stück-Kontrolle vorgenommen.

Hume ist, wie Descartes, eifrig darum bemüht, das, was wir wirklich zu wissen beanspruchen können, von dem zu unterscheiden, wo dies nicht der Fall ist. Wie Descartes hatte er einen einzigen und einfachen Prüfstein. Aber es war nicht mehr ganz derselbe; es war nicht länger die Klarheit und Deutlichkeit der Ideen mit dem inneren Zwang, den sie angeblich bei sich führen. Für Hume ist der Prüfstein ein anderer; er besteht in einem Prinzip, das er durch Introspektion gesichert zu haben behauptet: dem Prinzip, daß alle Ideen am Ende nichts als der Widerhall von Eindrücken, von Impressionen sind. Keine Erkenntnis ohne Eindruck: Dies behauptet er durch Beobachtung festgestellt zu haben. Erkenntnis hat keine anderen Quellen. Auf diese Weise ist der Prüfstein für die Gültigkeit einer Idee die Verfügbarkeit der sie erzeugenden Impression.

Hume bestreitet außerdem, daß es, abgesehen von der Lebhaftigkeit, zwischen Ideen und Eindrücken irgendeinen radikalen Unterschied gibt. Ideen sind einfach schwache Echos von Eindrücken. Für Hume macht dies *sowohl* eine seiner Schlußfolgerungen aus *wie auch*, in der wirklichen Struktur seines Denkens, die prinzipielle Prämisse für die Sicherung aller anderen Schlußfolgerungen. Ideen/Echos sind schwach, und Impressionen/Ahnen sind lebhaft; und es gibt keinen legitimen Abkömmling ohne einen lebhaften Ahnen. Wenn wir die Namensliste von Vorfahren in unserem lebhaften sensorischen Strom inspizieren, können wir sagen, welchen Echos/Ideen ein Aufenthaltsrecht in unserem Geist gewährt werden darf. Durch diese Methode bestimmen wir die legitimen, gerechtfertigten Grenzen unserer Welt und säubern sie von unechten, illegitimen Hinzufügungen.

Hume benutzt diese Regel zum selben Zweck und in derselben Weise wie Descartes sein Prinzip der Gültigkeit klarer und deutlicher Ideen. Das Programm bleibt selbst dann bestehen, wenn seine Ausführung verändert wird. Er verwendet es, um die Schafe von den Böcken zu trennen, um das, was wir gerechtfertigterweise glauben können, von dem zu unterscheiden, wo das nicht der Fall ist. Die rechtfertigende *lettre de noblesse* einer Idee ist ihre dokumentierte Abkunft von einer Ahnenimpression.

In einem wichtigen Sinn ist Hume natürlich überhaupt kein Rationalist: Er wird konventionellerweise als Empirist eingestuft und als solcher als ein Denker, der zum Rationalismus in Opposition steht. Nichtsdestoweniger wird der entscheidende Aufgabenbereich des Cartesischen Unternehmens beibehalten. Hume bleibt in einem entscheidenden Sinne Rationalist: Wir sehen in ihm einen individualistischen Versuch, auf rationale Weise die Grenzen und die Natur der authentisch erkennbaren Welt zu bestimmen.

Es gibt tatsächlich eine Veränderung in der Betonung: Descartes glaubt zwar, daß alle Menschen mit Vernunft begabt sind, die sie vor dem Irrtum bewahrt, wenn sie sie nur recht benutzen. Zugleich weiß er jedoch, daß er eine *neue* Welt konstruiert. Er lebte unter Menschen, die ihm noch nicht auf seinem Weg der kognitiven Rettung gefolgt waren, und die mit der eben erst entstehenden wissenschaftlichen Welt unvertraut waren. Im Gegensatz dazu glaubte Hume in einem viel größeren Ausmaß, daß er die Art und Weise aufzeichne, wie zumindest einige Menschen jetzt tatsächlich dachten: nämlich die, die in der neuen galileischen Welt lebten, die von den Menschen der Aufklärung geteilt wurde. Er wollte sich nicht länger als ein kognitiver Crusoe niederlassen; statt dessen kodifizierte er die kognitiven Regeln einer Welt, die schon existierte, einer Welt, die von der Gemeinschaft der Aufgeklärten bewohnt wurde.

Der Unterschied ist weniger einer zwischen Descartes und Hume als vielmehr einer zwischen ihren Zeiten. Die Menschen hatten sich während der vergangenen hundert Jahre verändert. Descartes lebte während des letzten, obgleich blutigsten Religionskrieges und hatte sogar — wenn auch vielleicht in einer etwas lauwarmen Weise — daran teilgenommen. Während er, neben seinem Ofen hockend, einen strengen Winter in einem gemütlichen Quartier verbrachte, wandte sich sein Geist entschieden der kognitiven an Stelle der militärischen Strategie zu. Im Gegensatz dazu lebte Hume im Augusteischen Zeitalter mit seinen begrenzten, hoch professionellen Kriegen. Er hatte in der Eigenschaft eines Sekretärs tatsächlich an einer erstaunlich humanen und praktisch unblutigen Schlacht teilgenommen. Eine belagerte französische Garnison war herausgekommen, um sich einer englischen Truppe zu ergeben, die sie als zu stark betrachtete, um ihr Widerstand zu leisten. Ihre Absicht wurde freilich durchkreuzt — es gelang ihnen nicht, sich zu ergeben, weil sie niemand fanden, dem sie sich hätten ergeben können: Die britischen Truppen hatten sich inzwischen zurückgezogen, weil sie zu dem Schluß gekommen waren, daß die französische Stellung so stark war, daß sie sie nicht hätten einnehmen können [15]. Man kann sich eine humanere — ja wahrhaft aufgeklärtere — Kampfhandlung kaum vorstellen.

Aber kehren wir zu der Aktivität zurück, für die diese Männer besser bekannt sind als für ihre militärischen Bestrebungen, so symptomatisch ihre jeweiligen Kriege für ihre Zeiten auch gewesen sein mögen — nämlich *dem Denken*. Descartes zeichnete auf, wie *ein einzelner* Mensch in seiner Einsamkeit *wirklich* dachte und wie andere seiner Ansicht nach denken *sollten*. Hume zeichnete auf, wie er und viele andere schon dachten. Obgleich er wußte, daß auch andere Denkstile existierten und er sie mißbilligte, war sein Interesse an ihnen für seine Arbeit nicht zentral.

Es gibt viele interessante Unterschiede zwischen Descartes und Hume, aber der wichtigste ist vielleicht dieser: Descartes hatte, wenn auch nicht ohne Qual, sowohl ein festes Ich als auch eine sichere Welt erlangt, oder er glaubte es zumindest. Hume war sich niemals ganz sicher, daß er auch nur eins von beiden erreicht hätte. Descartes vermutete, daß sein rationalistisches Unternehmen erfolgreich sein könnte und war. Ohne sich auf irgend etwas anderes zu verlassen als auf Ideen, die er als durch ihre Klarheit und Deutlichkeit sich selbst bestätigend ansah, glaubte er, zunächst die Existenz eines beruhigend substantiellen Ich sichern und indirekt, durch die Vermittlung eines kognitiven göttlichen Garanten, eine ordentliche, verläßliche und erkennbare Welt herstellen zu können. Obgleich das Ich und die Welt merkliche Schwierigkeiten hatten, miteinander zu kommunizieren (Schwierigkeiten, die seiner philosophischen Nachwelt noch zu schaffen machen sollten), bestand nichtsdestoweniger zwischen ihnen eine tiefe Harmonie, Sympathie und Komplementarität. Die Welt war durch das Ich verläßlich erkennbar. Es konnte keine Rede von einem Ich sein, das brutal in eine Welt geworfen war, die es niemals gemacht hatte, die zu erkennen oder zu verstehen es schlecht ausgerüstet und die ihm feindlich war.

25

Eine derartig qualvolle Vision hatte es bisher noch nicht gegeben oder hatte zumindest noch nicht *ihren* offenen und dauerhaften literarischen Ausdruck gefunden. Das Cartesische Ich betrat, in der Gewißheit seiner soliden, substantiellen Existenz, die Welt gut und vollständig gerüstet, um die Welt zu erkennen und zu verstehen. Die Welt war da, um es zu empfangen, und sie war für es erkennbar. Die Werkzeuge, mit denen das Ich von hoch oben wohl versehen war, waren von solch exzellenter Qualität, daß Erkenntnisbemühungen niemals ein Scheitern oder auch nur Demütigungen fürchten mußten. Voraussetzung war allerdings, daß die Werkzeuge angemessen eingesetzt wurden, in Übereinstimmung mit den Instruktionen des Meisters, die sie irgendwie begleitet hatten (obgleich sie nur von Descartes richtig gelesen wurden). Der Erfolg war garantiert, wenn die Instruktionen nur recht befolgt wurden. Wenn der Geist sie falsch anwendete (was die meisten Menschen leider taten), mußte er sich nur selbst tadeln. Aber wenn er sich anständig aufführte, war er sicher. Gegen Ende des Tages konnte er vertrauensvoll seine Belohnung erwarten. Er konnte die Welt zuverlässig erkennen, und es sollte für ihn in dieser Welt einen sicheren und richtigen Platz geben. Descartes hatte zumindest die kognitive Version des Problems des Übels zu seiner eigenen Befriedigung gelöst.

Man beachte, was Descartes getan hatte: In wahrhaft rationalistischem Geist entschied er sich, seine Unabhängigkeit von der zufälligen Ansammlung von Überzeugungen zu erklären, von allen kulturellen Hinzufügungen, und sich auf eigene Faust an eine Wiedererkundung der Welt zu machen. Die Kultur als eine gemeinsame Anzahl von Ideen, die einfach nur deshalb für gültig gehalten werden, weil sie die gemeinsame begriffliche Überlieferung einer sich entwickelnden Gesellschaft darstellen, wird verworfen. Sie wird verworfen, *weil* sie Kultur ist. Ihr sozialer und auf Herkommen beruhender Ursprung ist *der* tödliche Makel.

Aber am vermeintlichen Ende seiner rationalistischen Unternehmung denkt Descartes, daß er genau jene Wohltat wiedergewonnen hat, die Kulturen ihren Angehörigen oder Teilnehmern erweisen: die warme Belohnung, sowohl ein Ich als auch eine Welt zu besitzen, die zusammenpassen und sich miteinander verbinden, die einander stützen und für einander bürgen. Beide besitzen eine Art autorisierten, garantierten, gerechtfertigten Status, und sie verstärken einander. Die Welt ist da, um vom Ich erkannt und gewürdigt zu werden, das Ich sieht sich in seinen besten Bestrebungen von der Welt unterstützt und bestärkt. Glückliche Angehörige gut integrierter Kulturen haben normalerweise genau dieses Gefühl, obgleich sie es vielleicht nicht in solchen Worten formulieren.

Descartes glaubte offensichtlich, daß er es allein schaffen und am Schluß zu einem individuell errichteten intellektuellen Gebäude zurückkehren könne, das mit genau jenen moralischen und begrifflichen Bequemlichkeiten ausgestattet wäre, die den Menschen traditionellerweise nur durch historische Kollektive, durch *Gewohnheit und Beispiel* gewährt werden. Sie sollten sich ganz genauso komfortabel fühlen, aber diesmal sollte der Komfort selbst gemacht, verläßlich und vertrauenswürdig sein und nicht nur ererbt, von höchst verdächtigen, unzuverlässigen kulturellen Ahnen übernommen. Er hoffte, durch individualistische, rationalistische Mittel in den Genuß aller Privilegien einer gut ausgestatteten historischen Kultur zu gelangen.

Was jedoch, wenn die Erreichbarkeit all dieser Sicherheit und dieser gegenseitigen Unterstützung nur eine Illusion ist? Was, wenn es die althergebrachte Funktion von Kulturen gewesen ist, die Menschheit mit Illusionen zu versorgen? Was, wenn ohne eine Kultur ein solch komfortabler begrifflicher Wohnort einfach nicht zu haben ist? Was, wenn wir *entweder* Selbstvertrauen und moralische Unterstützung *oder* kognitives Wachstum haben können, aber niemals beides zugleich? Was, wenn eine Gesellschaft entstehen sollte, die von kognitivem Wachstum lebte, die infolgedessen darauf festgelegt war, Descartes' Kriterien zu respektieren, der es aber, bei ihrer Sicht der Welt, unmöglich wäre, die Erfüllung dieser Kriterien zu erleben?

Wenn dieses alles so ist, dann bemüht sich Descartes, das Unmögliche zu erreichen. Er versucht, seine eigene Erkenntnis der Welt von seiner Kultur, ja von *jeder* Kultur unabhängig zu machen; und gleichzeitig versucht er, sie mit genau jenen Charakteristika zu versehen, deren Realität oder illusorisches Vorhandensein — wahrscheinlich das letztere — nur von einer Kultur erzeugt und bewahrt werden kann. Diese kognitiven Tröstungen sind genau das, was Kulturen und nur Kulturen hervorbringen können. Am Ende dieses Abenteuers der Vernunft kommen wir möglicherweise zu der Schlußfolgerung, daß diese beiden Bestrebungen Descartes' nicht nur miteinander unvereinbar sind, sondern daß auch keine von ihnen für sich befriedigt werden kann. Vielleicht kann es keine kulturfreie Erkenntnis geben, genauso wenig wie es eine echte Rechtfertigung irgendeiner Welt geben kann. Wir können einer kontingenten, geschichtsgebundenen Kultur nicht entgehen, und wir können sie auch nicht rechtfertigen. Descartes hatte gedacht, daß er tatsächlich eine Vision rechtfertigen *könnte und* daß es eine Vision sein könnte, die den Kontingenzen der Geschichte, des Herkommens und Beispiels nicht ausgeliefert wäre.

Es wäre immerhin denkbar, daß die Menschheit eine Form von Erkenntnis erlangt, die, mag sie auch immer noch kulturgebunden sein, an eine völlig neue *Art* von Kultur gebunden ist (und eine, die von Descartes unbewußt angekündigt und exemplifiziert worden ist); daß diese Form der Erkenntnis weit mächtiger als alle früheren Formen des Wissens ist; daß, als Teil des Preises für eine solche Macht, sie verpflichtet ist, die Illusion zu zerstreuen, daß sie sich selbst rechtfertigen kann; und schließlich, daß sie *nicht* komfortabel ist und Komfort niemals gewinnen kann. Das Gefühl, sich in der Welt zuhause zu fühlen, ist etwas, was ihr nicht gewährt werden wird.

Die fehlende Urkunde

Der entscheidende Unterschied zwischen Hume und Descartes besteht darin, daß Hume die akute Schwierigkeit bemerkt hat, die Welt, die durch rationale Exploration erreicht wird, zu rechtfertigen, anzuerkennen und zu garantieren. Hume ist als der Denker berühmt, der die Schwierigkeiten herausgestellt hat, die jedem Versuch innewohnen, unsere Überzeugungen zu rechtfertigen.

Descartes' eine, einzig wirklich klare und deutliche, sich selbst rechtfertigende Idee, die Existenz des denkenden Ich, verwandelt

sich in den Händen der britischen Empiristen in die Unbezweifelbarkeit der unmittelbaren Bewußtseinsdaten, der Empfindungen.
All diese mannigfaltigen Aktivitäten, die Descartes angeführt hatte
− »[...] ein denkendes Ding [...] das zweifelt, einsieht, bejaht, verneint, will, nicht will, und das auch Einbildung und Empfindung
hat [...]«[16] − werden jetzt in Wahrnehmungen verwandelt, in Impressionen und Ideen. Das Ich hört auf, eine Prämisse zu sein; statt
dessen wird es lediglich die Örtlichkeit oder vielleicht der Name
für unsere letzte Datengrundlage.

Hume untersuchte die Möglichkeiten, eine bewohnbare,
brauchbare, für Unternehmer lohnende Welt auf einer so winzigen
Basis, wie es eine bloße Ansammlung von Wahrnehmungen ist, zu
konstruieren oder zu erreichen. Er kam zu dem Schluß, daß der
Übergang von einer solchen Datenbasis zu der ordentlichen, bewohnbaren Welt äußerst prekär war − und unter keinen Umständen garantiert werden konnte. Alle, die den Übergang machten,
machten ihn − nicht so sehr auf eigene Gefahr, denn sie hatten in
dieser Angelegenheit keine große Wahl, sondern − einfach, weil es
ihr *Brauch* war, ihn zu machen. Und so stellte sich das Herkommen,
das Descartes als Grundlage der Erkenntnis so entschieden verworfen hatte, am Ende doch als ganz unentbehrlich für die Konstruktion einer Welt heraus. Aber mit einem solchen Herkommen
meinte Hume trotzdem nicht etwas sozial Variables, Kulturspezifi-
sches, sondern etwas, das jeden menschlichen Geist durchdringt.

Die Art und Weise, wie wir von der ephemeren, flüchtigen, frag-
mentarischen und diskontinuierlichen Welt unserer unmittelbaren
Daten zu einer dauerhaften, ordentlichen, recht stabilen und hand-
habbaren Welt übergehen, ist tatsächlich äußerst problematisch. Es
war Hume, der zeigte, wie problematisch sie wirklich ist. Wie anders wäre es gewesen, wenn Descartes nur recht gehabt hätte! Eine
leuchtend sichere und unbezweifelbare Grundlinie, eine kognitive
unbefleckte Empfängnis sollte durch eine Reihe von beinahe gleichermaßen unbefleckten Schritten, von denen jeder die Verläßlichkeit der Grundlinie geerbt hatte, zu einer *sicher* erkennbaren Welt
führen. Diese Welt wäre das würdige Objekt eines unbefleckten
und wahrhaft göttlich gerechtfertigten kognitiven Prozesses. Eine
apostolische Nachfolge klarer und deutlicher Ideen würde die vor-

maligen apostolischen Verbindungsglieder zwischen uns und dem Punkt der Offenbarung ersetzen.

Nichts davon bleibt. Descartes hatte geholfen, das Problem zu formulieren. Seine wirkliche Lösung ist nur noch von historischem Interesse. Descartes formulierte die Kriterien für die Erreichung einer akzeptablen Welt, Kriterien, die wir praktisch beibehalten haben; seine Nachfolger haben gezeigt, daß wir ihnen nicht genügen und nicht genügen können. Hume zeigte, daß die Verbindungsglieder, die die unmittelbaren Daten, auf die sich das besorgte Individuum verlassen kann, mit der konstruierten und vollendeten Welt verknüpfen, durch nichts garantiert waren. Sie konnten nicht, wie Descartes geglaubt hatte, spontan sowohl ihren eigenen Anfangspunkt wie auch die Garantie erzeugen, die ihn mit seinen Folgesätzen verband. Die Prüfung der Daten selbst konnte zum Beispiel nichts zutage fördern, was einem Kausalnexus entsprach, der das Beobachtete mit dem Unbeobachteten verbindet und uns dazu veranlaßt, an die Realität des letzteren zu glauben. Das einzige, das uns zwingt, Ereignisse mittels Ursachen zu verbinden, ist die frühere Erfahrung ähnlicher Sequenzen. Aber nichts kann jemals ihre stete Wiederholung garantieren. Nichts kann uns veranlassen, kausale Gründe anzuführen, außer unserer kontingenten, aber festverwurzelten Gewohnheit, das einfach zu tun; doch ohne sie können wir keine Welt konstruieren.

So fiel Hume auf die *Gewohnheit* des Geistes zurück, um so die Art zu erklären, wie er eine Welt erreichen oder errichten kann. Diese Gewohnheit selbst lag außerhalb der Reichweite jeder Rechtfertigung. Wir können sie nur praktizieren — wir haben in dieser Angelegenheit keine Wahl — und hoffen, daß sie uns nicht im Stich läßt. Wenn Descartes darunter litt, daß er die Idee eines betrügerischen Gottes nicht ertragen konnte, dann litt Hume darunter, daß er keine guten Gründe finden konnte, den Überzeugungen zu trauen, mit denen wir leben. Er hatte das Cartesische Programm akzeptiert, sah aber die Unmöglichkeit seiner erfolgreichen Durchführung.

Obgleich Hume zu der Gewohnheit zurückkehrte, die Descartes verworfen hatte, und sie ins Zentrum seiner Darstellung der Erkenntnis stellte, kann man nicht behaupten, daß er zu dem (noch namenlosen) Begriff der *Kultur* zurückkehrte. Descartes hatte, ohne ihn zu nennen, sich mühsam davon zu befreien versucht. Gewohnheit ist für Hume entscheidend — aber sie ist immer noch die universale Gewohnheit eines allgemeinen menschlichen Geistes. Sie ist noch nicht, jedenfalls nicht, wenn er sich mit dem Erkenntnisproblem befaßt, die spezifische Gewohnheit einer gegebenen Gemeinschaft. Hume denkt in erster Linie psychologistisch, nicht soziologistisch.

Dies ist also der Hauptunterschied zwischen den beiden Denkern: Sie versuchten, dasselbe Programm auszuführen, aber der eine hielt es für machbar, während der andere sah, daß es das nicht war. Aber es gab auch einige andere, spezifischere, gleichwohl interessante Unterschiede. Was zum Beispiel geschieht mit Descartes' festem Ich, der »denkenden Substanz«? Hume ist in diesem Punkt ganz klar: »Wir haben gar keine Vorstellung eines Ich, die jenen Erklärungen entspräche. Oder aus was für einem Eindruck könnte diese Vorstellung stammen? [...] und doch muß diese Frage notwendigerweise beantwortet werden können, wenn die Vorstellung unseres Ich für klar und verständlich gelten soll [...] so kann ich wagen, von allen übrigen Menschen zu behaupten, daß sie nichts sind als ein Bündel oder ein Zusammen verschiedener Perzeptionen, die einander mit unbegreiflicher Schnelligkeit folgen und beständig in Fluß und Bewegung sind.« [17] Klarheit und Verständlichkeit, die Descartes' Klarheit und Deutlichkeit ablösen, werden gegen seine Schlußfolgerung gewendet. Sie berauben uns jenes harten, soliden Ich, das Descartes anzubieten schien und das seine Grundlage war.

Über diesen Punkt scheint Kant mit Hume vollkommen einer Meinung zu sein: »[...] in dem, was wir Seele nennen, ist alles in kontinuierlichem Flusse und nichts Bleibendes, außer etwa (wenn man es durchaus will) das darum so einfache Ich, weil diese Vorstellung keinen Inhalt [...] hat.« [18] Das harte, juwelengleiche substantielle Ich, das Descartes so teuer und wichtig war, ist verschwunden. Was zugegebenermaßen sowohl bei Hume als auch bei Kant geblieben ist, »nur mit ein bißchen anderen Worten«, ist ein anderes Ich, nicht länger eine Substanz, sondern eher eine Tätigkeit. Für Hume ist es bekanntlich ein Bündel, aufgehäuft mit einer Andeutung von Passivität auf seiner Seite. Für Kant besteht es in den Tätigkeiten, die die Welt zusammensammeln. Das Ich ist eher so etwas wie das, was man im Fernsehen einen *link man* nennt, einen Überleitungssprecher: Es bindet die verschiedenen Wahrnehmungen zusammen, so daß sie eine Einheit bilden. Kant versucht, diese bindenden Aktivitäten mit Genauigkeit zu verzeichnen. Für ihn *sind* diese Tätigkeiten wirklich das Selbst.

Die kopernikanische Gegenrevolution

Beide, Hume ebenso wie Kant, erben Descartes' Problem: Wie kann der menschliche Geist aus eigenen Mitteln zu einer berechtigten, garantierten Erkenntnis der Welt gelangen? Er muß seine eigenen Mittel verwenden, denn er traut weder der Kultur noch der Autorität. Die Befreiung aus der Abhängigkeit von den Zufällen einer gegebenen historischen Situation ist für Descartes zentral, und diese Aufgabe wird von Hume und Kant übernommen. Letzten Endes waren sie Denker der Aufklärung. Kognitive Souveränität auf »Gewohnheit und Beispiel« zu übertragen, würde praktisch bedeuten, jedes *ancien régime* zu unterstützen. Dies konnten sie (mochte Hume auch politisch ziemlich konservativ sein) kaum wünschen.

Dies ist das Wesen des rationalistischen Programms: Es widerspricht einer Anerkennung der Wirklichkeit der Welt, die bloß auf gutem Glauben beruht. Es kennt keine Loyalität gegenüber einer Kultur und ihrer Gewohnheit. Ganz im Gegenteil, es sieht die Kultur mit äußerstem Mißtrauen an. Wenn Descartes seiner Kirche gegenüber Treue zeigt, ist das, was ihn charakteristischerweise zu ihr hinzieht, die zentralistische, vereinheitlichte, einzige Quelle der Offenbarung, ihr sauberer Transzendentalismus, und nicht ihre Einbettung in eine *historische* Tradition. Descartes ist sogar und besonders in seinem Glauben Rationalist. Die rationalistische und infolgedessen anti-dogmatische oder anti-autoritäre Haltung sieht den Geist in Konfrontation mit dem Problem der Erkenntnis der Welt, ohne die frühere Bindung (oder einen Glauben) an *irgendeine* Welt und *a fortiori* an irgendeine bestimmte Kultur. Sie ist Ausdruck eines Geistes, der entschlossen ist, nur rational zu verteidigende kognitive Ansprüche zu akzeptieren, beurteilt nach Gesetzen der Vernunft, die jede einzelne Kultur und jede einzelne Welt transzendieren.

Hume und Kant gelten konventionellerweise als Vertreter rivalisierender Ansichten, tatsächlich aber haben sie eine Menge gemeinsam. Humes ambivalenter Skeptizismus und Kants vermeintliche Antwort darauf haben weit mehr miteinander gemeinsam als jeder von ihnen mit Descartes. Der französische Denker hatte beiden ihr Problem und dessen Aufgabenbereich vermacht. Der Unterschied zwischen Hume und Kant ist weitgehend, wenn auch nicht gänzlich, ein Unterschied des Tones, des Geistes, der Betonung und der Terminologie.

Die Welt, die *wir* kennen oder zu kennen behaupten und in der wir leben, ist nicht einfach ein Fließen von flüchtigen Eindrücken, eine summende, blühende Verwirrung: Sie ist eine ordentliche, gesetzestreue, bewohnbare und manipulierbare Welt. Im 18. Jahrhundert wurde sie rasch immer verständlicher und manipulierbarer — und manipuliert — als sie es jemals zuvor war. Newton hatte ihre Verstehbarkeit bewiesen. Er hatte gezeigt, daß sie aus recht soliden und stabilen Dingen mit anständigen, sauberen Gewohnheiten besteht, welche die Wissenschaft — und zu gegebener Zeit auch die moderne, auf Technologie beruhende Produktion — möglich machen. Es ist die Art von Welt, in der sich eine erkenntnisfreudige und produktive Person bereitwillig sehen läßt und in der sie sich einen ehrlichen Lebensunterhalt verdienen kann, indem sie die ordentliche Voraussagbarkeit der Dinge zu ihrem eigenen Vorteil ausbeutet. Es ist eine Welt, die in einer Weise in Gegenstände zerbrochen ist, die es uns ermöglicht, mit anderen Geistern zu kommunizieren und zusammenzuwohnen, die unser Klassifikationssystem teilen.

Naiverweise nehmen wir oft an, daß eine solche Welt uns von Geburt aus zusteht. Descartes wußte, daß das nicht der Fall ist, aber er dachte, daß eine solche Welt eher durch Leistung als durch Zuschreibung erreicht werden könnte. Denke hart und denke sauber, und sie wird dir gegeben werden. Der Cartesische Mensch erbt seine Welt nicht von seinem Vater, er schafft sie sich durch hartes und gewissenhaftes Denken. Descartes vermutete auch, daß der menschliche Geist die Erlangung einer solchen Welt rechtfertigen könne, *ohne zu betrügen*. Es konnte geschehen durch die Verwendung von in gutem Glauben unternommenen, nicht-zirkulären Schritten, die zugleich innerlich zwingend und objektiv legitim waren.

Innerer Zwang, obgleich nur von der wohlgeordneten bürgerlichen Art, der sich an klare und deutliche Ideen heftete, konvergierte auf diese Weise mit kognitiver Legitimität. *Ordnung muß sein*. Die Welt war glücklicherweise so konstruiert, daß die ordnungsliebenden und Klarheit respektierenden Intuitionen der neuen Menschen zu einem gültigen Verständnis dessen führten, wie die Dinge wirklich sind. *Unser* Geist und die Realität waren miteinander kongruent. Eine gesegnete Situation!

In all diesem irrte Descartes. Humes sichere Stellung in der Philosophiegeschichte beruht zu einem beträchtlichen Teil auf der Klarheit, mit der er dies nachwies. Nichtsdestoweniger leben wir noch immer in jener ordentlichen Welt — oder eher, eine wachsende Anzahl von Menschen lebt in unserer besonderen Version dieser Welt. Ein paar Menschen lebten schon zu Descartes' Zeiten in ihr, nach Galilei, und eine weitaus größere Anzahl zur Zeit von Hume und Kant, nach Newton. Wenn so viele von uns nun in einer solchen Welt leben und gleichwohl keine der Rechtfertigungen dafür haben, was sollten wir tun? Können wir sie weiter ohne Scham bewohnen, unfähig, irgendwelche Eigentumsurkunden vorzuweisen, wenn wir dazu aufgefordert werden? Hume wie Kant fühlten sich außerordentlich unbehaglich dabei, ein Haus zu bewohnen, dessen Eigentumsurkunde sich als trügerisch erwiesen hatte.

Hume glaubte, daß *keinerlei* unabhängige, nicht-zirkuläre Rechtfertigung einer solchen Welt verfügbar sei. Alles, was er tun konnte, und alles, was überhaupt jemand tun konnte, war zu beschreiben, wie eine solche Welt gemäß dem gewohnheitsmäßigen, aber kontingenten und ungerechtfertigten Arbeiten unseres Geistes tatsächlich konstruiert war. Wir sind eben einfach so konstruiert, daß wir Regelmäßigkeiten bemerken, sie verinnerlichen und erwarten, daß sie sich weiterhin zeigen. Diese eingebaute Erwartung veranlaßt uns, die Art von Welt zu konstruieren, die wir tatsächlich bewohnen und die wir auch sehr erfolgreich manipulieren. Aber all dies ist mehr eine Beschreibung als eine Rechtfertigung. Das ist alles, was wir haben können, und soweit Hume betroffen war, konstituierte es eine Art Rechtfertigung *faute de mieux*. Wir sind an unsere Welt nur durch eine Heirat nach dem Gewohnheitsrecht gebunden, die auf gewohnheitsmäßigem und gut eingebürgertem Zusammenleben beruht, und nicht durch irgendein göttlich bestätigtes Sakrament.

Kants Rechtfertigungsstrategie war in letzter Analyse weitgehend dieselbe wie die Humes: Das Ich und nicht die äußere Realität war für die allgemeinen Züge unserer Welt verantwortlich. Kant beanspruchte, die, wie er es nannte, »Kopernikanische Revolution« in der Philosophie auf den Weg gebracht zu haben. Damit meinte er die Ersetzung der alten Versuche, die geforderte Rechtfertigung *in der äußeren Welt* zu finden, durch das entschiedene Bemühen, sie *im menschlichen Geist selbst* zu lokalisieren. Bertrand Russell, der sich aus Kant nicht eben viel machte, ließ sich zu dem durchaus angemessenen Spott hinreißen, daß Kant dies wohl eher die anti-kopernikanische Gegenrevolution hätte nennen sollen. Kopernikus hatte das Zentrum der Welt vom Menschen *weg* verlagert, weg von der Erde zur Sonne. Kant hatte genau das Gegenteil getan. Er hatte die Philosophie benutzt, um der Menschheit die zentrale Stellung zurückzugeben. Er machte die Struktur des menschlichen Geistes an Stelle der Struktur der Welt zum Angelpunkt und Fundament. Die grundlegende Rechtfertigung der weltlichen Ordnung sollte in unserem *Inneren* gefunden werden, nicht außen.

Russells Bemerkung trifft zu, aber es gibt keinen Grund, warum man sie als Spott auffassen sollte. Sie faßt die grundlegende Strategie von Kants Bestreben auf bewunderungswürdige Weise zusammen. Es ist zwecklos, einen äußeren Garanten zu suchen, obgleich die religiöse Tradition (die Descartes an diesem Punkt kopiert, und die Kant zu bewahren gedachte) die Menschheit gelehrt hat, ihn zu erwarten. Ein Grund dafür ist der darin enthaltene infinite Regreß. André Gide hat es in einem seiner Romane so ausgedrückt: Wenn du deinen Schöpfer triffst, wie kannst du wissen, daß er es *wirklich* ist?

Aber die Idee der internen Rechtfertigung ist von Hume vorweggenommen worden. Humes Rolle in Kants Denken ist nicht nur die des großen Erweckers aus dem »dogmatischen Schlummer« (Kants eigene Worte). Hume war nicht nur der Mann, der die Schärfe des Problems herausgestellt hat, dem sich die Vernunft gegenübersah, wenn sie wirklich für die Konstruktion und Legitimation einer bewohnbaren Welt verantwortlich sein soll. Er nahm auch Kants Strategie vorweg: den Verzicht auf die Hoffnung zu beweisen, daß die Welt, aus irgendeinem Grunde, *so sein muß*. Auch er schlug deren Ersetzung durch das etwas bescheidenere Bestreben vor zu zeigen, daß unser Geist von der Art ist, daß wir die Welt einfach nicht anders denken. Die philosophische kopernikanische Revolution, die Verlagerung von einem Appell an die Struktur der Welt auf einen Appell an die Struktur unseres Geistes, ist schon bei Hume vorhanden.

Aber es bleibt immer noch ein wichtiger Unterschied zwischen beiden Denkern. Kant bemühte sich zu zeigen, daß wir die Welt nicht anders denken *können*. Hume begnügte sich, etwas bescheidener, damit zu zeigen, daß wir sie einfach nicht anders *denken*. Kant war sowohl anspruchsvoller in dem, was er zu erreichen versuchte, als auch weniger naiv hinsichtlich dessen, was es war, was er tat. Er wäre nicht damit zufrieden gewesen, einfach nur, als kontingente und prekäre Tatsache, zu beschreiben, wie unser Geist nun einmal zufällig arbeitet. Sein inneres Bedürfnis bestand offensichtlich, wie für Descartes, darin sicherzustellen, daß die Fundamente in Ordnung waren, *zu beweisen*, daß sie verläßlich waren, und uns das Gefühl von Sicherheit und Gefahrlosigkeit zu geben. Hume, der weniger anspruchsvoll war, war sich zudem viel weniger darüber im klaren, worauf er sich eingelassen hatte. Er glaubte, er widme sich deskriptiver, empirischer Psychologie, er zeige, wie der Geist wirklich arbeite. In geringerem Maß, in einigen Kontexten oder Stimmungen, schwelgte er auch in einer Darstellung der Art und Weise, wie er arbeiten *sollte*, als eine Art präskriptiver Empfehlung. Er war sich nicht sonderlich im klaren darüber, wie sich diese seine beiden Tätigkeiten zueinander verhielten. In diesen Fragen war Kant sehr viel klarer.

Hume gibt uns die Vorstellung, daß der Geist aus einer Art Wachs oder Ton konstruiert sei, in dem kräftige Eindrücke ihre

Kennzeichen hinterlassen, und daß diese dann, sehr viel schwächer, ihr Echo in Ideen finden. Sein emphatisches und häufig neu bestätigtes Prinzip ist praktisch dies: *Keine Ideen ohne Eindrücke.* Hume klammert sich daran, als wenn sein Seelenfrieden daran hinge, was ja auch stimmte.

Insofern spielt die mentale Gewohnheit dieselbe Rolle wie in Kants etwas anderer Weltkonstruktion und trägt dieselbe Last. Aber das Idiom beider Denker und infolgedessen die emotionale Suggestionskraft ist ganz und gar verschieden. Die Metaphern oder Bilder, mittels derer Kants *Kritik der reinen Vernunft* argumentiert, sind gänzlich verschieden von denen in Humes *Traktat* mit seiner implizierten Bildlichkeit von Wachs oder Lehm. Der Geist, wie er in der großen *Kritik* dargestellt wird, wird fast in der Form von Rollen, Hebeln, Rädern und Haken beschrieben, die, man fühlt es, aus rostfreiem Stahl hergestellt sind — fehlerlos, sauber und vor allem äußerst zuverlässig. Dies vor allem: Der Geist ist äußerst zuverlässig, das Produkt bester deutscher Wertarbeit. Wie die erlesenste deutsche Maschinerie wird er nicht zusammenbrechen. Es gibt nichts Kontingentes, nichts Nachlässiges, Wackliges oder Zufälliges an der Operation solcher Maschinen. Was sie tun, tun sie unerbittlich, verläßlich, *mit Notwendigkeit.* Die Ordnung in der Welt wird durch die Präzisionsmaschine unseres Geistes garantiert.

Kants drei große *Kritiken* sind die Bedienungshandbücher, die er der Menschheit als den Benutzern dieser glänzenden Ausstattung vermacht hat. Die Handbücher enthalten auch Ratschläge zur Entdeckung und Korrektur bestimmter gewohnheitsmäßiger Fehlfunktionen der Maschinerie. Die vergangene, fehlgeleitete Philosophie bestand nicht aus bloß zufälligen Fehlern; ganz im Gegenteil, sie war nützlich, weil sie bestimmte eingebaute Fehler im Plan enthüllte, vor denen die Menschheit auf der Hut sein muß. Dank Kants Handbüchern würden wir von jetzt an über diese unseligen Defekte sowie über die Korrekturen, die erforderlich sind, wenn sie sich bei gelegentlichen Betriebsstörungen enthüllen, gut im Bilde sein. Die Geschichte der vergangenen und fehlgeleiteten Philosophie war nur die Aufzeichnung dieser wiederholten Manifestationen bestimmter inhärenter Strukturschwächen unseres Geistes. Wie Descartes glaubte auch Kant, daß wir nicht zum Irrtum verdammt sind: Wir können ihn vermeiden, wenn wir sorgfältig auf seine Empfehlungen achtgeben. Gleichwohl werden für Kant die tiefen, andauernden Irrtümer nicht durch die Kultur hervorgerufen, sondern in uns durch bestimmte grundlegende Züge unserer intellektuellen Ausstattung erzeugt. Kant nannte dies »Dialektik« — der abschätzige Name für eine eingebaute Versuchung und Neigung zu einer bestimmten Art von Irrtum. Und so betrat dieses Wort, das bald darauf einen so gewichtigen Sinn annehmen sollte, die moderne Philosophie in Wirklichkeit als herabsetzender Ausdruck.

Zusammenfassung

Die Entwicklung, die von Descartes herrührt, kann nun deutlich gesehen werden. Für Descartes verschafft ein innerer begrifflicher Zwang und er allein uns Befreiung von zufälligen, unzuverlässigen Überzeugungen, die in nichts Besserem wurzeln als sozialem Herkommen und Druck. Ein *gereinigter* innerer Zwang allein kann uns von der schmutzigen Unterwerfung unter den historischen Zufall der *Kultur* befreien. Der Zwang liegt in uns, seine Gründe sind transparent, und er bürgt für sich selbst; aber er kann auch eine ganze Nachkommenschaft von ähnlich beständigen, zweifelsfreien Überzeugungen über die *Außenwelt* erzeugen und gewährleisten. Der innere Zwang gibt zunächst das Beispiel, sorgt dann für die Prämisse und führt schließlich den göttlichen Garanten ein, den er obendrein mit seinen eigenen Beglaubigungen versorgt hat. Baron Münchhausen hätte es nicht besser machen können. Die auf diese Weise erzeugte Welt ist erkennbar, verläßlich und ordentlich.

Hume und Kant — vor allem Hume — prüften unsere inneren Ressourcen und fanden, daß sie einfach nicht geeignet waren, eine Welt nach Descartes' Spezifikationen zu liefern. Unseren Daten für sich fehlte die Kraft, mit letzter Sicherheit die Art von Welt bereitzustellen und zu garantieren, auf die Descartes gehofft hatte, und die nun, dank Newton, tatsächlich von Hume und Kant bewohnt wurde.

Die Vernunft hatte *de facto* Erfolg gehabt und *de iure* versagt. Eine ordentliche, erkennbare Welt war verfügbar, aber wir besaßen keinerlei Rechtstitel auf sie. Kein solcher konnte geltend gemacht werden. Das Cartesische Programm war fehlgeschlagen, jedenfalls in seinem Bestreben, der Menschheit die Garantie für ihre neuen und wahrhaft erstaunlichen kognitiven Erwerbungen zu verschaffen. Dadurch wurde die problematische Natur der Vernunft bloßgelegt. Aber Hume und Kant — vor allem Kant — glaubten, sie könnten beweisen, daß der Geist so konstruiert sei, daß er aus sich heraus eine solche aufgeräumte, erkennbare, Newtonsche Welt hervorbringen *müsse*. Und so waren wir schließlich doch rational berechtigt, daran zu glauben; aber die Erwägungen, die uns befähigen, das zu tun, sollten von nun an auf Qualitäten unseres Geistes allein beruhen.

Ist aber der menschliche Geist zu allen Zeiten und in allen Gesellschaften identisch? Im wesentlichen glaubten Hume und Kant, als sie ihre Hauptpositionen ausarbeiteten, daß er es in der Tat sei, obgleich gegenteilige Beobachtungen in etwas periphereren Teilen ihrer Theorien gefunden werden können. Sobald dies ernsthaft in Frage gestellt wurde, erreichte die Debatte eine neue Phase.

Die Wurzeln des Zwangs

Der Kreis schließt sich

Die vergleichende Untersuchung verschiedener Formen menschlicher Mentalität und Rationalität fällt zu einem großen Teil in das Gebiet der Sozialanthropologie. Ein Denker, der vielleicht mehr als jeder andere seine Spuren in der Art und Weise hinterlassen hat, wie die Anthropologie diese Frage behandelt, ist Emile Durkheim.

Emile Durkheim behandelt diese Frage vor allem in seinem Werk *Die elementaren Formen des religiösen Lebens*[19]. In seinem empirischen Teil befaßt sich das Buch ausführlich mit der Ethnographie der australischen Aborigines. Seine theoretischen Teile, die sich weitgehend auf den ersten und den letzten Seiten finden, beschäftigen sich intensiv mit den Ideen Humes und Kants. Hier, in diesem Buch, gerät die ethnographische Erforschung verschiedener menschlicher Rationalitäten (im Plural) in Konflikt mit der philosophischen Erforschung der allgemeinen menschlichen Vernunft (im Singular).

Durkheim ist ein strenger Kritiker der gesamten empiristischen Tradition, deren oberster Exponent Hume war. Mit Hinblick auf Kant ist Durkheims Position komplexer: Er ist der Meinung, daß Kants Philosophie nicht so sehr Fehler, als vielmehr gravierende Lücken aufweist. Die geforderte Vollendung lag seiner Ansicht nach in seinem, Durkheims, eigenen Werk vor.

Die Durkheimsche Lösung von Kants Problem wurde gleichzeitig auch zu einer Gründungsurkunde der ethnographischen Forschung. Nach Durkheim hat Kant recht, wenn er sagt, daß begrifflicher Zwang sowohl wesentlich für unsere Humanität wie auch ein Produkt unseres eigenen Geistes sei. Die Ordnung, die die Dinge erkennbar macht, wohnt ihnen selbst nicht inne; sie liegt in der Art und Weise, *wie* unser Geist die Dinge gebraucht und klassifi-

41

ziert. Aber Kant war es nicht gelungen herauszufinden, *wie* uns dies alles eingeflößt wird. Durkheims Antwort war: *durch das Ritual.* Wenn dies wahr ist, entstammt die korrekte Methode für das Verstehen des menschlichen Geistes nicht der Introspektion oder gar dem psychologischen Laboratorium, sondern anthropologischer Feldarbeit. Gehe hinaus und beobachte die gesellschaftlichen Bräuche, die den Menschen gemeinsame begriffliche Zwänge einflößen.

Man sehe sich einmal Durkheims Kritik der Empiristen an. Durkheim wirft ihnen vor, daß sie den durchdringenden Einfluß des *Zwangs* in unserem mentalen Leben nicht einmal erkannt, geschweige denn erklärt haben. Wir *können nicht anders* als beispielsweise kausal zu denken. Gleichermaßen sind wir grundlegend an das Beharren fester Gegenstände gebunden. Die Welt verhält sich nach Gesetzen, sie ist gleichsam in Substantialität, Kausalität und Regularität in Raum und Zeit »einzementiert«. Wir können die Welt auf keine andere Art und Weise denken, wir *können* es einfach *nicht.* Dies sind die spezifischen Zwänge, die Kant besonders interessierten. Außerdem verspüren wir tiefe moralische Zwänge: Unsere glühenden moralischen Überzeugungen lassen uns ebenfalls keinerlei Optionen. Sie halten uns fest in ihrem Griff. Durkheim, in diesem Punkt ein gläubiger Anhänger Kants, war überzeugt, daß unsere begrifflichen und unsere moralischen Zwänge ein und dieselbe Quelle haben, obgleich er über die Natur dieser einen Wurzel mit Kant uneins ist.

Die Empiristen konnten für diesen Zwang keinerlei Erklärung geben. Sie hatten mit *jeder* Art Zwang ihre Probleme: Ihre Welt ist sozusagen locker und *lose.* Sie backt zufällig zusammen, wie ein Schneeball. Im Falle Humes und seiner Nachfolger wurde die Struktur der Welt mittels der »Assoziation« erklärt, einer Art Zusammenklumpen oder Zusammenballen von Wahrnehmungen, die einander durch verschiedene Assoziationsprinzipien anzogen, wie etwa Ähnlichkeit oder Berührung in Raum und Zeit. Sie erzeugt keinerlei Strukturen, sondern nur ziemlich zufällige *Bündel,* die sich meist aufs Geratewohl anhäufen.

In der Anthropologie tauchen diese Prinzipien unter dem Namen der sympathetischen und homoiopathischen Magie in James Frazers *Der goldene Zweig*[20] wieder auf. Frazers Werk stellt die Anwendung von Humes Psychologie auf ethnographisches Material dar. Diese Gerinnungen von Wahrnehmungen, die durch die inhärent klebrigen Eigenschaften des Materials zusammenbacken wie der rollende Schneeball, bilden die »Dinge« und alle Beziehungen unserer Welt. Frazer benutzte dies, um unter anderem die Konstruktion einer Welt zu zeigen, die von Magie durchdrungen war. Eine brüchige Basis für eine bewohnbare Welt, sei sie magisch oder wissenschaftlich, möchte man glauben. Hume bemerkte die Brüchigkeit, glaubte aber, wir müßten damit leben: Wir besitzen keine anderen Mittel, um die Welt zusammenzuleimen.

Kants Lösung war nicht sehr viel mächtiger. Nach der Art, wie er redete, konnte man leicht den Eindruck gewinnen, daß es sich bei dem Geist um einen wunderschön geplanten Mechanismus handelt, der so konstruiert war, daß er die Produktion einer Welt auf den geforderten Linien sicherstellte. Aber entblößt von ihrer metaphorischen Suggestivität und kühl analysiert, läuft letztlich alles auf dies hinaus: *Wenn* wir die Art Welt haben sollen, die wir tatsächlich zu haben glauben, das heißt, eine Welt mit stabilen Gegenständen, die mit definierter Lage, Größe usw. versehen sind, dann sind wir *auch ipso facto* an »Kategorien« (entscheidende zentrale Begriffe) gebunden, wie etwa kausale Regelmäßigkeit.

Ohne Verursachung gäbe es zum Beispiel keinerlei Möglichkeit, den Gegenständen unserer Welt Lage, Größe oder Stabilität zuzuschreiben. Wenn nicht die Existenz *einiger* kausaler Eigenschaften vorausgesetzt wird, gibt es keinerlei Möglichkeit, ein schrumpfendes Objekt von einem Gegenstand zu unterscheiden, der sich lediglich entfernt: Die »Wahrnehmungen« sind dieselben. Es gäbe keinerlei Möglichkeit, einen rotierenden Beobachter von einer rotierenden Umwelt zu unterscheiden. Nur dank der Möglichkeit, daß wir den Dingen *einige* kausale Eigenschaften zuschreiben können, können wir ihnen auch einen Ort zuschreiben und zwischen *ihrer* Bewegung und der Bewegung eines Beobachters unterscheiden. Spezifische Kausalgesetze können nicht *a priori* aufgestellt werden; aber wir wissen *a priori*, daß es einige solcher Gesetze geben muß, und deshalb können wir uns an die Aufgabe machen, sie zu finden. Wir »wissen« es, weil wir schon eine Welt von Gegenständen voraussetzen.

Kant hatte klargestellt, daß genau die Elemente, die in die Konstruktion unserer geordneten Welt eingehen, uns als Kopplungsgeschäft erreichen: Wir können zum Beispiel nicht den Begriff der Kausalität aufgeben und trotzdem eine Welt isolierbarer, identifizierbarer Objekte bewahren. Es läuft auf eine Quasi-Tautologie hinaus — wenn dies die Art von Welt ist, die du hast, dann wirst du diese Art von Welt haben.

So läuft Kants »Lösung« der Frage, warum unsere Welt mit einer so zwanghaften Ordnung versehen ist, zum Teil auf einen stilistischen bzw. metaphorischen Trick hinaus. Die ganze Redeweise, daß der Geist dies oder jenes wie ein System von Rollen und Hebeln tue oder durch seine Struktur gezwungen sei, so zu handeln, bedeutet in Wirklichkeit, daß unsere ordentliche Welt gewisse Prinzipien voraussetzt, und daß nicht gezeigt werden kann, daß diese Prinzipien der Natur der Dinge entstammen. Also müssen sie von uns stammen. Und so lange wir die Art von Welt bewohnen, die wir wirklich bewohnen, sind wir genötigt, die Welt auf der Grundlage dieser Prinzipien zu interpretieren.

Kant hat keine gute Erklärung für das, was mit uns geschieht, wenn wir betrunken sind, Fieber haben, unter Drogen stehen, sehr jung sind oder verworrene Träume haben, wenn unser ordentlicher zwanghafter kategorialer Apparat zeitweilig außer Kraft, beschädigt oder noch nicht richtig entwickelt ist. Es blieb den Anthropologen vorbehalten, ein Modell des »primitiven Geistes« nach der Analogie solcher Zustände zu formen. Die schiere Möglichkeit solcher mentalen Bedingungen unterstreicht das Problem: Wie erlangen wir Ordnung, und wie entgehen wir der Konfusion?

Durkheim bietet eine Lösung an. Die Empiristen reden, als ob wir Ordnung in der Welt einfach nur *zufällig* gefunden hätten. Aber wir *müssen* sie finden. Wir werden zwanghaft zu einer bestimmten Art von Struktur hingezogen, und wir wären außerstande, ohne sie zu leben. Wie kamen diese Zwänge zustande?

Durkheims Kritik an den Empiristen oder Assoziationisten hätte noch stärker formuliert werden können. Wenn die Gerinnung unserer Wahrnehmungen einfach durch Assoziation zustande käme, wie könnte dann verhindert werden, daß es zu einer Art semantischen Krebsbefalls kommt, zu Assoziationen, die sich in alle Richtungen hin in einer gleichzeitig chaotischen und allesverzehrenden Weise ausbreiten? Ja, was? »Freie Assoziation« ist in Wirklichkeit ein Pleonasmus. Es ist das Wesen der Assoziation, frei zu sein: Sie kann sich von allem zu *allem* einfach bewegen und tut das auch. Shakespeare wußte von der beschränkten Macht der Assoziation, Schmerzen zu lindern: »Oh wer kann Feu'r dadurch in Händen halten, /daß er den frost'gen Kaukasus sich denkt?« (*Richard II*, 1. Akt. 3. Szene) Aber dies zeigt auch die *un*beschränkte Macht der Assoziation. Bertrand Russell hat einmal gestanden, daß seine Vertrautheit mit diesen Zeilen seinen Geist permanent dazu verleitet habe, Hitze und Kälte miteinander zu assoziieren. Mit *Assoziationen* kann man überall hin gelangen. Wenn man erst einmal »Gegensätzlichkeit« zu den assoziationserzeugenden Beziehungen hinzufügt (wie Hume es ausdrücklich tut), kann die Assoziation gar nicht fehlgehen: Bei Kopf gewinnen sie, bei Zahl verlierst du. Assoziation ist gesetzlos, sie kann *überall* Glieder einrichten. Unsere Begriffe sind demgegenüber erstaunlich gut diszipliniert. Wie also kann die anarchische Assoziation so gut gedrillte Begriffe erzeugen und eine solche ordentliche und stabile Welt hervorbringen?

Assoziation ist grenzenlos, unbeschränkt und undiszipliniert. Sie ähnelt ein wenig der Behauptung, daß man in einer Stadt wie London in zwei oder drei Schritten von jedem auf gut Glück ausgewählten Einwohner zu jedem anderen bestimmten Bürger, etwa der Königin oder dem Premierminister oder dem Manager vom Arsenal Fußball Club gelangen kann, indem man einfach nur den Gliedern der Bekanntschaft folgt. Assoziationen von Ideen sind noch reicher und besser verknüpft als die Bekanntschaften von Menschen. Alles kann überall hin führen.

Was auch immer auf der Couch eines Psychoanalytikers geschehen mag, wo die freie Assoziation obligatorisch und nicht, wie es häufiger der Fall ist, verpönt ist: Im wirklichen Leben denken wir nicht, wie es uns gerade gefällt. Wir assoziieren nicht alles mit allem. Wir denken, wie wir denken *müssen*. Unsere Kultur denkt in uns. Begrifflich und verbal beherrschen und benehmen wir uns erstaunlich gut. Sowohl unsere Fähigkeit zu kommunizieren wie gerade auch die Aufrechterhaltung der gesellschaftlichen Ordnung hängen davon ab. Assoziationen sind frei geboren, liegen aber überall in Ketten. Anders wäre eine Gesellschaft kaum möglich. Die uns allen gemeinsamen Begriffe werden von öffentlich gezogenen Grenzen in Schranken gehalten. Ihre Anwendung wird von den privaten Assoziationen, die sie zufälligerweise für Individuen mit sich bringen mögen, nicht merklich beeinflußt. Wenn der Humesche assoziationistische Empirismus eine genaue Darstellung unseres Seelenlebens wäre, könnte dies so nicht sein. Deshalb kann Frazers Anthropologie, die auf Humes Psychologie beruht, auch nicht korrekt sein. Die assoziationistische Psychologie und Anthropologie beginnt mit einem erschreckend undisziplinierten Mechanismus — der Assoziation — und hofft, erstaunlich gut organisierte Strukturen wie unsere Welt, unsere Sprache, unsere Gesellschaft zu erklären. Das kann nicht funktionieren.

Frazers *Goldener Zweig* ist ein Klassiker der Anthropologie, der eine Welt beschreibt, die niemals existiert hat und gar nicht existieren kann. Die Formel, nach der dieses glänzende Buch konstruiert ist, ist ganz einfach. Frazer setzt, obwohl er es nicht ausdrücklich sagt, die Gültigkeit von Humes Psychologie voraus; er setzt voraus, daß Humes *Traktat* die Art und Weise, wie Menschen ihre Ideen formen und ihr Weltbild aufbauen, korrekt schildert. Und dann geht er dazu über, einen unvergleichlichen Reichtum an ethnographischen Daten über die seltsamen Glaubensvorstellungen und Praktiken der Menschheit zu sammeln und sie zu *erklären*, indem er sich auf die Prinzipien des psychologischen Assoziationismus beruft.

Die Eigentümlichkeiten des menschlichen Glaubens begründet er damit, daß er sich auf die unbestreitbare Wahrheit beruft, daß es nur allzu leicht für Menschen ist, irrtümliche, unwissenschaftliche Assoziationen hervorzubringen. Auf diese Weise, durch den irregeleiteten Gebrauch von Assoziationen, erklärt Frazer die Vorliebe des menschlichen Geistes für die bizarren Ansprüche der Magie. Magie ist praktisch *per definitionem* fehlerhaft: Wenn Menschen die Assoziation von Ideen korrekt verwenden, hört das, was sie tun, auf, Magie zu sein und wird Wissenschaft. Magie ist niemals erfolgreich, denn wenn sie es ist, wagt keiner, sie Magie zu nennen. Man nennt sie statt dessen Wissenschaft. Die Frazersche Erklärung sowohl des fehlgeleiteten als auch des erfolgreichen Gebrauchs von

Daten und deren Strukturen ist zu einfach. Frazer kann vielleicht die Seltsamkeit, aber nicht die Ordnung und Ähnlichkeit der menschlichen Sicht erklären. Er kann unsere Verstöße gegen die Logik, aber weder die Art und Weise erklären, wie unser Geist zur *Ordnung* hingezogen wird, sei sie magisch oder wissenschaftlich, noch die Art und Weise, wie jede Gesellschaft eine gemeinsame Ordnung erlangt.

Durkheim warf den Empiristen vor, daß sie die durchgängigen Zwänge, die bemerkenswerte Übereinstimmung von Ideen innerhalb einer Gesellschaft nicht erklären konnten; ja, daß sie sie kaum bemerkten. Nach dem Assoziationsprinzip sollten wir das Gegenteil erwarten. Frazer war nur mit der gesellschaftlichen Vielfalt und der häufigen Absurdität, nicht aber mit der Disziplin des menschlichen Denkens befaßt. Kant erkannte und beschrieb diese auf bewunderungswürdige Weise (oder eher, er beschrieb die Form, die sie in einer Newtonschen und protestantischen Gesellschaft annahm), aber auch er erklärte sie nicht. Im Grunde sagte er: »Der Geist hat es getan.« Aber was bedeutet das? Er bestand darauf, daß der Geist unentrinnbaren inneren Zwängen ausgesetzt sei, daß er nur auf eine bestimmte Weise denken könne. Aber warum und wie?

Nach Durkheim hatte also Kant das Problem gesehen, das die Empiristen nicht wirklich ins Auge gefaßt hatten, es war ihm aber nicht gelungen, eine Lösung zu finden. Er beschrieb den Zwang; oder, um genauer zu sein, er beschrieb eine bestimmte, historisch und kulturell charakteristische Anzahl von Zwängen, nämlich die der westlichen protestantisch-rationalistischen Individualisten. Er gab seine Beschreibung dieser Zwänge als Erklärung aus, dank eines Mittels, das im Grunde nur stilistischer oder darstellender Natur war. Obendrein behauptete und glaubte er, zumindest gemäß seiner hauptsächlichen und offiziellen Ansicht, mit nicht eben plausiblen Gründen, daß er den allgemeinen menschlichen Geist beschreibe.

Durkheim bot eine echtere und gleichzeitig weniger ethnozentrische Darstellung an, die auch kulturelle Verschiedenheit berücksichtigte, die Tatsache nämlich, daß zwar alle Menschen unter der Herrschaft zwingender Begriffe leben, die Natur dieser Zwänge jedoch von einer Gesellschaft und einer Epoche zur anderen erheblich variiert.

Auf diese Weise brachte Durkheim Philosophie und Anthropologie zusammen. Unsere begrifflichen und moralischen Zwänge, die allein uns zu menschlichen und politischen Wesen machen und die Kant beschäftigten, werden uns seiner Ansicht nach durch das Ritual eingeflößt. Das Ritual ist nicht in allen Gesellschaften identisch. Aber seine grundlegende Rolle bleibt dieselbe. In der Raserei des kollektiven Tanzes um das Totem herum wird jede individuelle Seele zu einer zitternden, formbaren Gallerte: Das Ritual drückt dann die notwendigen gemeinsamen Ideen, die kollektiven Vorstellungen in diesen formbaren, protosozialen menschlichen Stoff ein. Dadurch unterwirft es ihn Begriffen, Zwängen und macht ihn gesellschaftsfähig.

Am Morgen nach dem Ritual wacht der Wilde mit einem üblen Kater und einem tief verinnerlichten Begriff auf. So allein macht das Ritual uns zu menschlichen Wesen. Das animalische mentale Leben konnte, wenn es nach Durkheim ging, Assoziationisten überlassen werden. Animalische Organismen können Erwartungsmuster aufbauen, die auf Assoziation beruhen. Humes Philosophie des Geistes mag für Tiere ausreichen, nicht jedoch für uns. Wir werden menschlich, indem wir kantisch werden. Um ein Wortspiel von Quine umzudrehen, wir werden human, wenn wir aufhören, Humeanisch zu sein. Unsere Begriffe erhalten scharfe Grenzen, die den Launen der Assoziationen widerstehen, und sie erwerben Grenzen, die alle Angehörigen einer rituellen Gemeinschaft teilen. Die Zwanghaftigkeit dieser gemeinsamen mentalen Inhalte wird durch das kollektive Ritual auferlegt.

Dieser Teil des Durkheimschen Arguments wird gewöhnlich mit der Theorie in Verbindung gebracht, daß die Gesellschaft sich in der Religion unbewußt selbst anbete, *par divinités interposées*. Diese Lehre findet sich in der Tat in seinem Werk; aber sie ist weit weniger interessant und wichtig als die Ansicht, daß das, was uns zu menschlichen und gesellschaftlichen Wesen macht, unsere Fähigkeit ist, uns zwanghaften Begriffen zu unterwerfen, und die Theorie, daß der Zwang durch das Ritual eingeflößt werde, und daß das Ritual der Kern der Religion sei. In diesem Sinne war es einzig die

Religion, die uns zu menschlichen Wesen machte. Ich weiß nicht, ob diese Theorie wahr ist, und ich bezweifle, daß es irgendein anderer weiß. Aber die Frage, auf die sie eine Antwort bietet, ist sehr real und sehr ernst. Es gibt keine bessere Theorie, um sie zu beantworten; keine andere Theorie macht das Problem so gut sichtbar.

Der Mensch lebt und denkt begrifflich. Begriffe sind von einer Gemeinschaft geteilte innere Zwänge. Sie sind an äußerliche Zeichen wie auch an äußerliche Bedingungen der Verwendung gebunden. Die Menschheit ist die einzige Spezies, deren Verhalten nicht genetisch vorprogrammiert ist. Ihr unerträglich flüchtiges Potential muß in jeder Gemeinschaft gezügelt werden, wenn Kohäsion, Kooperation und Kommunikation überhaupt möglich sein sollen. Kollektive Rituale impfen uns gemeinsame Zwänge ein und humanisieren uns dabei buchstäblich. Wir kooperieren, weil wir gleich denken, und wir denken gleich dank dem Ritual. Durkheims Version des Gesellschaftsvertrags hat das Verdienst, nicht zirkulär zu sein. Sie *setzt* unter denen, die die Gesellschaftsordnung einrichten, Rationalität und soziale Verpflichtung nicht *voraus*. Sie zeigt, wie die, denen beides fehlt, dazu veranlaßt werden können, sie zu erwerben. Auf diese Weise machen Rituale Gesellschaft möglich, und auf diese Weise machen sie uns auch zu menschlichen Wesen. Dies ist der Kern von Durkheims Theorie.

Dénouement

So hat sich der Kreis geschlossen. Descartes hielt gesellschaftlich vermittelte Überzeugungen für Vorurteile und suchte die Befreiung von ihnen durch den Rückgriff auf unentrinnbare innere Zwänge. Durkheim akzeptierte die Ansicht der Empiristen, daß die aktuellen Daten unseres Bewußtseins keinerlei Basis für einen solchen Zwang bieten. Aber er bestand darauf, daß wir tatsächlich unter Zwängen stehen und von ihnen geleitet werden, und daß wir ohne sie weder gesellschaftliche noch menschliche Wesen sein könnten. Deshalb war es kaum vorstellbar, daß eine Sozialanthropologie, die sich auf die Prämissen einer empiristischen Psychologie stützt, die auffallendsten und wichtigsten Züge unseres gesellschaftlichen Lebens hätte erklären können – unsere begriffliche und moralische Disziplin, unsere Fähigkeit zu kommunizieren, unsere Unterwerfung unter die gesellschaftliche Ordnung.

Die gesellschaftlich unentbehrlichen Zwänge waren die Stimme der Gesellschaft in uns, und sie wurden uns durch das Ritual eingeimpft. Wenn also Durkheim recht hat, dann gebrauchte Descartes, als er dem sozialen Vorurteil zu entkommen suchte, als Führer und Retter auf der Flucht vor dem Gesellschaftlichen *genau das, was in Wirklichkeit die Stimme der Gesellschaft in uns ist!* Er suchte Entkommen vor dem Dämon, der uns in die Irre führen würde, und er fand Rettung genau in dem, was der Dämon uns einflößt. Auf der Flucht vor dem Feind warf er sich ihm in die Arme. Begriffliche Zwänge sind das Werk von »Gewohnheit und Beispiel«, genauer gesagt, der emphatischen, formalisierten Version von Gewohnheit und Beispiel, nämlich des Rituals. Descartes vertraute sich fröhlich genau dem an, dem er zu entrinnen wünschte. Er fand Asyl vor dem Dämon mitten in dessen Hauptfestung.

Descartes gegen Durkheim

Stellen Sie sich eine Begegnung zwischen Durkheim und Descartes vor. Ohne Zweifel würde Descartes sich weigern, sich von Durkheims Theorie einschüchtern zu lassen. Er könnte Durkheim sehr gut etwa folgendermaßen antworten: »Als ich meine Theorie konstruierte, habe ich mich sehr genau vergewissert, daß ich mich nicht durch eine fremde Macht zu der Überzeugung hinreißen, *betrügen* ließ, sei sie nun die Gesellschaft, wie Sie, Monsieur Durkheim, behaupten, oder irgend etwas anderes. Die genaue Identität des Betrügers hat mich nicht besonders interessiert, obgleich die Furcht, daß es die Gesellschaft oder die Geschichte sein könnte, mir nur allzu deutlich vor Augen stand. Ich habe ganz bewußt einen allmächtigen und bösartigen Dämon angenommen, um auf diese Weise jede mögliche Quelle der Desinformation auszuschalten, wie schlau sie sich auch immer verkleidet haben mag. Genau darum habe ich mich auch geweigert, irgend etwas zu akzeptieren, das ein solcher Dämon nahelegen könnte, wer auch immer er oder sie oder es sein mochte.

Wie Sie sehen können, hatte Ihr kleiner Trick zu behaupten, daß mir meine Ideen von einem schlauen gesellschaftlichen Mechanismus eingegeben sein könnten, durchaus seinen Platz in meinen Berechnungen. Ich habe ihn berücksichtigt, ja, mich sogar intensiv damit auseinandergesetzt. Jene Furcht oder Annahme war mir geradezu überdeutlich bewußt. Weit davon entfernt, die Möglichkeit nicht zu berücksichtigen, daß gesellschaftliches Vorurteil durch meine innere Überzeugung zu mir sprechen könnte, war *genau* dies die Gefahr, gegen die ich mich am meisten vorsah.

Lassen Sie uns annehmen, daß Sie wirklich recht haben, daß der böse Dämon tatsächlich existiert, und, wie Sie so beharrlich behaupten, *die Gesellschaft* ist. Meine Methode des Zweifels sollte ganz gewiß dazu dienen, mich gegen eine solche Möglichkeit zu schützen, zumindest ebenso sehr wie gegen jede andere. Oder besser, sie war vor allem dazu gedacht, mit genau dieser Gefahr fertigzuwerden. Meine Zweifelsmethode sollte primär alles eliminieren, was seine Anziehungskraft und seine Autorität bloßem Ritual verdankte. Meine Regeln zur Leitung des Geistes schlossen die Abhängigkeit von Gewohnheit wie von Beispiel aus. Das Ritual ist nichts als die Vermischung von starrer Gewohnheit mit emotionalem Exzeß. *Quel horreur!*

Bei meiner Flucht aus dem Reich des Zweifels auf das Gebiet der Gewißheit verwendete ich als rettenden Halt *keinerlei alte* Zwänge, wie Sie zu glauben scheinen. Ich beschränkte mich auf die Verwendung der besseren Art Zwänge, wenn Sie verstehen, was ich meine. Als mein primäres und leuchtendes Beispiel eines solchen höheren Zwanges verwendete ich, wenn ich Sie daran erinnern darf, das Argument *cogito, ergo sum.* Der absolute Zwang, der uns dazu führt, *dieses* Argument zu akzeptieren, oder, wenn Sie so wollen, der Widerwille, den wir verspüren, es abzulehnen, geht über die Macht jedes Rituals hinaus, Gewohnheiten einzuflößen oder zu untergraben. Das ist genau der Grund, warum ich es gewählt habe. Das ist genau der Grund, weshalb es verdient, das Fundament meines Gebäudes zu bilden. Es ist ritual-sicher. Also bitte.«

An diesem Punkt könnte Descartes leicht zum Gegenangriff übergehen. »Mein lieber Emile«, könnte er lächelnd hinzufügen, »Sie behaupten, daß die tiefen Zwänge, die unser Denken und unser Leben organisieren, nur die Ergebnisse des Rituals sind. Sie können, sagen Sie, nichts anderes sein. Das Ritual versieht uns mit jenen Zwängen, die unser begriffliches, moralisches und gesellschaftliches Leben organisieren, die unserer Welt und unserer Gesellschaft Ordnung verleihen, sagen Sie. In diesem Falle zeigen Sie mir bitte, sofern Sie es wagen, die rituelle Gelegenheit, der ich, nach Ihrer Darstellung, ausgesetzt gewesen sein muß, in deren Gefolge ich mich so fest auf jene Verbindung zwischen meinem *Denken* und meiner *Existenz* festgelegt habe. Vermutlich geschah das im Laufe irgendeiner namenlosen Orgie! Nur ein höchst potentes Ritual konnte einen solch tiefen und unwiderstehlichen begrifflichen Zwang in mir herbeiführen. Aber ich versichere Ihnen, die nüchternen Jesuiten, die mich in La Flèche erzogen haben, haben zwar die katholischen Riten praktiziert, haben mich aber zu keinem Zeitpunkt auf eine zitternde Ekstase reduziert, während sie auf und ab hüpften und dabei unaufhörlich *cogito, ergo sum, cogito, ergo sum* sangen! Der Rektor, Vater Charlet, hätte so etwas niemals erlaubt. Jeder, der sich einer solchen Praxis hingegeben hätte, wäre *auf der Stelle* gnadenlos ausgestoßen worden. Also ist genau das, was nach Ihrer Darstellung einzig und allein meine tief internalisierte und unwiderstehliche Unterwerfung unter die Wahrheit des *cogito* erklären könnte, in Wirklichkeit niemals geschehen. Da haben Sie das *experimentum crucis*, wenn es überhaupt jemals eins gegeben hat. Ihre berühmte Theorie des gesellschaftlichen und rituellen Ursprungs des inneren begrifflichen Zwangs muß jetzt als das gesehen werden, was sie ist: als ein nicht zu verteidigender und unwiderruflich widerlegter Irrtum. Es war eine interessante und einfallsreiche Theorie und als solche macht sie Ihnen Ehre, aber wir sehen nun deutlich, daß sie falsch ist.«

Es muß zugegeben werden, daß Descartes' hypothetische Erwiderung an Durkheim machtvoll ist. Ist Durkheims Theorie noch zu retten? Kann Durkheim Descartes antworten? Wenn Sie die Antwort wissen wollen, lesen Sie den nächsten Abschnitt.

Selektiver Zwang, oder Durkheim und Weber [21]

Mit eigenen Mitteln kann sich Durkheim wahrscheinlich nicht gegen Descartes' Vorstoß verteidigen. Ohne jeden Schatten eines Zweifels erfuhr Descartes einen akuten begrifflichen Zwang, und gleichwohl stand dieser in keinerlei Beziehung zu irgendeinem kollektiven ekstatischen Ritual. Er sollte dazu dienen, der Stimme von Gruppen und der Suggestivität von Riten zu trotzen und verdankte ihnen nichts. Tatsächlich kam Descartes zu seiner Überzeugung in stiller Einsamkeit, als er sich der Reflexion und Meditation hingab. Er erfuhr seinen Zwang, während er, in einer Ruhepause des Dreißigjährigen Krieges, neben einem Bauernofen saß. Seine intensive und zwanghafte Überzeugung war gegen Rituale gerichtet; sie war nicht deren Stimme.

Dennoch gibt es eine Entgegnung. Durkheim wäre fähig, sie zu formulieren, aber nur, wenn er sich der intellektuellen Unterstützung durch einen Zeitgenossen bediente, mit dem er in Wirklichkeit auf keine signifikante Weise in Beziehung stand: Max Weber [22].

Durkheims Theorie der Begriffsbildung läuft auf die Behauptung hinaus, daß Begriffe durch kontrollierten und kollektiven gesellschaftlichen Druck entstehen. Diese Theorie soll erklären, warum *alle* Menschen rational denken, warum alle Menschen in streng umschriebenen, allgemein geteilten und bestimmten Begriffen denken statt in Form privat angehäufter und möglicherweise stark divergierender Assoziationen. Das meint Durkheim mit Rationalität. Sie erklärt, warum Menschen unter Zwang denken und warum die Zwänge in jeder kulturellen Gemeinschaft *gemeinsame* Zwänge sind, mögen sie auch nicht von der ganzen Menschheit geteilt werden.

Diese Theorie unterscheidet freilich nicht zwischen diesem oder jenem System gemeinsamer Zwänge. Sie erklärt sie alle und empfiehlt von sich aus keins. Wie der Regen, der sanft auf Gerechte und Ungerechte fällt, trifft sie auf alle Kulturen zu, ohne eine bestimmte zu begünstigen.

Aber man nehme einmal an, daß diese Theorie durch eine andere ergänzt werden soll, und zwar durch eine, der es nicht darum geht zu zeigen, warum alle Menschen vernünftig sind, sondern *warum einige vernünftiger sind als andere.* Eine solche Erhebung einiger Menschen über andere ist im Rahmen von Durkheims ursprünglicher Theorie nicht sinnvoll: Alle Menschen denken im Rahmen von Begriffen. Danach sind also alle Menschen vernünftig. Aber in einem anderen Sinne ist die Rationalität nicht ganz so gleichmäßig verteilt.

Nehmen wir einmal eine Gemeinschaft von Menschen an, die in Durkheims primärem Sinne rational sind und seine Theorien exemplifizieren: Die Gesellschaft gliedert sich in Gruppen, deren diverse Status rituell bekräftigt und infolgedessen sehr tief internalisiert sind. Dasselbe gilt von dem zeitlichen Rhythmus ihres Lebens. Die Bedeutungen, die sie einander mitteilen, und die Verpflichtungen, die sie anerkennen, sind tief in ihren Ideen verkörpert, und diese werden ihnen durch den Ernst ihrer kollektiven Riten eingeflößt. Teilnahme an den Riten ist nicht lediglich eine Bedingung der Zugehörigkeit zur Gemeinschaft und ihren Segmenten. Sie ist auch die einzige Form, diejenigen Erwartungen, Rechte und Pflichten zu erlernen und zu verinnerlichen, die einen Menschen zu dem machen, was er ist, die ihm sowohl seine gattungshafte Menschlichkeit wie seine spezifische gesellschaftliche Nische verleihen. Die Ideen, nach denen Menschen leben, sind hierarchisch geordnet: Wichtige Ideen werden mit großen und dramatischen Riten versehen, und weniger wichtige Begriffe werden mit nicht ganz so viel Emphase gestützt. Von solcher Art ist die Humanität *à la* Durkheim.

Aber nehmen wir jetzt einmal an, daß diese Gemeinschaft aus irgendeinem Grunde zu einem Teil einer größeren Gemeinschaft wird, die den Kult eines Höchsten Gottes enthält. Diese Gottheit ist ein eifersüchtiger Gott. Seine Priester und seine Lehren suchen und verkünden seine ausschließliche Anbetung. Im Verlaufe der Auseinandersetzung zwischen den gelehrten Priestern des zentralen und exklusiven Kultes und den ekstatischeren Anhängern der kleineren und nur lokal verwurzelten Kulte schwören die Anhänger des zentralen und eifersüchtigen Glaubens auch der Magie ab und verdammen sie. Die Manipulierung von Dingen um des persönlichen Vorteils willen wird verworfen. Sie befürworten eher die Beachtung moralischer Regeln als die Suche nach dem eigenen Vorteil, ob durch magische Manipulation, durch die Sühneopfer an Geister oder durch Abgaben. Sie begünstigen eine Transzendenz, die eine moralische und/oder natürliche Ordnung auferlegt, statt einer, die das Übernatürliche nur als ein weiteres flexibles und bestechliches Patronagesystem darstellt, innerhalb dessen Unterstützung und Schutz gegen Treue, Gaben und Unterwerfung ausgetauscht werden.

Ein solcher Glaube kann gegen alle Gewohnheit Moralität und Regeltreue auf Kosten von Magie, Protektion und Loyalität betonen. Er empfiehlt aufrechte Beständigkeit eher als Unterwerfung. Sein ritueller Stil setzt andere Akzente: Er hält sich zurück vor exzessiver Betonung der besonderen Gelegenheit und ist bestrebt, die rituelle Feierlichkeit so weit wie möglich auf *alle* Aspekte des Lebens auszudehnen. Er kann zum Beispiel die Verwendung von Eiden verwerfen und fordern, daß alle Behauptungen ohne Ausnahme gleichermaßen feierlich und vertrauenswürdig sein sollen. Er macht vielleicht einen großen Schritt in die Richtung, dem Ritual seine herausragende Stellung zu nehmen und auf diese Weise sicherzustellen, daß selbst alltägliche Aktivitäten an ritueller Feierlichkeit teilhaben. Das ganze Leben wird feierlich und regelgebunden, alle Behauptungen werden mit Respekt behandelt, und allmählich kommen alle Menschen dazu, am Priestertum teilzunehmen. Ein solcher Stil kann am Ende sogar den Punkt erreichen, an dem sich die Unterscheidung zwischen Priestertum und Laien aufhebt, so daß praktisch *alle* Gläubigen in Priester verwandelt werden und dann keiner mehr in höherem Maße Priester ist als ein anderer.

Dieser zentralisierte Glaube ist an Schriftlichkeit gebunden und macht extensiven Gebrauch von der Schrift, der er Heiligkeit zuspricht. Kontextfreie schriftliche Aussagen behandeln alle Menschen gleich; von daher hat Schriftgläubigkeit eine gewisse natürliche Affinität zu spirituellem Egalitarismus. Gesprochene Worte verdanken ihre Wirkung dem Kontext oder der Emphase, aber eine schriftliche Offenbarung ist neutral, weil sie nur sehr schwer zwischen verschiedenen potentiellen Lesern unterscheiden kann. Die Verwendung der Schrift durch den Klerus führt dazu, allmählich das Gewicht vom Narrativen auf die Theorie zu verlagern: Rechtsvorschriften übermitteln den Gläubigen die gemeinsamen Bedeutungen und Verpflichtungen stärker als exemplarische Geschichten. Die Explizitheit ermutigt Systematisierung und theoretische Rechtfertigung; Rivalität von Theorien erzeugt Streit der Lehrmeinungen, eine präzisere Formulierung des Glaubens und führt auf diese Weise zur Idee der Häresie. Orthopraxie, »rechtes Handeln«, und ihre Vorbedingung, die rechte Begriffsbildung, werden durch die Orthodoxie ergänzt und teilweise ersetzt. Regeln werden wichtiger als Loyalität und Glaube entscheidender als Werke. Werke wurden betont, als eine spezialisierte religiöse Organisation die Gläubigen ermunterte, den Gottheiten, dem Tempel oder dem Kloster Abgaben oder Frondienst anzubieten. Eine Gemeinschaft von gleichrangigen Gläubigen zieht es vor, daß ihre Mitglieder Regeln beachten, statt Gaben darzubringen. Innere Sanktionen werden mächtiger als äußerliche. Zwänge werden von ihrer Abhängigkeit von äußerem Anreiz befreit, mit anderen Worten von ritueller Emphase.

Nehmen wir weiter an, daß dieses symmetrische Ethos, mit seiner Nivellierung und Ausweitung des Heiligen, das nun auf eine einzelne, unsagbar ferne Gottheit konzentriert ist, allmählich in einer neuen Art sozio-politischen Milieus praktiziert wird: in einem Milieu, in dem kommerzielle Beziehungen sehr weite Verbreitung haben, wo die Arbeitsteilung sehr gut entwickelt und die politische Ordnung fest verwurzelt ist und eher auf der Herrschaft des Gesetzes als auf Protektion beruht. In einer solchen Gesellschaft zwingen politische Vorsicht und ökonomischer Vorteil die Menschen weit weniger zur Bildung gesellschaftlicher Untergruppen als bisher. Vertragstreue wird wichtiger als Loyalität gegenüber dem *clan* oder dem Häuptling. In ihrem ökonomischen wie ihrem politischen Handeln wird den Menschen die Erlaubnis oder sogar Ermutigung zuteil, einen gewissen Individualismus zu pflegen, eine Ethik der Regelbeachtung, der gleichen Behandlung gleicher Fälle. Menschen und Dinge werden auf eine methodischere Weise behandelt. Der Kontrakt hat das Übergewicht gegenüber dem Status. Der Status kann am besten mittels zeitweiliger und stark betonter Rituale internalisiert werden, aber Respekt vor allen Verträgen wird viel eher durch eine weitverbreitete, gleichmäßig temperierte, beständige Ernsthaftigkeit und ruhige Verehrung eingeflößt werden. Infolgedessen kann der berühmte Schritt vom Status zum Kontrakt sehr wohl mit einer Verlagerung vom Ritual zum Gewissen einhergehen, von einem äußerlichen Theater zur inneren Stimme.

In einer solchen Gesellschaftsordnung ist das Heilige immer noch das, was uns mit unseren Zwängen versieht, wie Durkheim gelehrt hat. Aber es ist jetzt eine radikal andere Art von Zwang: Er wirkt anders und heftet sich an eine andere Art von Gegenstand. Das Heilige bestärkt nicht länger diesen oder jenen wichtigen Begriff; eher flößt es Achtung vor gewissen formalen Eigenschaften *aller* Begriffe ein. Es hat sich gleichmäßig ausgebreitet, statt sich zu besonderen heiligen Zeiten und an spezifischen heiligen Orten zu konzentrieren. Infolgedessen heiligt es nicht länger Institutionen, sondern eher eine ordentliche, symmetrische, regel-gebundene allgemeine Art zu verfahren und zu denken. Ordnung, Respektabilität, Organisation in einem sauberen System erhalten eine Aura von Autorität und werden im Geist der Menschen zu Zwängen. Das ganze Leben wird sozialisiert; Nüchternheit tritt an die Stelle von Ekstase als *der* religiösen Vorbedingung; das Fehlen von Symbolen wird zum Zeichen des Glaubens. Die Ordnung erstreckt sich auf die Anschauung der Natur. Die Neugier gegenüber der Natur neigt weniger dazu, die Abkürzung und das Privileg der Offenbarung, eine Art privilegierter kognitiver Gunst zu suchen, sondern ist eher geneigt, sich der *Untersuchung*, die keinerlei Gunstbeweise erwartet und sucht, zu bedienen.

Möglicherweise hat die Theoriesucht dieser Art Gesellschaft einige ihrer Theoretiker dazu veranlaßt, die Implikationen ihrer Überzeugungen herauszuarbeiten. Die exklusive Gottheit wird als allmächtig und allwissend angesehen. Daß der Gottlose nach dem Tode ewige Qual leiden wird, ist lange ein Teil des Glaubensbekenntnisses und seiner Sanktionen gewesen. Die schreckenerregende gemeinsame Implikation dieser beiden Ideen, der Prädestination und der Bestrafung, ist wohlbekannt: Einige Menschen sind, schon bevor sie geboren werden, zur ewigen Qual bestimmt. Heil und Verdammung müssen von der Gottheit von Anfang an gewollt und verteilt worden sein.

Die Angehörigen dieser Tradition bedenken ihre Lebensumstände, besonders dann, wenn ihre alltägliche Tätigkeit Reflexion erlaubt oder ermutigt. Sie machen sich ebenso sehr Sorgen über die Zukunft ihrer Seelen wie über die ihrer Investitionen, vielleicht sogar noch mehr. Sie widmen sich der Reflexion ihrer Lage: Ihr Lebensstil und ihr Glaube ermutigen zur Reflexion, zur moralischen Bestandsaufnahme. Ihre Sorge über die Gefahr, in der sie schweben, ist stets latent und oftmals sehr akut und quälend gegenwärtig. Was können sie tun?

Ihnen bleibt einzig die Strategie, nach Zeichen ihrer Erwähltheit Ausschau zu halten. Sie können sie nicht logisch *hervorbringen*, denn die Würfel sind schon lange gefallen. Sie können sie weder durch eine Manipulation noch durch Sühne erkaufen. Ihr Ethos entmutigt Versuche, das Göttliche zu bestechen; ihr Ordnungssinn schließt das aus; die Demontage der spirituellen Hierarchie beraubt sie der Vermittler, die sie hätten trösten und ermutigen können und dafür angemessen mit Abgaben entlohnt worden wären. In ihrer Angst sind sie furchtbar allein.

Stellen wir uns vor, man habe ihnen außerdem gesagt, daß man von ihnen nicht erwartet, sich einer speziellen rituellen Aktivität hinzugeben, sondern daß das beste Zeichen ihrer Erwähltheit die nüchterne und erfolgreiche Verrichtung ihrer weltlichen Berufung sei. Alle Berufungen sind gleichermaßen heilig. Sie werden sich auf ihre Arbeit werfen, nicht, weil der weltliche Erfolg als solcher ihnen viel bedeutet, und noch weniger, weil sie sich erlauben würden, dessen Früchte zu genießen. Vielmehr ist es die einzige Möglichkeit, wie sie in gewissem Maß ihre schreckliche innere Furcht beschwichtigen können. Ironischerweise ist ökonomisch uneigennützige Hingabe an die Arbeit das beste Rezept für ökonomischen Erfolg. Eine *kalkulierende* Hingabe an Rechtschaffenheit würde vom rechten Weg abkommen, wann immer es sich als zweckmäßig erweisen würde — mit anderen Worten: ziemlich oft — und der zweifelhaften Erwartung, daß *andere* ähnlich rechtschaffen sind, auf Gedeih und Verderb ausgeliefert sein. Eine solche Erwartung ist selten gerechtfertigt; also wird sich niemand in die Rechtschaffenheit stürzen, denn der erste, der das täte, würde aller Wahrscheinlichkeit nach der Leidtragende sein. Andere würden seinem Beispiel nicht folgen, sondern einfach seine Naivität ausnutzen.

Aber Angehörige unserer neuen Sekte würden den Weg für die Ausbreitung der neuen Rechtschaffenheit freimachen, nicht aus Berechnung, sondern eher als eine Nebenwirkung ihrer inneren spirituellen Qual. Infolgedessen werden sie sich nicht darum scheren, ob andere ihnen folgen oder nicht. Es kümmert sie nicht. Es geht ihnen nicht ums Geld, sie sind nicht daran interessiert, daß man sich ihnen erkenntlich zeigt, und sie lassen sich nicht durch die Erwägung abschrecken, daß ehrliche Arbeit in einer zwangsorientierten Gesellschaftsordnung, die von ganz anders motivierten Menschen getragen wird, nicht belohnt wird. Es geht ihnen lediglich darum, ihre innere Furcht zu beschwichtigen.

Wenn diese Menschen genügend zahlreich und entschlossen sind, können sie das moralische Klima durchaus transformieren und schließlich andere dazu veranlassen, ihnen zu folgen. Sobald ihre Einstellung erst einmal eine weitere Verbreitung gefunden hat, wird es schließlich vernünftig werden, sie nachzuahmen. Damit ist die schwerste Hürde genommen. Die ursprüngliche, nicht berechnende und daher verläßliche Rechtschaffenheit kann andere dazu veranlassen, sich ihnen anzuschließen. Der tote Punkt, der gewöhnlich der Entstehung einer regeltreuen, kooperativen und effizient produktiven Gesellschaft im Wege steht − es zahlt sich für keinen aus, der erste zu sein, der gut ist, solange andere immer noch opportunistisch sind − ist endlich überwunden. In einem moralischen Klima gegenseitigen Vertrauens blüht das Unternehmertum.

Der berühmteste Aspekt dieser Theorie liegt darin, daß sie eine Erklärung der Entstehung einer erfolgreichen und überwiegend kommerziellen und schließlich industriellen Gesellschaft bietet. Ebenso wie Durkheims Version des Gesellschaftsvertrags der Zirkularität entging, Menschen vorauszusetzen, die *schon* fähig sind, sich auf eine Verpflichtung einzulassen, entgeht Webers Theorie der Entstehung ökonomischer Rationalität der Zirkularität, eine vorgängige Existenz von Menschen vorauszusetzen, die sich dem Ethos der Produktion verpflichtet fühlen. Das Entstehen einer solchen Gesellschaft setzt nur voraus, daß eine bedeutende Anzahl von Menschen ohne Interesse an Belohnung, nur durch eine innere Sanktion geleitet, hart und nüchtern arbeitet. Ihre Angehörigen würden Gewinne nicht in Vergnügen oder Macht in dieser Welt oder Heil in der nächsten umwandeln, sondern ohne Eigennutz weiter arbeiten und reinvestieren. Eine solche Haltung würde auch den Machthabern in der Gesellschaft die Möglichkeit geben, ja ihnen Mut machen, keinerlei vorbeugende Maßnahmen gegen die puritanischen *nouveaux riches* zu ergreifen: Man könnte sich darauf verlassen, daß sie ihren wohlverdienten Reichtum nicht benutzen würden, um Macht zu erwerben und so die alten Herrscher abzulösen. Die alten Herrscher könnten sich unter solchen Umständen eher dazu entschließen, in die neue Klasse einzuheiraten, als sie zu unterdrücken, und es vorziehen, deren Reichtum als Mitgift zu erwerben statt ihn zu konfiszieren.

Vom Standpunkt der ersten, die sich damit befaßten, war nichts auch nur im geringsten Rationales an der kapitalistischen Aktivität: Nach der überlieferten Form waren die Früchte der gewerblichen Arbeit dazu bestimmt, ihnen von den politischen Machthabern weggenommen zu werden. Das beunruhigte freilich die puritanischen Unternehmer nicht im geringsten, denn sie hatten sich der neuen ökonomischen Ethik nicht mit der Hoffnung auf Reichtum zugewandt, sondern einzig in der verstohlenen Hoffnung, ein Zeugnis für ihre eigene Rettung zu finden.

Es war gänzlich irrational, sich auf diese Weise zu verhalten: An der Rationalität gab es nichts Rationales. Aller Erfahrung nach konnte unter einem weltlichen Gesichtspunkt daraus nichts Gutes entstehen. Es zahlte sich schließlich aus, aber es war unmöglich, das vorauszusehen. Folglich entstand Vernunft aus Unvernunft. Einige Menschen waren in die Rationalität hineinbetrogen worden, und weil sie zahlreich genug und die Umstände günstig waren, hatten sie schließlich, zu ihrer nicht geringen Überraschung, Erfolg. Wie Wesley bemerkt hat, führte die Religiosität zur Prosperität, die am Ende für deren Unterminierung verantwortlich war. Aber wäre Überfluß ihr anfängliches Ziel und Interesse gewesen, hätten sie niemals den Weg einschlagen können, der letztlich zu großem Reichtum führte. Sie gewannen Reichtum, weil sie ihn *nicht* verfolgten. Es war notwendig, der Lust auf Gewinn zu entsagen, wenn Gewinn von einem wahrhaft phänomenalen, historisch ganz beispiellosen Ausmaß gesichert werden sollte. Man muß der Welt entsagen, wenn man sie gewinnen will.

Die Implikationen von Webers berühmter Theorie für die Wirtschaftsgeschichte sollen uns im Moment nicht weiter kümmern. Wir befassen uns damit, was der beschriebene religiöse Stil für die Rationalität selbst bedeutet: Er erreicht, daß die Feierlichkeit, die in einer Durkheimschen Welt an die Ekstase, an die *besondere* Gelegenheit, an die Stratifikation von Verpflichtungen und Identitäten, an die Sakralisierung *einiger* Praktiken und Ideen geknüpft ist, sich nun statt dessen symmetrisch und wahllos auf durchdringende und gebieterische Art an die Nüchternheit und alle Details des gewöhnlichen Lebens heftet. Der Verzicht auf jedes Ritual wird selbst zum potentesten Ritual; das Fehlen von Götzenbildern wird zum machtvollsten Fetisch. Die Regeln des symmetrischen Beweises, ordentlicher Kriterien für die Einschätzung von Ideen und Daten — das genaue Gegenteil der Autorität von Erregungszuständen und des örtlichen, verkörperten Heiligen — erwerben selber eine besondere Art heiliger Autorität. Die besondere Gelegenheit wird durch die Ansicht ersetzt, daß alle Gelegenheiten gleichermaßen heilig sind; der besondere Vermittler zum Göttlichen durch die Ansicht, daß alle Menschen gleichermaßen Priester sind; und der spezielle Status des Heiligen durch die Ansicht, daß alle Dinge am Heiligen teilhaben, und keine Ausnahmen gemacht werden sollen, sei es im Verhalten oder in der Erkenntnis. Nichts *in der Welt* ist heiliger als alles übrige: Dies erlaubt oder ermutigt die freie Wahl von Mitteln und deshalb die Desakralisierung ökonomischer, investigativer und anderer Verfahren. Es lockert die Starrheit der Tradition und ihrer Praktiken. Auf diese Weise ermöglicht es die Innovation in Erkenntnis und Produktion. Heiligkeit heftet sich an formale Ordnung, nicht an ausgewählte Einzeldinge in der Welt. Das erleichtert Vertrauen und rationale Planung.

Descartes war seinem religiösen Bekenntnis nach kein Protestant. Er war und blieb ein loyaler Sohn der katholischen Kirche. Er bewunderte ihren eleganten Zentralismus und hielt ihn charakteristischerweise und folgerichtig für einen ihrer größten Verdienste. Aber jede Regel des geistigen Betragens, die er so penibel empfahl und die zu verwirklichen er sich so ernsthaft bemühte, weist jene Tugenden der Ordnung, der Nüchternheit, der Sonderung von Problemen (die nur ein Aspekt der Arbeitsteilung ist) und der Gewissenhaftigkeit auf, die die Soziologen als protestantische Tugenden identifiziert haben.

Wir wissen nicht, ob die Webersche Theorie wahr ist, ebensowenig wie wir wissen, ob die Durkheimsche Theorie zutrifft. Aber nehmen wir es für den Augenblick einmal an.

Wenn das so ist, dann gibt es eine Antwort auf Descartes' imaginäre Entgegnung auf Durkheim. Es ist wahr, daß die Jesuiten in La Flèche niemals einem ekstatisch berauschten jungen René Descartes *cogito sum, cogito sum* vorgesungen und ihn, dieser Idee für immer hörig, in die Welt hinausgeschickt haben. Deshalb ist eine überbuchstäbliche, einfache Durkheimsche Theorie der Wurzeln des inneren *logischen* Zwangs tatsächlich nur sehr schwer oder unmöglich zu verteidigen. Die zwingenden Ideen des modernen Cartesischen Menschen sind nicht in einer eineindeutigen Weise an irgendein *spezifisches* Ritual gebunden. Seine Zwänge sind nicht an den Inhalt, nicht an spezifische Ideen, sondern an gewisse *formale* Eigenschaften von Ideen gebunden, was auf eine komplexere Weise gesellschaftlich herbeigeführt worden ist. Er fühlt sich gezwungen, Ideen einer symmetrischen Behandlung zu unterziehen: *Das* ist sein wirklicher Zwang. Deshalb könnte eine raffiniertere, Weber-Durkheimsche Variante der ursprünglichen Idee immer noch der Ausarbeitung wert sein. Sie könnte wie folgt lauten:

Die Anerkennung des *cogito* ist eine Unterwerfung unter Zwänge, die ordentliche, symmetrische Gedanken erfordern, welche für jedermann auch ohne die Hilfe kollektiv herbeigeführter Erregungszustände jederzeit zwingend sind. Wenn Zweifel ein Beispiel von Denken und wenn Denken das Ich ist, dann hat die Existenz des Zweifels das Ich zur Folge. Der Zweifel selbst widerlegt in diesem Fall den Zweifel. Dieser Zwang wirkt ohne Musik, Weihrauch oder Mummenschanz oder Kostüme. Eine späte, raffinierte und komplexe Form des Krypto-Rituellen flößt denen, die unter seinem Einfluß stehen, die Anerkennung eines solchen logischen Zwanges ein. Eine doktrinäre, symmetrische, streng zentralisierte und puritanisch ordentliche Religion hat den *formalen* Eigenschaften eines ganzen Gedankensystems die Aura der Heiligkeit verliehen. Descartes hat lediglich die Idee analysiert, daß *nichts anderes* als solcher formaler, symmetrischer Zwang autoritativ ist. Das ist es, was ihm Pascal nicht verzeihen konnte.

Ein neuer, raffinierter Mechanismus, Zwang einzuflößen, hat uns zugleich eine neue Art von Zwang auferlegt: nur Schlußfolgerungen zu akzeptieren, zu denen wir uns in einem Zustand der Nüchternheit gezwungen sehen, während wir klare, deutliche, unstrittige Begriffe betrachten. Descartes kodifizierte diese neue Art von Zwang; aber das bedeutet nicht, daß es ihm an gesellschaftlichen Wurzeln fehlte. Er hat gesellschaftliche Wurzeln einer deutlichen und ungewöhnlichen Art. Es bedurfte Webers Einsicht, um sie uns zu beschreiben. Sie waren eine komplexe, subtile Variante derjenigen, die Durkheim vorgeschlagen hatte; aber es waren trotz alledem gesellschaftliche Wurzeln.

Diese spezielle Mutation des Heiligen veranlaßte Descartes, symmetrische, allgemeingültige Gründe für Überzeugungen zu suchen, um so die alte Abhängigkeit von lokalen, unsymmetrischen Zufällen der Geschichte, von den willkürlichen spezifischen Ritualen dieser oder jener Kultur zu ersetzen. Dieses Bedürfnis ließ ihn eine neue Grundlage suchen, die er mit einer universalen, symmetrischen und unbesiegbaren Autorität versah.

So hat die imaginäre Antwort, die wir Descartes in den Mund gelegt haben, nicht alle Soziologen widerlegt. Sie hat sie nur dazu verpflichtet, eine Webersche Ausarbeitung von Durkheims Theorie zu übernehmen. Die Soziologen haben in der Tat eine Antwort. Durkheim konnte sie allein nicht geben. Eine Webersche Verfeinerung war nötig, bevor man so etwas wie eine plausible Antwort geben konnte. Das gleichmäßig *verbreitete* Ritual des nüchternen, ordentlichen Lebens flößt eher symmetrische Regeln ein als die unsymmetrischen und dramatischen Kennzeichen der Gemeinschaftsreligion der Wilden.

All dies hilft uns, Descartes und seinen Rationalismus mit den beiden großen soziologischen Traditionen in Beziehung zu setzen. Descartes' Strategie, der Kultur zu entgehen, nämlich aus ihr herauszutreten und sich eine eigene, neue, kulturunabhängige Welt zu errichten, enthielt zwei getrennte und unterschiedliche Elemente: Zwang *und* Auswahl. Er war wählerisch hinsichtlich der *Art* des inneren Zwangs, dem er seine Überzeugungen anvertrauen wollte.

Der innere Zwang war sein Retter, aber er respektierte nur die Art von Zwang, die durch ordentliches Denken erzeugt wurde. Zwänge verdienten es, beachtet zu werden, aber nur, wenn sie durch ein Denken erzeugt wurden, das alle abtrennbaren Elemente tatsächlich auch abgetrennt hatte und das ungeachtet der jeweiligen Stimmung zwanghaft blieb. Der Zwang war nicht an einen speziellen Erregungszustand gebunden, sondern mißtraute ihm und verwarf ihn. Er hatte seine Macht auch dann zu behalten, wenn, oder genauer, *besonders* wenn Aufregung, Ekstase, eine äußerliche theatralische *régie* gänzlich fehlten. Nüchternheit ist die Aufregung des Puritaners.

Die beiden großen Soziologen sind mit zwei verschiedenen Elementen in Descartes' Denken befaßt. Durkheim ist der Soziologe des begrifflichen Denkens, der Zwanghaftigkeit *im allgemeinen*. Weber befaßt sich mit dem *selektiven* Teil: mit jener speziellen Art von Zwang, der sich nur an das heftet, was Descartes als das einzig vernünftige Fundament seiner neu gefundenen Welt- und Gedankenordnung anerkennen würde. Durkheim nahm das Problem in Angriff, warum alle Menschen rational sind, und Weber das Problem, warum einige rationaler sind als andere. Weber bemühte sich, das Entstehen dieses neuen und höchst ungewöhnlichen und charakteristischen Stils religiösen Zwangs zu erklären. Er versuchte zu zeigen, wie er herbeigeführt, überliefert und eingeflößt wurde: nicht durch eine offene, diskontinuierliche und spezielle Ekstase, sondern durch die mindestens ebenso potente, wenngleich ruhige und ordentliche innere Spannung. Das war Webers Spezialität. Er war daran interessiert zu erkunden, wie eine besondere und einzigartige Art von Rationalität aus der älteren generischen Rationalität entstehen konnte. Die Durkheimsche Rationalität ist praktisch der Existenz allen begrifflichen und gemeinschaftlichen Denkens äquivalent. Weber ist mit nur einer sehr speziellen Version davon befaßt. Durkheim machte die Vernunft unter der wilden Unvernunft ausfindig; Weber identifizierte die Unvernunft unter der modernen Vernunft.

Beide Soziologen machten die Religion zur Haupttriebkraft für die Ausstattung des Menschen mit Vernunft. Für Durkheim ist Religion im Grunde Ritual, und das Ritual dient dazu, auf die Menschen jene zwanghaft gemeinsamen Begriffe zu übertragen, ohne die sie weder menschliche noch gesellschaftliche Wesen sein könnten. Max Weber, der mit einem viel engeren oder spezifischeren Begriff von Rationalität arbeitet, schreibt einer bestimmten religiösen Tradition die Kraft zu, der allgemeinen Durkheimschen Rationalität zu entgehen und sie in etwas Neues zu verwandeln. Das befreit die Menschen zwar nicht vom Zwang, aber transformiert, erhöht und erweitert dessen Natur. Sie ist die Ursache dafür, daß sich der Zwang an formale Ordnung heftet; und die Konsequenz stellt sich als eine gewaltige Vergrößerung der menschlichen Erkenntnis- und Produktivkraft heraus.

Was soll man nun im Licht all dessen mit der Cartesischen Hoffnung anfangen, aller Kultur, aller Gewohnheit und allem Beispiel zu entfliehen, um nach einer gesellschaftlich unbefleckten reinen Vernunft zu streben? Sie war eine Illusion oder war es jedenfalls teilweise. Descartes entkam der Kultur nicht. Er half unbewußt dabei, eine einzelne, sehr charakteristische und in der Tat einzigartige Kultur zu kodifizieren, eine Kultur, die auf eine ganz und gar neue Weise von Vernunft durchdrungen war. Sie stellte sich als die Grundlage einer neuen Zivilisation heraus; ihre Zwänge haben immer noch eine gesellschaftliche Grundlage, aber es ist eine neue Art von Grundlage.

Ein rationaler Geist in einer rationalen Welt

Wo stehen wir nun? Nehmen wir einmal an, daß Durkheim und Weber recht haben: Der Zwang gemeinsamer Begriffe ist gesellschaftlich erzeugt. Die bestimmte, charakteristisch moderne Art von Zwang, die Vision einer symmetrischen, vereinheitlichten und emotional desinfizierten, hygienischen Welt ist durch eine besondere historische Erfahrung erzeugt worden. Wir sind zufällig deren Nutznießer und/oder Opfer. Sie verpflichtet uns nicht auf eine bestimmte und spezifische Menge von Begriffen, sondern auf eine nüchterne, symmetrische und sozusagen vereinheitlichende Behandlung aller Begriffe überhaupt, mit denen wir umgehen. Folgt daraus, daß die Autorität und Besonderheit der Vernunft eine Illusion ist? Ist sie nur die Bauchrednerpuppe einer gegebenen Gesellschaftsordnung? Sollen wir Relativisten sein? Sollen wir die Möglichkeit ausschließen, eine transzendente und unabhängige Wahrheit zu erreichen, die uns die Vernunft zu liefern versprochen hatte?

Ich glaube nicht. Gewiß, in ihrer extremen und buchstäblichen Formulierung ist die Cartesische Hoffnung, wir könnten individuell und selbstgenügsam eine gänzlich unabhängige Wahrheit erreichen, absurd. Wir können weder aus unserer Haut noch aus unserer gesellschaftlichen Welt heraus. Wir können nicht denken ohne einen biologischen und einen gesellschaftlichen Unterbau, der freilich seinerseits dem, was oder wie wir denken, seine Grenzen auferlegen muß. Wir können uns nicht von den Zwängen befreien, die uns von der Natur auferlegt werden. Ein kosmisches Exil ist in der Tat eine Illusion.

Nichtsdestoweniger gibt es die *coupure* oder die Diskontinuität, die Descartes und die Rationalisten kodifizierten. Mit dem Erscheinen und der Herrschaft der nüchternen Vernunft geschah etwas Neues. Das kosmische Exil ist eine Illusion, aber ein Exil außerhalb der Kultur oder eher außerhalb der ganzen Klasse gemütlicher vorwissenschaftlicher Kulturen ist es nicht. Das kosmische Exil war ein passender philosophischer Mythos, der den Übergang zu einer neuen Rationalität begleitete, ratifizierte und erklärte. Die Welt, in der die Vernunft endlich den Platz eingenommen hat, auf dem sie jetzt steht, ist von der vorangehenden gründlich verschieden. Die Vernunft ist nicht frei von irdischen Wurzeln, wie Descartes gehofft hatte, sondern hat ihre eigenen, charakteristischen Wurzeln.

Welches sind, in einfachen und allgemeinen Ausdrücken, die Charakteristika der Vernunft und der Welt, die sie beherrscht? Die Vernunft ist, wie gesagt, universalistisch. Sie ist eine Gattungseigenschaft, die in allen Menschen verkörpert und latent vorhanden ist, selbst wenn ihre Ausübung bei vielen Gelegenheiten behindert wird. Der Stil der Vernunfterkenntnis ist von den Rationalisten mehr oder weniger korrekt kodifiziert worden: Alle Begriffe sollen dieselben Regeln im Verhältnis zur Evidenz einhalten und sich der Evidenz der Vernunft unterwerfen, die ihrerseits nicht von der

Kultur kontrolliert wird, sondern weitgehend davon frei und auf keine Weise genetisch eingeschränkt ist, obgleich die meisten Kulturen sie nicht fördern. Die Annahme, daß es eine solche Fähigkeit gibt, ist gleichbedeutend mit der Leugnung privilegierter Wissender. Ähnlich ausgeschlossen ist eine privilegierte Zuschreibung oder Verkörperung von Wissen bei der Offenbarung einer anderen Welt. Die Annahme, daß es eine solche Fähigkeit wie die Vernunft gibt, läuft auf die Behauptung hinaus, daß alle kognitiven Ansprüche gleich und Kriterien unterworfen sind, die im Prinzip von jedermann angewendet werden können. In diesem Sinne ist die Vernunft in uns allen latent vorhanden.

Diese potentielle Symmetrie oder Gleichheit aller Forscher gilt auch für die *Gegenstände* jeglicher Untersuchung. Die Welt gilt als ein einziges System, das von denselben Gesetzen beherrscht wird (selbst wenn wir nicht wissen, welche es sind). Die Welt als ein Ganzes oder die Art, wie sie erkannt wird, mag heilig sein, aber es gibt kein unsymmetrisches, örtlich begrenztes, privilegiertes Heiliges *in ihrem Innern*. Die Bestreitung sowohl des kognitiven wie des ontologischen Privilegs ist im Begriff der Vernunft implizit enthalten. Die Vernunft hat eine tief nivellierende Qualität: Sie erlaubt nicht, daß Personen oder Dinge in der Welt etwas Besonderes sind.

Die Vernunft besitzt ebenfalls eine inhärent monopolistische Tendenz und kann am Ende keine Rivalen vertragen. Hume hat sie gut definiert: »Unsere Vernunft muß als eine Art Ursache angesehen werden, deren natürliche Wirkung die Wahrheit ist [...].«[23] Pascal beklagte sich über das, was Descartes getan hatte: »Je ne puis pardonner à Descartes; il aurait bien voulu [...] pouvoir se passer de dieu [...].«[24] Gesellschaftlich gesprochen bestehen natürlich zahlreiche Kompromisse, die ein friedliches Nebeneinander zwischen Vernunft und überkommenen oder neu erfundenen Ansprüchen auf kognitive Freistellung und Sonderstatus erlauben. Aber Pascals Klage und Zurückweisung des »Exzesses«, einzig die Vernunft zuzulassen[25], sind fehl am Platz. Die Vernunft ist, wie die Gottheit, die sie ersetzt hat (und in deren Schuld sie historisch vermutlich steht), von Natur aus eine eifersüchtige und ausschließliche Geliebte. Diese exklusive Einzigartigkeit hat zu wahrer Erkenntnis geführt, die Pluralität von Kriterien dagegen zu Stagnation. In dem ernsthaften kognitiven Leben der Menschheit übt sie jetzt tatsächlich eine machtvolle Herrschaft aus, selbst wenn es ihr nicht gelingt, die alten Baaline völlig auszumerzen.

Diese starken Ansprüche werden hier in einem sozusagen interesselosen, deskriptiven, aseptischen, unvoreingenommenen Geist erhoben: Das ist die Art und Weise, wie die Gottheit unter uns erscheint und wie sie sich aufführt. Wir geben diese Beschreibungen ihrer Ansprüche, ohne sie zu rechtfertigen oder zu bestreiten, daß sich für jede nicht-zirkuläre Demonstration solcher Ansprüche schwerwiegende Probleme ergeben.

In seiner Analyse der Liebe beobachtete Stendhal, daß es nötig sei, nüchtern, *sec* zu sein: »Je fais tous les efforts possibles pour être sec.«[26] Die Vernunft ist ein mindestens ebenso gefühlsbeladenes Thema wie die Liebe. Wenn wir ihre Ansprüche diskutieren, müssen auch wir versuchen, lyrische Prosa zu vermeiden. Wir werden uns bemühen, sie so trocken wie möglich zu beschreiben.

Die Vernunft und ihre Gegner

Bislang hat unsere Darstellung die Gestalt einer Erzählung gehabt. Mit Descartes erscheint die Vernunft als eine Methode und zwar als die *einzige* Methode, um sich Wahrheit zu verschaffen. Gleichzeitig ist die Vernunft ein Mittel, um jenen furchtbaren Feinden der Wahrheit, *Gewohnheit und Beispiel*, zu entgehen. Sie bringt Befreiung vom ungenauen und deshalb zum Irrtum tendierenden, den Irrtum verewigenden Fortwuchern und sich Aufhäufen von Ideen, von einer wahllosen Verwicklung *in* und Korrumpierung *durch* die Welt; kurzum, von der Hingabe an bloße Kultur, an eine Vielzahl von Ideen, die kontingent und an spezifische Gemeinschaften und Zeiträume gebunden sind. Vernunft ist *Reinigung*. Im Gegensatz dazu ist Kultur Korruption auf Erden. Rationalität als solche kann nicht scheitern. Falls doch, dann kann das nur deshalb geschehen, weil einige Unsauberkeiten übriggeblieben sind.

Die philosophische Tradition, die Descartes' Programm übernahm, sah, daß die angeblich befreienden rationalen Zwänge ihrerseits selbst nicht gerechtfertigt werden konnten. Sie konnten ihren eigenen Maßstäben nicht genügen und deshalb nicht liefern, was Descartes forderte, nämlich eine rationale, erkennbare und vor allem eine garantierte und kognitiv sich selbst rechtfertigende Welt. Die Wahrheit sollte der Prüfstein sowohl des Irrtums wie ihrer selbst sein, wie der Cartesianer Spinoza es ausdrückte. Aber eine solche sich selbst rechtfertigende Offenbarung, d.h. Vernunft, war nicht zu haben. Der rationale Zwang, der nicht länger als selbst-erzeugt und sich selbst rechtfertigend galt, wurde nun (von Hume und Kant) den Mechanismen des menschlichen Geistes zugeschrieben. Der Geist war programmiert, auf diese Weise zu funktionieren, aber ist ein inneres Programm ein Beweis? Später, mit dem

Entstehen der eigentlichen Erkenntnis, daß das menschliche Ich sich von Kultur zu Kultur nicht wenig unterscheidet, wurde auch er der Geschichte oder der Gesellschaft zugeschrieben. Sie sprachen zu den individuellen Menschen durch die Zwänge und Intuitionen ganzer Epochen oder Kulturen.

So hatte sich der Kreis geschlossen: Der Dämon, dem Descartes zu entgehen wünschte, taucht am Ende der Geschichte als der Retter oder zumindest als der Sieger auf. Logische Zwänge hatten soziale und historische Wurzeln und boten keinen Ausweg aus Geschichte und Gesellschaft.

Soweit eine simplifizierte, obgleich hoffentlich nicht ungenaue Darstellung eines einzelnen neueren Gedankenstroms. Zusätzliche Komplikationen, Nebenhandlungen und Variationen müssen später noch hinzugefügt werden. Aber zunächst müssen wir die Erzählung für eine Weile unterbrechen.

Es ist vielleicht angebracht, für eine Weile aus dem historischen Kontext herauszutreten und den Versuch zu unternehmen, die Vernunft so zu beschreiben, wie sie gegenwärtig verstanden wird.

Die Vernunft ist primär eine allgemeine, wahrheitssichernde Fähigkeit. Als solche steht sie in vielfältigem Gegensatz zu

1. Tradition
2. Autorität
3. Erfahrung
4. Emotion
5. unsystematischen Verfahren mittels Versuch und Irrtum.

Die folgenschwerste ungeprüfte Annahme in der bisherigen Darstellung ist gerade die Existenz einer *allgemeinen Fähigkeit* oder, alternativ, eines allgemeinen Kriteriums der Wahrheit. Es ist keineswegs evident, daß es eine *einzelne* solche Fähigkeit oder ein *einzelnes* Kriterium geben muß.

Stellen wir uns eine alternative Situation vor: Nehmen wir einmal an, daß die verschiedenen Tätigkeiten, einschließlich der sprachlichen, denen sich die Menschen widmen, tatsächlich ganz verschieden sind und daß sie kein einzelnes gemeinsames Ziel oder Kriterium besitzen. Natürlich könnte es *innerhalb* jeder Aktivität eine richtige und eine falsche Art und Weise geben, sich mit den Dingen zu befassen; dort gäbe es tatsächlich Kriterien des Erfolgs und des Scheiterns. Aber die Kriterien in verschiedenen Bereichen wären nicht für eine Art Resümee durch ein einzelnes Prinzip, eine einzelne Prüfung oder einen einzelnen Prüfstein geeignet. Keine einzelne Methode würde in allen Sphären zum Erfolg führen. Eine solche Welt ist denkbar. Zumindest *ein* äußerst einflußreicher Philosoph hat sie nicht nur erdacht, sondern behauptet, daß sie dem Denkstil entspreche, den wir tatsächlich praktizieren[27]. Auch David Hume hat diese Möglichkeit erwogen, aber er verwarf sie.

Im Gegensatz dazu fällt in den meisten Formen des Rationalismus die Annahme einer allgemeinen Fähigkeit oder eines allgemeinen Kriteriums ins Auge. Dieselbe Art von Vernunft wird in allen Fällen angewandt und ist in jedem Geist identisch vorhanden. Die Vernunft ist unparteiisch und universal und nicht an lokale Umstände gebunden. Unparteilichkeit und Symmetrie sind ihr wesentlich. *Das* ist die entscheidende Annahme. Idiosynkratische oder launische Rationalität ist, nach einer solchen Ansicht, eine *contradictio in adiecto*.

Die Existenz einer solchen Gattungsvernunft wird oft einfach vorausgesetzt: Die Debatte dreht sich meist nur um die rivalisierenden Ansprüche dieser Fähigkeit und ihrer Konkurrenten. Gleichwohl ist ihre bloße Existenz keineswegs selbstverständlich. Unsere historische Skizze sollte eine mögliche Art und Weise ihres Entstehens erhellen. In diesem Sinne sah der Rationalismus aus, als sei er der Abkömmling des Monotheismus. Eine einzelne und exklusive Gottheit hat uns zu dem Begriff einer einzigartigen und homogenen Quelle der Wahrheit geführt. Der eifersüchtige Jehovah lehrte die Menschheit das Prinzip des ausgeschlossenen Dritten. Sobald diese Idee erst einmal tief verinnerlicht war, löste sie sich von ihren theologischen Wurzeln.

Im Augenblick wollen wir aber einfach die Existenz der allgemeinen Fähigkeit voraussetzen und ihre verschiedenen und getrennten Opponenten betrachten.

1 Vernunft gegen Tradition

Es gibt zwei Möglichkeiten, wie Gegenstände aller Arten, von Gebäuden bis zu Überzeugungen, durch die Tätigkeit von Menschen entstehen. Sie können oft mit einer einzigen oder zumindest mit einer klar spezifizierten Absicht geplant und verwirklicht werden; oder sie können langsam wachsen und entstehen, wobei sie vielfältigen und nur dunkel wahrgenommenen und formulierten Zielen dienen.

Dieser Gegensatz ist zum Beispiel augenfällig in juristischen und politischen Systemen oder in der Stadtarchitektur. Gewohnheitsrecht steht systematischem und geplantem positivem Recht gegenüber, römisches Recht dem *Common Law.* Städte, die über Jahrhunderte langsam gewachsen sind, kontrastieren mit den Anschauungen einer normierten Stadtplanung. Descartes' Position in dieser Frage ist einfach. Er stellt sich auf die Seite der einzelnen Planer und gegen die »Romantiker« mit ihrer starken Neigung für das Charakteristische und »Organische«. Zu seiner Zeit waren sie noch unter keinem dieser Namen bekannt.

2 Vernunft gegen Autorität

Dieser Streitpunkt ist der allgemeinen Öffentlichkeit am vertrautesten. Es ist dieser Streitpunkt, der am häufigsten mit dem Rationalismus verknüpft wird. Descartes war auch in dem ersten, antitraditionalistischen Sinne ein überzeugter Rationalist: Er schätzte die Gottheit mehr wegen ihres zentralistischen Verfahrens als wegen ihrer Autorität; aber von Männern wie Pascal wurde er hauptsächlich im Lichte seiner unausgesprochenen Opposition gegen die *Autorität* gesehen.

In ihrer Behauptung unsymmetrischer Ansprüche stehen Tradition und Autorität vielleicht tatsächlich in einer gemeinsamen Opposition zur Vernunft. Der moderne Rationalismus hat sie gelegentlich dazu getrieben, gemeinsame Sache zu machen, sich zu verbünden. Wie de Maistre beobachtet hat, macht der populäre Aberglaube das äußere Bollwerk des Glaubens aus. Das hat zur Folge, daß die ordentliche Festung der Offenbarung in Gefahr gerät, sobald sie dieser äußeren Verteidigungsanlagen beraubt wird. (Das scheint auf das Christentum zuzutreffen, nicht jedoch auf den Islam, wo die innere Burg durch ihre in jüngerer Zeit erfolgte Zurückweisung und Verwerfung von populären Zusätzen eher gestärkt zu sein scheint.) Nichtsdestoweniger steht die saubere, zentralisierte Autorität immer in latentem Konflikt mit der unordentlichen Leichtgläubigkeit des Volkes.

Die Tradition widersetzt sich der Rationalität zugunsten von Gewohnheit, die Autorität zugunsten einer speziellen, aber auch möglicherweise einzigartigen Quelle der Offenbarung. Historisch standen Autorität und Tradition häufig im Gegensatz zueinander. Die auf Autorität basierende, zentralisierte Theologie befand sich häufig genug in Konflikt mit den vielen pluralistischen Antrieben lokaler Gewohnheiten und Traditionen. Im Kampf gegen diese bereitete sie dem modernen Rationalismus den Boden.

Nichtsdestoweniger ist der wirklich große Kampf, mit dem die weitere Öffentlichkeit vertraut ist, ein Kampf, der Vernunft gegen Autorität ausspielt, wobei die Tradition gewöhnlich als subsidiärer und manchmal wichtiger Verbündeter der Autorität handelt. Das Bild kontrastiert den Menschen, der am Ende nur seine eigene Vernunft respektiert, der nur die Evidenz und rationale Überzeugung, die ihm verfügbar sind, achtet, mit demjenigen, der sich der Autorität und Tradition beugt. Aber es gibt auch traditionalistische Skeptiker, Menschen, die sich zur Tradition hingezogen fühlen, weil sie an der Vernunft verzweifeln und eine kontingente, grundlose Stabilität dem Fließen und der Ungewißheit vorziehen.

Nach rationalistischen Grundsätzen ist die Achtung vor einer Autorität unübersehbar zirkulär: *Wenn* man gute Gründe hat zu glauben, daß die Autorität echt ist, kann man natürlich diese Autorität legitimerweise respektieren – aber die wirkliche Quelle der Autorität sind die Gründe, die sie rechtfertigen, und nicht die Autorität als solche. Nicht die Autorität, nur die Gründe können sozusagen endgültig sein. Aber wenn man keine Gründe hat, ist die Achtung dann etwas anderes als eine Laune?

Den Autoritätsanhängern erscheint diese ihrer eigenen Auffassung entgegengesetzte Haltung anmaßend, gottlos und arrogant.

Wie darf das winzige Menschlein es wagen, seine unvollkommene und beschränkte Vernunft gegen die höhere Autorität auszuspielen? So sagt J.H. Newman von den Liberalen in der Religion: »In den Herzen einiger oder vieler unter ihnen besteht vielleicht oder sogar zweifellos eine wirkliche Antipathie oder Verärgerung gegen die geoffenbarte Wahrheit — ein quälender Gedanke.«[28]

Die Zirkularität der autoritätsgläubigen Position, die uns liberal denkenden Menschen so widerstrebt, kann auch zu ihrem Vorteil und ihren Gunsten ausgelegt werden. Sie hat eine gewisse Logik. Es ist plausibel, nach genau diesen Grundsätzen zu argumentieren: Wenn eine Verteidigung des Glaubens möglich und erfolgreich wäre, wäre er kein Glaube mehr. Die Gründe würden, wären sie zwingend, ausreichen. Deshalb ist es die Natur des Glaubens, daß er einfach als sich selbst rechtfertigend aufgefaßt, d.h. in einem strikt autoritätsgläubigen Geist akzeptiert werden muß. »Der Richter ist der Retter.«[29] Wenn dies so ist, dann kann es keinen Richter über die Gültigkeit des Anspruchs geben, der Retter zu sein. Die beiden Funktionen sind zusammengeflossen. Um Spinozas Ausspruch über die Wahrheit zusammenzufassen: Der Retter ist der Prüfstein sowohl der Erlösung wie der unechten Ansprüche. Das Wesen des Rationalismus ist demgegenüber *die Trennung* der Verfahrens- von der substantiellen Legitimität.

Logisch ist die fundamentalistische Position unanfechtbar. Wenn Glaube und Autorität überhaupt zugelassen werden, wäre es unlogisch, wenn sie eine rationale Verteidigung brauchten oder erlaubten. Sich auf die Vernunft berufen hieße die Souveränität aufgeben, selbst wenn die Vernunft dem Glauben günstig sein sollte. In der Praxis dürften sich diejenigen, denen dieses Argument präsentiert wird, durch die Tatsache beunruhigt fühlen, daß es nicht nur einen, sondern unterschiedslos jeden Glauben, jede selbst-ernannte Autorität unterstützt. Es bietet einer Unendlichkeit von Glaubensbekenntnissen eine schützende Decke. Wenn wir in einer Welt lebten, in der ein einziger Glaube einer einzigen Vernunft gegenüberstünde, hätte diese Ansicht vielleicht eine gewisse Überzeugungskraft. (Psychologisch gesprochen lebten einige der frühen Antirationalisten tatsächlich in einer solchen Welt.) Aber wir bewohnen eine Welt, in der eine zahllose Menge von wirklichen und möglichen Glaubensbekenntnissen der Vernunft gegenübersteht, die einzigartig sein mag oder auch nicht.

Außerdem haben wirklich historische Religionen, so formal zwingend der fundamentalistische Gesichtspunkt auch sein mag, ihm nicht immer viel Beachtung geschenkt. Wie sehr sie auch an Glaube und Autorität appelliert haben, sie haben sich auch auf die Vernunft als eine zusätzliche Stütze berufen. Sobald sie diese erst einmal zugelassen hatten, mochten sie dann natürlich gewisse Schwierigkeiten gehabt haben, ihren Gebrauch einzuschränken.

Die Öffentlichkeit ist auch vertraut mit einem Konflikt zwischen der Vernunft und auf der anderen Seite nicht so sehr einer privilegierten Autorität als vielmehr magischen oder anderen Kräften, die angeblich einer konventionellen Erklärung oder Erforschung oder beider spotten und in diesem Sinne der Vernunft trotzen. Anhänger oder auch nur aufgeschlossene Erforscher einer großen Anzahl von Phänomenen, von der Astrologie bis zum Metallbiegen und Glaubensheilungen, gelten im allgemeinen als Leute, die mit dem Rationalismus in Konflikt liegen [30].

Diese Situation ist ziemlich eigenartig und wird selbst von den Teilnehmern häufig mißverstanden. Es ist natürlich durchaus möglich — ja sogar höchst wahrscheinlich —, daß die Welt Kräfte oder Mechanismen enthält, die durch die bestehenden wissenschaftlichen Theorien nicht gedeckt werden oder mit ihnen sogar unvereinbar sind. Es ist auch möglich, daß sich einige dieser Kräfte in Phänomenen manifestiert haben, die in der Vergangenheit als magisch oder übernatürlich eingestuft worden sind. Aber an diesem Punkt der Argumentation gibt es zwei Möglichkeiten. Die eine ist, daß diese Phänomene oder Kräfte den normalen Konventionen der rationalen Erforschung unterzogen werden: Alle Forscher sind gleich, das Beweismaterial wird in seine konstituierenden Teile aufgelöst, eine Zirkularität der Begründung wird ausgeschlossen, Theorien werden durch Verfahren und anhand von Daten überprüft, die nicht unter ihrer eigenen Kontrolle stehen, kein Phänomen darf einen besonderen Status beanspruchen und die Methoden der Untersuchung seiner Ansprüche diktieren. Wenn die Phänomene und ihre Erklärungen eine solche Untersuchung überleben — dann, ja dann haben wir die Summe unserer rationalen Erkenntnis vergrößert.

Die Alternative ist freilich, daß die Adepten oder Anhänger der speziellen mystischen Kraft die überraschende Natur ihrer Manifestationen nicht nur dazu benutzen, bestehende Theorien herauszufordern – ein vollkommen legitimes und rationales Verfahren – sondern *auch*, um für das Phänomen oder den privilegierten Praktiker eine Ausnahme von gewöhnlichen Test- und Untersuchungsmethoden zu fordern. Dies ist die Form, wie magische und mystische Phänomene gesellschaftlich in Erscheinung treten: Sie sind nicht nur überraschend, weil sie den »normalen« Strukturen von Ereignissen trotzen, sie werden auch von einem Anspruch auf einen speziellen kognitiven Status begleitet. Sie sind nicht gewöhnlichen, symmetrischen Regeln der Forschung unterworfen. Das Phänomen oder das vermittelnde Individuum, die Gelegenheit oder die Kraft selbst sollen einzigartig sein und eine Art Heiligkeit oder besondere Qualität besitzen, die durch eine skeptische, unvoreingenommene Untersuchung besudelt würden. Angeblich werden sie von einem skeptischen Beobachter verdunkelt. Damit stehen wir einem kognitiven Anspruch gegenüber, der sich durch eben die Art und Weise, wie er sich präsentiert, selbst aus dem Reich der Vernunft ausschließt. (Der Anspruch auf einen besonderen, eine unparteiische Untersuchung ausschließenden Status kann natürlich in einer rationalistischen und deshalb scheinbar wissenschaftlichen Terminologie präsentiert werden, als Folgerung aus angeblich feststehenden Tatsachen, wie es im Fall der Psychoanalyse geschieht.) Das bedeutet natürlich nicht, daß die angeführten Phänomene sich nicht gelegentlich, *wenn* sie nur richtig untersucht würden, einer rationalen Behandlung zugänglich erweisen könnten und sie überleben würden.

In der Praxis optieren die Anhänger irrationaler Kulte dieser Art oft nicht sauber für eine dieser beiden Möglichkeiten. Statt dessen ist ihre Position systematisch mehrdeutig, und diese Art von Obskurität, Ausweichen und Schwanken ist Teil ihrer gewohnheitsmäßigen Selbstdarstellung. Sie praktizieren eine Methodologie der »gleitenden Skala«. Wenn die Forschungsergebnisse günstig sind, wird die gewöhnliche Forschung begrüßt; wenn sie es nicht sind, wird die besondere Natur der Kraft – ihre Skeptikerscheu – angerufen. Ein Schiff mit gutgetrimmten Segeln wird günstige Winde nutzen, aber die Kraft widriger Böen fliehen. Die Segel der Unvernunft sind oft äußerst günstig gesetzt.

Die Daten, Probleme und Theorien, die viele solcher Gruppen inspirieren, werden nach einem merkwürdigen Prinzip ausgewählt: Sie werden ausgewählt, weil sie anscheinend nicht so sehr spezifische geläufige wissenschaftliche Theorien als vielmehr den umfassenderen rationalen Geist selbst verletzen, die Erwartung von Ordnung und Verstehbarkeit. Dann wird die außergewöhnliche Natur der bestimmten Daten angeführt, um zu rechtfertigen, daß man den gewöhnlichen Überprüfungen ausweicht. Unter modernen Bedingungen blühen viele dieser Kulte und kombinieren ihre Verfolgung des Exotischen mit der Verwendung von höchst raffinierten anti-rationalistischen Theorien, die aus der formalen Hochkultur der Gesellschaft stammen[31].

Die Dreiecksbeziehungen zwischen Rationalismus, zentralisiertem, auf Autorität beruhendem Glauben und unabhängiger Magie oder Aberglauben sind komplex und instabil. In jeder politischen Dreieckssituation tendieren Allianzen dazu, brüchig und flüchtig zu sein; jeweils zwei Teilnehmer im Spiel finden es unter Umständen vorteilhaft, sich gegen den dritten zu verbünden. Im 17. Jahrhundert waren, entgegen der Weberschen Theorie, auf die wir uns in der Hauptsache gestützt haben, die wilderen Formen des Aberglaubens oft mit dem neuen Rationalismus verbündet[32]. Ohne Zweifel wird es auch weiterhin zu immer neuen Bündnissen kommen.

3 Vernunft gegen Erfahrung

Die weitere Öffentlichkeit ist sich primär des Konflikts zwischen Vernunft und Autorität bewußt. Der Entscheidung, ob der freie, autonome Geist jedes einzelnen oder die außergewöhnliche und heilige Quelle die letzte Instanz sein soll, scheint die größte Bedeutung zuzukommen. Dieser Konflikt wurde im 17. Jahrhundert akut, tobte im 18. und durchdrang die Politik im 19. Im großen und ganzen waren die Anhänger der bestehenden Ordnung auch Verfechter der Autorität in Fragen des Glaubens, während Sozialreformer auch hinsichtlich der Erkenntnistheorie liberal waren. Der Konflikt ist in unserem Jahrhundert verstummt oder abgeflaut, seit viele Religionen (mit der bemerkenswerten Ausnahme des Islam) die Natur ihrer Ansprüche merklich reduziert haben, seit autoritäre Regierungssysteme sich oft eher auf weltliche als auf geoffenbarte Autorität berufen haben und seit soziale Radikale, wann immer sich die Gelegenheit bot, die Rationalität des Glaubens geschmäht haben. Nichtsdestoweniger ist dies immer noch die Form, in der das weitere Publikum das Problem der Vernunft wahrnimmt.

Innerhalb der Philosophie jedoch ist die am heftigsten debattierte Frage der Streit zwischen Vernunft und *Erfahrung*. Beide appellieren gleichermaßen an die »Vernunft« im früheren Sinne: als ein öffentlich, symmetrisch zugängliches Appellationsgericht oder Entscheidungsverfahren. Sie teilen die Annahme, daß das endgültige Urteil bei dem gewöhnlichen Geist liege und nicht bei irgendeiner speziellen Quelle der Wahrheit. Aber die Frage ist: Welche Methoden wendet dieser Geist an oder sollte er anwenden? Soll er vor allem klar *denken*, indem er unbestreitbar klare und tadellose begriffliche Verbindungsglieder als eine Art kognitives Geländer verwendet, wie Descartes lehrte, oder soll er sich auf die »Erfahrung« berufen, wie es die Lehre der großen britischen Empiristen gewesen ist?

Descartes' und Humes Ansichten sind einander in dieser Frage auf charakteristische Weise entgegengesetzt. Descartes empfahl vor allem zwingende Begründungen, während Hume allgemein als der Erz-Empirist dargestellt wird, der alle Probleme dem Test der Erfahrung unterwerfen wollte. Erfahrung ist für Empiristen genau das, was an die Stelle der Autorität tritt; sie konstituiert eine neue und vollkommen legitime Autorität. Die Autorität ist tot, lang lebe die Autorität! Der Begriff eines einzigartigen kognitiven Souveräns wird beibehalten. Nur seine Identität ändert sich.

Der Streit über Vernunft und Erfahrung wird sowohl in der Psychologie als auch in der Erkenntnistheorie ausgefochten, und zwar in Formen, die keineswegs identisch sind, obgleich sie oft miteinander verwechselt oder verschmolzen werden. In der Psychologie fragt man sich nur, wie der Geist wirklich arbeitet. Dann kann man entweder ein empiristisches oder ein rationalistisches Modell vorschlagen. Im ersten Fall sieht man sein Arbeiten im Sinne der Datenanhäufung (Empirismus); im zweiten im Sinne einer vorverdrahteten, vorprogrammierten Struktur (Rationalismus). Noam Chomskys Theorie der Sprache etwa ist demgemäß rationalistisch, weshalb er sich gern auf Descartes als seinen Vorgänger beruft[33]. Sein grundlegendes Beweismaterial für eine solche Ansicht besteht darin, daß der erstaunliche Kompetenzbereich des menschlichen Geistes mit dem empiristischen oder »akkumulativen« Modell einfach nicht erklärt werden kann: Die Annahme einer Vorverdrahtung ist, wie er überzeugend nachweist, unausweichlich.

Aber selbst wenn dies, wie auch ich glaube, wahr ist, macht es den Rationalismus nicht als Darstellung der *Rechtfertigung* kognitiver Ansprüche wahr: Das grammatische Vorverdrahten eines Geistes präjudiziert in keiner Weise die Wahrheit von Behauptungen, zu denen er seine Zustimmung gibt. Es legt vielleicht vorher die Grenze der Behauptungen, die ein Geist artikulieren kann, fest oder determiniert sogar, welche Behauptung er wählt; aber das ist etwas ganz anderes. Es kann gut sein, daß ich »vorverdrahtet« bin, meine Zustimmung zu einer bestimmten Idee zu geben. Das macht diese Idee jedoch in keiner Weise gültig, obgleich es mich vielleicht zwingt, sie zu unterstützen.

Die Verwechslung der beiden Fragen ist zwar weit verbreitet, läßt sich aber nicht verteidigen. So haben zum Beispiel viele Behavioristen in der Psychologie geglaubt, daß sie, um eine freie, empirische, tatsachengetreue Erforschung des menschlichen Geistes zu rechtfertigen, auch die Ansicht verteidigen müßten, daß alle menschlichen Antworten Reaktionen auf frühere Reize sein müssen und auf keine andere Art erklärbar sein dürfen. Andernfalls gäbe es Ideen im Geist, die nicht vorher in den Sinnen gewesen seien. Es wird irgendwie angenommen, daß ihre selbst erzeugte Anwesenheit im Geist sie rechtfertige und die Erkenntnis so die Erfahrung überspringe. Um eine solche Möglichkeit, die die Behavioristen verabscheuten, zu verhindern, dürfen nur Ideen, die vorher in den Sinnen anwesend sind, zugelassen werden. Paradoxerweise wird hier zugelassen, daß die empiristische Lehre der Souveränität der Prüfung eine *apriorische* Theorie hinsichtlich des *Inhalts* unseres Geistes und des Mechanismus unserer geistigen Prozesse erzeugt.

Mit anderen Worten, die Idee jeder »Vorverdrahtung« muß zurückgewiesen werden, damit die kognitive Souveränität der Erfahrung geschützt wird. Tatsächlich ist es äußerst unwahrscheinlich, daß eine Reiz-Reaktions-Psychologie dem menschlichen Verhalten gerecht werden kann. Aber dies untergräbt in keiner Weise die Ansicht, daß alle Theorien am Ende an den Tatsachen überprüft werden müssen. Der Ursprung unserer Ideen ist eine Sache; ihre Gültigkeit eine ganz andere. Eine extreme Version der Vorverdrahtungs-Theorie könnte uns die Wahrheit unzugänglich machen oder zur Folge haben, daß wir nur zufällig über die Wahrheit stolpern können, ohne zu wissen, ob wir wirklich darüber gestolpert sind. Die Natur der Wahrheit würde sie jedoch nicht präjudizieren. Es scheint dagegen so zu sein, daß wir vorverdrahtet *und* dennoch imstande sind, die Wahrheit zu erreichen. Wie dies möglich ist, stellt eine interessante Frage dar, die ich hier jedoch (nicht aus Mangel an Raum, sondern aus Mangel an Fähigkeit) nicht beantworten kann.

Wir müssen also zuerst einmal die psychologische Frage, wie der Geist wirklich arbeitet (ist er vorverdrahtet?), von der ganz andersgearteten philosophischen Frage trennen, was denn am Ende kognitive Ansprüche rechtfertigt (sind es Tatsachen oder ist es die Schlüssigkeit der Begründung?). Es scheint jetzt überwältigend gute Gründe für die Annahme zu geben, daß der Geist tatsächlich vorverdrahtet ist, aber dies allein unterminiert nicht die Plausibilität des empiristischen Anspruchs, daß am Ende nur Tatsachen legitime Schiedsrichter in Disputen über die Frage sind, wie die Welt beschaffen ist.

Worum es uns hier freilich wirklich geht, ist die klare Trennung der Konfrontation von Vernunft-Autorität und des Disputes von Vernunft-Erfahrung. Diese Fragen sind weitgehend voneinander unabhängig. Die Behauptungen, daß *entweder* die Erfahrung *oder* die vernünftige Begründung die letzte Instanz für unsere kognitiven Ansprüche darstellen, geraten beide gleichermaßen mit der Zuerteilung einer endgültigen Autorität an eine heilige Person, Tradition, Institution, Begebenheit oder eine andere Quelle der Offenbarung in Konflikt. Eine Gesellschaft, die eine Quelle der Autorität anerkennt und durchsetzt, sei es eine Person, ein Text, ein

Ereignis oder eine Institution (oder eine Kombination daraus), unterscheidet sich grundlegend von einer Gesellschaft, die nur Fähigkeiten anerkennt, welche auch immer das sein mögen, die im Prinzip in allen Menschen vorliegen. Ebenso sagt uns die Bestreitung der Autorität der Offenbarung allein nicht, ob der letzte Appellationsgerichtshof die Luzidität und Notwendigkeit von Ideen oder das Vorhandensein faktischen Beweismaterials ist.

Ein weiteres gravierendes Problem ist die Mehrdeutigkeit des Ausdrucks »Erfahrung«. Im täglichen Leben ist er der Name für Überzeugungen und Einstellungen, die unter dem Eindruck der Wechselfälle des Lebens erworben werden. Karl Poppers Lieblingszitat von Oscar Wilde — »Erfahrung ist der Name, den die Leute ihren Fehlern geben« — ist ein Echo dieser Tatsache. Popper schätzte dieses Zitat natürlich genau deshalb, weil er seinen Sinn verkehrte. Wildes Bonmot zielt darauf, daß nur *schmerzliche* Ereignisse als »Erfahrung« eingestuft werden. Andere Ereignisse illustrieren einfach nur, wie die Dinge sind, und werden gar nicht erst als »Erfahrungen« eingestuft. Poppers Pointe ist, daß Ereignisse *als solche* für die Wissenschaft negative Widerlegungen oder Überprüfungen darstellen. Dies ist ihre Rolle bei der Wissenserweiterung. Die Wissenschaft kann uns nicht wirklich endgültig und allgemein sagen, wie die Dinge sind. Sie kann nur herausfinden, wie die Dinge *nicht* sind. Theorien werden eliminiert, aber niemals definitiv bestätigt. Die Erfahrung kann uns unsere Fehler, aber nicht unsere Erfolge melden.

Die empiristischen Philosophen, die Descartes bei seinem Versuch folgen, die Verfälschung unserer Überzeugungen zu berichtigen, haben Erfahrung im Oscar Wildeschen Sinne — unglückliche, verwirrende Enttäuschungen — durch den Begriff einer verfeinerten, »reinen« Erfahrung ersetzt, in der Daten von kontingenten, deutenden Zusätzen gereinigt sind. Die Natur spricht durch sie zu uns, ohne von Gewohnheit befleckt zu sein.

Es hängt sehr viel davon ab, ob oder bis zu welchem Ausmaß eine solche Reinigung tatsächlich möglich ist. Wenn sie möglich ist, besitzt der Empirismus eine plausible Lösung für das Problem des Rationalismus: Er hat einen zwingenden, unpersönlichen, öffentlich verfügbaren, symmetrischen Schiedsrichter über kognitive Ansprüche. Die gereinigte Erfahrung soll diese Aufgabe übernehmen. Sie soll der Appellationsgerichtshof sein, der in einer fairen, unparteiischen und überzeugenden Weise Dispute zwischen Menschen über die wahre Natur der Dinge beilegt. Wenn auf der anderen Seite die Reinigung nicht möglich ist, wenn zwar »Erfahrung« spricht, aber mit der Stimme der Vorurteile, mit denen sie selbst getränkt worden ist, dann kann sie schwerlich den Anspruch erheben, zwischen der Vielzahl kultureller Vorurteile zu entscheiden. Korrupte Richter sind nutzlos. Noch einmal stellt sich das, was uns vom Zweifel befreien soll, bei näherer Prüfung nur als eine andere Stimme des Betrügers heraus.

4 Vernunft gegen Emotion

Diese Streitfrage betrifft eher die Lebensführung als die Entdeckung von Wahrheiten. Aber die Probleme sind miteinander verbunden. Emotion, Intuition, Gespür oder Gefühl wird manchmal, vor allem, wenn auch nicht ausschließlich, von Romantikern, eine wichtige Rolle bei der Entdeckung und Formulierung oder selbst in der Einschätzung kognitiver Ansprüche beigemessen. *Gefühl ist alles.* In der Hauptsache freilich glaubt der *homme moyen sensuel* unserer Gesellschaft, daß die Vernunft im Finanzwesen am Platz ist, bei der Wahl des Ehepartners hingegen eine geringere Rolle spielen sollte. Es wird freilich weithin anerkannt, daß einige Menschen Kapitalanlagen nach intuitiven Ahnungen wählen und Partner nach kühlen Berechnungen. Es gibt gute Gründe dafür, daß eine Gesellschaft mit einem freien Heirats- und Sexualmarkt einen Kult aus dem *coup de foudre* macht. Es verschafft uns eine gute Entschuldigung dafür, Partnern, die ansonsten sehr gut zu uns passen würden, *keinen* Antrag zu machen, ohne ungebührlichen Anstoß zu erregen. Menschen rationalisieren nicht nur ihre Gefühle, sie emotionalisieren auch ihre vernünftigen Gründe.

Die klassischen Rationalisten zogen den kühlen, »rationalen« Geisteszustand vor, der ihrer Meinung nach kognitiven Bestrebungen günstig war und das Denken nicht dadurch behinderte, daß er es mit Aufregungen überflutete; auch in der Moral sprach sehr viel für einen solchen Gemütszustand. Descartes' Identifizierung des Ich mit der denkenden Substanz ermutigte eher die Identifikation unser selbst mit unseren intellektuellen Fähigkeiten als mit unseren dunkleren Leidenschaften. Sein Nachfolger Spinoza tat einen großen Schritt in die Richtung einer rationalen Strategie für die Lebensführung. Er übernahm Descartes' Idee des rationalen Denkens und seiner Kräfte und vereinfachte seine Metaphysik, indem er die Anzahl der Substanzen elegant von zwei auf eine reduzierte. Dann aber stellte er dies alles in den Dienst der Selbstanalyse, die zu Selbstverständnis, Beherrschung und rationaler Zufriedenheit oder Ergebung führen sollte. Das lief darauf hinaus, daß er Descartes' Werkzeuge dem alten Idealbild der Philosophie als einer Anleitung zum vernünftigen, guten Leben und zur Selbstgenügsamkeit anpaßte und ein neues Handbuch lieferte: »Wie werde ich ein Weiser?« Der Weise fand Erfüllung durch Vernunft.

An diesem Punkt, dem Gebrauch der Vernunft für die Wahl ebenso wie für die Erlangung des guten Lebens, gehen Hume und Kant grundlegend auseinander. Humes Entfaltung der Vernunft sagte ihm mit Bestimmtheit, daß alle menschlichen *Präferenzen* unabhängige, selbstgenügsame »Existenzen« seien. Die Vernunft konnte aus eigener Kraft niemals bestimmen, ob solche angeblichen Existenzen wirklich existierten oder nicht. Unsere Präferenzen waren unabhängige Sachverhalte, und sie *existierten*, wenn sie überhaupt existierten, in Form von Gefühlen in uns. Infolgedessen konnte uns nur Beobachtung sagen, welche wirklich existierten und uns zwangen; nicht noch so viel *Denken* war dazu imstande. Also konnten wir unseren Weg zur Erkenntnis der uns eigenen Ziele und Werte nur *beobachten*, aber niemals *denken*. Hume vermutete, daß eine rationalistische Ethik eine Verwechslung sei, die fehlerhafter Introspektion entsprang: Einige innere »Leidenschaften«, gefühlte Präferenzen, sind so ruhig und friedlich, daß sie unserem inneren Auge einer rationalen Folgerung zu ähneln scheinen und ihr irrtümlich angeglichen werden.

Die Vernunft jedoch kann uns nicht sagen, was wir tun oder vorziehen sollen. Dies ist eine *Tatsachenfrage*, und die relevanten Tatsachen haben ihren Ort in uns. Die einzige verfügbare empirische Basis für eine solche Präferenz ist unser *Gefühl*. Infolgedessen geben unsere Gefühle oder ein Teil von ihnen die einzig mögliche Basis der Moralität ab. Dies war eine der Hauptquellen der wichtigen Tradition des Utilitarismus in der Moralphilosophie. Davon ausgehend, daß der Mensch ein fühlendes Wesen ist, schloß der Utilitarismus, daß das, was den Menschen letztlich oder sogar ausschließlich interessiert, der befriedigende Zustand seiner Empfindungen und Gefühle sei. Rationale Überlegung kann ihm unmöglich Ziele oder Befriedigungen verschaffen: Sie hilft ihm nur, seine Mittel zu wählen.

Kant stellte sich auf einen anderen Standpunkt: Empfindungen und Gefühle konnten unmöglich die Grundlage der Moral abgeben. Wir konnten uns nicht mit unseren Gefühlen identifizieren: Sie sind kontingent, zufällig und liegen außerhalb unserer Kontrolle. Ebensogut könnte man sich mit seiner Versicherungsnummer identifizieren. Kant forderte ein substantielleres, verläßlicheres, gewichtigeres Ich als das bloße Humesche »Bündel« von Wahrnehmungen. Eine Zollunion ist keine Heimat und ein Bündel ist kein Ich. Kant war in seinem Geschmack ziemlich cartesianisch und teilte dessen Abneigung, *Gewohnheit und Beispiel* Autorität zu verleihen: Unsere Seele kann im Zufälligen und Kontingenten nicht ihren Ort haben. Sie steht außerhalb der Geschichte; wir sind eher Besucher als Angehörige der Natur. Gefühle, die kontingent, veränderlich, zufällig und unterschiedlich sind, konnten niemals die Grundlage einer Moral bilden, die die Forderung einer absoluten Verpflichtung erhob. Der Puritanismus der Kantischen Ethik war eine Folgerung aus seinen hohen Ansprüchen bezüglich der Identität. Kant zog es vor, Moralität im Sinne des Zwangs, gleiche Fälle gleich zu behandeln, zu definieren, eine Fähigkeit, die ein rationales Wesen von einem lediglich fühlenden unterscheidet. Die Fähigkeit, dem Stoff *Regeln* aufzuerlegen, macht uns anständig und befähigt uns außerdem, ein Verständnisniveau zu erreichen, das eine würdige Grundlage unserer menschlichen Identität abgibt. Für Hume und die Utilitaristen war die Tatsache ausschlaggebend, daß der Mensch ein *fühlendes*, für Kant dagegen, daß er ein *rationales* Wesen war.

Auf welche technischen Schwierigkeiten auch immer die Kantische Philosophie an diesem Punkt treffen mag, es kann keinen

Zweifel geben, daß sie soziologisch ein genauerer Ausdruck des Zeitgeistes war als der *scheinbare* Sensualismus der Empiristen. Selbst Hume, technisch ein Emotionalist bzw. Sensualist, der formal nur das Gefühl als Grundlage entweder des Verhaltens oder der Moralität gelten lassen konnte, schmuggelte in der Praxis so etwas wie die Kantische Forderung der Symmetrie in seine Moralphilosophie ein. Keine alten Gefühle, sondern die unparteiischen Gefühle des *uneigennützigen Beobachters* sollten die Grundlage der Moralität sein.

Die Frage, die Hume und Kant an diesem Punkt trennt, sollte später eine große Bedeutung gewinnen, die sie bis zu dem heutigen Tage behält. Wir stehen hier vor dem Problem unserer Identität. Welcher Teil unser selbst ist es genau, mit dem wir uns identifizieren können? Bei Descartes betraf das Hauptproblem die Erkenntnis: Die Fragen über die Vernunft bezogen sich auf ihren Status als verläßliche und exklusive Quelle der Wahrheit. Moralische Probleme fehlten zwar nicht, waren aber nicht zentral. Bei Kant wie bei seinem soziologischen Nachfolger Durkheim werden das Problem der Legitimität der Erkenntnis und das einer gültigen, bindenden Identität aufs engste miteinander verknüpft.

So betraf die Streitfrage, die jetzt entstand, die Vernunft nicht nur als Quelle der Information, sondern auch als eine Quelle der *Identität*. Mit welchem Teil unser selbst können wir uns wirklich identifizieren? Die Vernunft hatte uns unserer ehemaligen manifesten Identität dadurch beraubt, daß sie uns von der ständigen und immer wieder bestärkten Unterstützung unserer Rolle durch *Gewohnheit und Beispiel*, durch die Kultur, abgeschnitten hatte; es bestand die Hoffnung, daß sie uns auch eine neue verschaffen würde. Identität war in der Vergangenheit durch die gesellschaftliche und natürliche Welt bestärkt und gespiegelt worden; der Mensch kannte die Welt zuverlässig, und die Welt ihrerseits erleuchtete seinen Platz in ihr und verschaffte ihm dadurch eine feste Identität. Die gesellschaftliche Ansicht der Ordnung der Dinge, der natürlichen wie der gesellschaftlichen, sorgte ebenfalls für die Zuschreibung und Verstärkung menschlicher Rollen, so daß die Identität des Menschen, sein Platz im allgemeinen Plan eine unmittelbare Ganzheit bildete, die er kaum ablehnen konnte. Aber eine kognitiv im

Fluß befindliche, instabile und obendrein kalte und unpersönliche Welt leistete diesen Dienst nicht länger. In einer Welt, an deren Spitze eine gesellschaftlich anerkannte und gültige Autorität stand, wurde Identität übertragen und zugeschrieben. Sie bildete mit der gesamten Struktur und Entwicklungsstufe sowohl der Natur wie der Gesellschaft eine Einheit: Wir hatten unsere Stelle in dem System, und die sagte uns, wer wir waren. Jetzt, in einer Welt, die durch unaufhörliche, unendliche, unbeendbare Forschung in der Schwebe war, in einer Welt, die unsicher und unvorhersagbar gemacht worden war, und in einer Gesellschaft, in der es keinen stabilen und sanktionierten Status mehr gab, konnte nicht mehr jedem Menschen eine Rolle und ein Selbstbild vermittelt werden. Die alte Welt hatte Sitze mit Rängen und Nummern; die neue sorgte nur für ein kostenloses Chaos. Die alte Welt war wie ein Abendessen mit einer *Sitzordnung*, die einem ziemlich unzweideutig mitteilt, wer man ist, während die gegenwärtige eine würdelose oder unstabile Balgerei um Plätze und Identitäten erlaubt und auferlegt. Identitätskrisen wurden in der Vergangenheit nicht ermutigt, nicht wirklich toleriert. Jetzt sind sie *de rigueur*. Ist das Ich also ein Bündel, wie Hume lehrte, oder ist es die unsichtbare innere Triebkraft, die die Welt zusammensetzt und unsere Werte diktiert, wie Kant behauptete? Hume und Kant antworteten auf dasselbe Problem, aber ihre Antworten wichen weit voneinander ab.

In dieser und anderer Form sollte uns die Konfrontation von Vernunft und Emotion erhalten bleiben. Sie nahm eine neue Form an, sobald der nach-darwinistische Einschluß des Menschen in die Natur sowohl unsere »höheren« Fähigkeiten entwertete als auch den »niedrigeren« eine Art neuer Respektabilität verlieh. Auf jeden Fall gab es keinen guten Grund mehr, auf sie herabzuschauen. Die Fähigkeiten, die ihr ehemals überlegen waren, waren auf dasselbe Niveau herabgestuft worden. Wo residiert das Ich wirklich? Die Debatte wurde schließlich in einem Idiom weiterverfolgt, das mehr Nietzsche und Freud verpflichtet war als Hume und Kant.

Was wir hier haben, ist praktisch die Opposition von System und Methode gegenüber unsystematischem Experimentieren. Auch dies ist ein Streitpunkt, der im allgemeinen Bewußtsein sehr gegenwärtig ist, und einer, der den Leuten einfällt, sobald der Begriff Rationalität erwähnt wird. Das Rationale ist das Methodische, im Gegensatz zu einem Vertrauen auf Ahnungen und einem Rückfall in Unordnung.

Dieser Konflikt verbindet sich mit der Konfrontation von Vernunft und Emotion, insofern Ahnungen auf Gefühlen beruhen; er überschneidet sich auch mit der Opposition zwischen zentralisierter Ordnung und der Stimme der Tradition, die dem Präzedenzfall, mag er auch noch so unsauber sein, Priorität gegenüber bewußtem Plan und System gibt. Nichtsdestoweniger ist der Streit im Kern mit keinem von beiden identisch. *Ein* wichtiger Aspekt des amerikanischen Pragmatismus zum Beispiel ist der Kult des Stückwerk-Ansatzes und der Verzicht auf die angeblich schädliche alte Gewohnheit, die Unterstützung allgemeiner, dauernder, allumfassender Prinzipien zu suchen. Aber der Pragmatismus ist gewiß nicht traditionalistisch. Vielmehr empfiehlt er einen Opportunismus mit amerikanischem Gesicht.

Die Vernunft wird besichtigt

Allmählich taucht ein bestimmtes Bild der Vernunft auf. Man kann die Frage, die de Maistre angeblich hinsichtlich der Natur stellte, auf die Vernunft anwenden — *qui est donc cette dame?* Wir sind jetzt in der Lage — wenn auch zögernd und provisorisch —, ein skizzenhaftes Porträt der Dame anzubieten.

Ihre rationalen Verfahren sind wesentlich allgemeiner Natur. Es wäre merkwürdig, würde man einen einzelnen Erfolg, der ohne Verwendung allgemeiner Erwägungen erzielt worden wäre, als »rational« bezeichnen. Die Dame ist außerdem anspruchsvoll: Obwohl man ihr trotzen kann und einige ihr gewohnheitsmäßig trotzen, kann man das weder leichtfertig noch ohne erhebliche Einbußen tun. Sie ist beharrlich und fordernd, obgleich ihr Anspruch, über uns zu herrschen, von anderen Kräften sehr in Frage gestellt wird. Ihre Forderungen sind schmerzlich und Gehorsam wird selten belohnt. Laut Hume schweigt sie über Werte. Ihre Verfahren rechtfertigen sich selbst; sie dürfen nicht willkürlich sein. Da der Regreß der Rechtfertigung irgendwo enden muß, sollte ein rationales Verfahren seine eigene Rechtfertigung in sich selbst tragen, wie Descartes es für möglich hielt. Die Rationalität ist, wie die Gerechtigkeit, in ihren Zuteilungen symmetrisch; sie neigt nicht zur Parteilichkeit. Sie ist sauber und systematisch: Was sie tut, hat in einer umfassenden Ordnung seinen Platz.

Und die letzte und vielleicht wichtigste Eigenschaft: An dem, was sie tut, ist etwas *Transzendentes*. Ihre Autorität ist nicht auf die Grenzen des Körpers, in dem sie zu Gast ist, oder auf ihr Milieu beschränkt. Die Kriterien, die sie entfaltet, die Wahrheiten, die sie erlangt, sind nicht an den gesellschaftlichen oder wie auch immer gearteten Organismus gebunden, in dem sie gerade wirkt. Die Gültigkeit ihrer Operationen ist nicht an die Launen oder an die permanenten Anforderungen des sie beherbergenden Organismus gebunden, sei er biologisch oder gesellschaftlich. Trotzdem hat sie eine Vorliebe für Individualismus und Gleichheit: Ihre symmetrische Verfügbarkeit für alle, ihre Unparteilichkeit und ihre Unabhängigkeit schließen jede Hierarchie unter den erkennenden Personen aus.

Die weltlichen Feinde der Vernunft

Der Geist der Geschichte

Die soweit impressionistisch skizzierte Gestalt der Vernunft bildet in der Tradition des Rationalismus den ehrwürdigen Hauptstrom. Der Weg, der von Descartes über Kant zu Weber führt, zeigt uns die Vernunft als etwas Klares, Ordentliches und Individualistisches: eine Art durchsichtige, sich selbst rechtfertigende Tätigkeit, die in autarken und autonomen, auf eigene Verantwortung handelnden Köpfen sichtbar am Werk ist.

Aber nicht alle, die sich auf ihren Namen berufen, sind ganz so wählerisch: Es gibt auch andere intellektuelle Traditionen, die das ausmachen, was man *die wilderen Küsten* der Vernunft nennen könnte. Sie zeigen eine geselligere, in der Wahl ihrer Mittel weniger wählerische und in ihrer Ausdrucksweise weniger durchsichtige Vernunft, die stärker am Tumult der Geschichte beteiligt ist.

Das zentrale Beispiel dieser etwas abweichenden, aber historisch wichtigen Tendenz findet sich in der Philosophie Hegels und in der einiger seiner Schüler und intellektuellen Nachfahren. Hier begegnen wir einer Vernunft, die nicht länger individualistisch ist. Um zu verstehen, worum es Hegel und den Hegelianern geht, muß man noch einmal bei Kant beginnen.

Kants zentrale Botschaft lautete, daß das menschliche Ich mit Vernunft und Rationalität zu identifizieren ist. Unsere sinnlichen Neigungen und Wahrnehmungen sind danach ein bißchen wie ein Alptraum, etwas Zwanghaftes, etwas, was wir von außen empfangen, nicht notwendig mit Abneigung, aber ganz gewiß ohne imstande zu sein, uns damit völlig zu identifizieren. Um die Ausdrükke eines späteren Denkers zu verwenden, sie sind *Es* und nicht *Ich*. Unsere Moralität besteht aus rationaler Ordentlichkeit, dem Verbot, eine Ausnahme oder Asymmetrie bei der Formulierung unserer Ziel- und Strategienwahl zuzulassen. Unser moralischer Stil soll unserer kognitiven Strategie ähneln, die nach symmetrischer, ausgeglichener Behandlung und einem ordentlichen System verlangt. Ein solches Verhalten ist für uns verbindlich, weil wir bei seiner Realisierung uns selbst so ausdrücken, wie wir wirklich sind. So und nur so manifestieren wir unsere echte Identität. Sie liegt in unserer Fähigkeit, den Dingen eine symmetrische Ordnung aufzuerlegen. Wir *sind* die Auferlegung von Ordnung auf das Rohmaterial des Menschseins. Ordnung ist Vernunft, und Vernunft sind *wir selbst:* Unordnung ist das andere, das Fremde, dessen Eindringen uns zum Verschwinden bringt.

Die Beziehung zwischen dem identitätstragenden und identifikationswürdigen rationalen Ich auf der einen Seite und dem natürlichen, sinnlichen Ich auf der anderen ist für diese Kantische Ansicht freilich sehr unangenehm und problematisch. Das erste ist Träger und Subjekt des rationalen und moralischen Zwanges. Das zweite ist amoralisch und sozusagen mechanisch. Das Problem, wie die denkende und die materielle Substanz sich gegenseitig beeinflussen können, war schon für Descartes akut; und in dieser neuen Fassung sollte es das auch für Kant werden. Keiner von beiden konnte es wirklich lösen.

Dieses Problem der gegenseitigen Anpassung des Rationalen und des Natürlichen ist Hegels Ausgangspunkt. Ein Großteil seiner Anziehungskraft lag in seinem Anspruch, es bewältigt zu haben. Für Kant bestanden die beiden Reiche und im Grunde auch die beiden Ich in einer höchst mißlichen Weise nebeneinander. Wir waren zu einer ewigen Zweiteilung verurteilt, einer unbehaglichen und schwer zu bewältigenden Koexistenz, die durch keinerlei *détente* versüßt wurde. Für Hegel war die Beziehung zwischen beiden sowohl interessanter als auch weniger stabil. Sie verändert sich im Laufe der Zeit, und diese Transformation, das stete Wachstum der Rationalität macht das Geheimnis der Geschichte aus. Eine unpersönliche Vernunft durchdringt die gesellschaftliche Welt, und zwar in einem immer größeren Ausmaß, je weiter die Zeit voranschreitet: Allein dieses verleiht der Geschichte Sinn.

Hegels zweiter und damit verwandter Ausgangspunkt ist die im Entstehen begriffene Idee des Fortschritts, die sich an der Wende des 18. zum 19. Jahrhundert dem europäischen Geist aufdrängende Vermutung, daß die Geschichte eine Geschichte der unaufhaltsamen und kontinuierlichen Verbesserung sei, deren Helden und Nutznießer sie, die modernen Europäer, seien. Diese Idee ist eine der großartigsten, attraktivsten Theodizeen oder Rechtfertigungen der Wege Gottes oder der Welt vor dem Menschen, die jemals ersonnen wurden. Sie verleiht den Konflikten, Leiden und Drangsalen der Menschheit eine Rechtfertigung, indem sie diese Übel in die Anreize und Hindernisse wie auch die Mittel zu der großen und allmählichen Erfüllung verwandelt, auf welche sich die Menschheit in ihrem historischen Kampf nach oben stützt. Ohne solche Anreize und Herausforderungen hätte es keinen Streit und kein Streben gegeben und infolgedessen auch keine Erfüllung. Hegel vertrat diese Ansicht mit großer Bestimmtheit: »Den Glauben und Gedanken muß man zur Geschichte bringen, daß die Welt des Wollens nicht dem Zufall anheimgegeben ist. Daß in den Begebenheiten der Völker ein letzter Zweck das Herrschende, daß Vernunft in der Weltgeschichte ist — nicht die Vernunft eines besonderen Subjekts, sondern die göttliche, absolute Vernunft — ist eine Wahrheit, die wir voraussetzen; ihr Beweis ist die Abhandlung der Weltgeschichte selbst: sie ist das Bild und die Tat der Vernunft.«[34]

Bemerkenswerterweise wählte Hegel, als er sich für die Idee aussprach, daß die Geschichte die Erfüllung eines letztlich wohltätigen Planes sei, die Sprache der *Vernunft*. Der Plan, der sich in der Geschichte verwirklicht, ist nicht der einer einzelnen konkreten Person, sondern der eines unpersönlichen Geistes, der offenbar die Vernunft ist. Die Vernunft hat die Gottheit als den großen Planer ersetzt, der die Geschichte lenkt. Sie *ist* die Gottheit, und die Gottheit lebt durch sie weiter.

So wird die Idee der Erfüllung eines historischen Plans eingeführt, um das Kantische Problem zu lösen, wie das Rationale und das Natürliche jemals zusammenkommen konnten. Sie kommen in der Geschichte zusammen: Die stets anwachsende Durchdringung der Welt durch die Vernunft konstituiert die Erklärung jenes Fortschritts, der in der Entwicklung Europas zunehmend deutlich zu werden schien. Statt getrennt, parallel, unvereinbar und inkommensurabel zu sein, verschmelzen und vermischen sich Vernunft und Natur durch die Geschichte hindurch. Das geschieht um so mehr, je weiter die Zeit voranschreitet, mag ihre Interaktion auch ein für immer undurchdringliches Geheimnis bleiben, wie sie es für Kant war. *Dies* ist die wahre Bedeutung von Fortschritt. Der Sinn der Geschichte ist genau diese stetig anwachsende und am Ende vollständige Durchdringung der konkreten Geschichte mit dem Geist der Vernunft. So führten die rohe Tatsache und die Vernunft nicht länger, zu ewiger Apartheid verdammt, ihr je eigenes Leben — ein Schicksal, das ihnen Hume und Kant auf ihre unterschiedlichen Weisen zugedacht hatten —, sondern verliehen der Geschichte durch ihre graduelle, gelegentlich traumatische, aber stetig wachsende und befriedigende Verschmelzung einen höchst angenehmen Sinn.

Ein hübsches Bild. Eine solche Hypothese scheint fast immer reine Phantasie und Wunscherfüllung zu sein. Aber für die europäischen Generationen, die über die Französische und die industrielle Revolution nachdachten, gewann sie ein berauschendes Element von Plausibilität. Es war plötzlich klar geworden, daß der historische Wandel grundlegend, unumkehrbar und kumulativ ist und der Menschheit eine neue Ordnung mit dem Versprechen einer tieferen und umfassenderen menschlichen Erfüllung zu verschaffen schien. Die bekannte Hegelsche Lehre, daß »das Wirkliche das Vernünftige« sei, ist Ausdruck dieser Ansicht. Ebenso ist es der Aphorismus, daß anfänglich nur *einer* frei war, dann *einige* und schließlich, im modernen Staat, *alle*. Wer den Cartesischen und Kantischen Dualismus ernst nahm (wie er es verdient) und durch dessen Probleme beunruhigt war und gleichzeitig im Banne der Idee des historischen Fortschritts stand, mußte Hegel anziehend finden, ungeachtet des Dogmatismus seiner Ansprüche, der Dunkelheit seiner Behauptungen und der Ungeheuerlichkeit seines Stils. Vielleicht war angesichts der Größe der Neuigkeiten, die er überbrachte, ein entsprechend erhabener und einschüchternder Stil, unverständlich und dennoch suggestiv, gleichsam das verbale Äquivalent zu Trompeten, vollkommen angemessen.

Das dritte Element, das der Hegelschen Lehre sowohl Inhalt wie Plausibilität verlieh, war die Idee, die Soziologen später latente Funktion oder Funktionalität nennen sollten: die Vermutung, daß die Menschen in ihren oft ganz selbstzentrierten und eng konzipierten Handlungen nichtsdestoweniger »höheren«, das heißt allgemeineren, grundlegenderen und langfristigen historischen Zielen dienen. In ihrer alten religiösen Gestalt war diese Idee schon vollkommen vertraut. Die Europäer sahen sich damals einer in ihren Augen bemerkenswerten historischen Entwicklung gegenüber, und sie wußten, daß sehr wenige Menschen beabsichtigt hatten, einem solchen Gesamtplan zu dienen. Könnte nicht ein der Geschichte inhärenter Mechanismus die privateren, unmittelbaren, niederen Ziele der Menschen benutzt haben, um sie dazu zu verführen, einem höheren Plan zu dienen? Hegel nannte dies die »List der Vernunft«. Adam Smiths Idee der »unsichtbaren Hand« hat eine ähnliche Logik.

Ein viertes Element, das sich mit all diesen überschneidet, ist der Begriff der Kultur: die Idee eines unpersönlichen, durchgängigen Stils des Denkens, Fühlens und Handelns, der den Geist der Menschen durchdringt, ohne daß sie dessen gewahr sind, und sie im Denken, Fühlen und Verhalten leitet. Descartes wußte, daß eine Ansammlung von Ideen und Annahmen, die später »Kultur« genannt werden sollten, die Menschen zu ihren Überzeugungen und zu Verhaltensweisen führt, und er verschmähte ihn als die erste Quelle des Irrtums. Hegel fügte dem die Ansicht hinzu, daß diese kulturbedingten Anhäufungen Systeme bilden, die ihren Ausdruck in gesellschaftlichen und politischen Formen haben und einander in einer »großen Abfolge« erzeugen, die der Geschichte und dem menschlichen Leben Sinn geben. *Gewohnheit und Beispiel* dienen danach der Erhaltung und Fortdauer tiefer Weisheit, ungeachtet des oberflächlichen Anscheins von Kontingenz und Chaos. All dies verlieh der andernfalls mystischen Idee eines unpersönlichen Geistes oder einer unpersönlichen Vernunft, die das oft blinde, irrationale und bornierte Verhalten der Menschen leitet, so etwas wie realistischen, soziologischen Inhalt.

Die Generation, zu der Hegel gehörte, war für eine solche Vorstellung sehr empfänglich. Sie hatte Probleme mit der alten Gottheit, war aber bemüht, etwas zu finden, was sie anbeten konnte. Folglich wurde der Zeitgeist, die *Kultur*, mit der Triebkraft identifiziert, die listig die Anstrengungen der Menschen in den Dienst einer größeren Sache lenkte, der stetig wachsenden Konvergenz von Vernunft und Tatsache. Die Kultur, die das Denken, Fühlen und Verhalten der Menschen durchdringt, konnte auf diese Weise gleichzeitig der Marionettenspieler der Geschichte sein. In angemessen und dezent obskurer, erbaulicher Sprache wurde der Zeitgeist mit der lenkenden Kraft der Geschichte gleichgesetzt und beide gemeinsam mit der Gottheit. Es war recht nützlich, *nicht* klar zu wissen, an welche von den dreien man sich in seinem Gebet richtete. Der genaue Gegenstand der Verehrung konnte mit dem Grad an Bildung oder sogar der Stimmung des Gläubigen variieren.

Die alte Gottheit, gleichzeitig personifiziert und verborgen, galt als Chiffre für einen lenkenden, unpersönlichen Geist der Kultur, der die Menschheit lenkt und der Geschichte einen Sinn gibt. Bauern, die Hegel nicht verstanden hätten, selbst wenn ihnen seine Gedanken geduldig erläutert worden wären, mußten diese unpersönliche Vernunft personifizieren; es war besser, man redete zu ihnen vom Gott Abrahams als von Kultur und latenter Funktion als den erklärenden Begriffen der Geschichte. Sie hätten all dem nicht folgen können. Gleichzeitig brauchten die Gebildeten dem persönlichen Gott ihrer Väter nicht abzuschwören, obwohl sie wußten, daß er nur eine Chiffre für die neueste philosophische Entdeckung war. So war alles gut, und das gleich doppelt und dreifach.

Auf diese Weise bot die Lehre eine Möglichkeit, die Konfrontation von Religion und Wissenschaft bzw. Gelehrsamkeit, das Problem des Glaubensverlustes zu vernebeln *und* gleichzeitig ein Mittel, die Entzauberung der Welt zu heilen, die in der Trennung von Vernunft und Natur enthalten war. Die unpersönliche Triebkraft war der Zeitgeist, genauer: Sie manifestierte sich selbst in einer ganzen *Reihe* von solchen Geistern. Es war immer derselbe Geist in einer Abfolge von Verkörperungen. Jede von ihnen war nur seine zeitweilige Verkörperung. Aber die Triebkraft konnte auch mit dem Urheber und Erzeuger des großen historischen Dramas selbst identifiziert werden, *und* sie konnte seinen letzten Höhepunkt ausmachen. Sie gab uns jeglichen Sinn, den unser Leben jemals beanspruchen konnte, indem sie uns unseren Platz und unsere Rolle in der Geschichte zuwies und die Geschichte zu einer Offenbarung eines göttlichen und gleichwohl endogenen, sich selbst erzeugenden, sich selbst vollendenden Plans machte. Die Welt bildete eine Einheit und war trotzdem nicht gottverlassen.

Diese Ansicht befähigte die Menschen, ihre frühere religiöse Bindung und Identität beizubehalten, indem sie die alten theologischen Überzeugungen als Gleichnisse der neu offenbarten Hegelschen Wahrheit behandelte. Der Gott des Alten Testaments hatte sich nur in einem begrenzten Teil der Welt und Geschichte offenbart. Der Hegelsche Absolute Geist, der eine reicher und umfassender gewordene Geschichte und vor allem deren europäische Fortsetzung durchdrang, wurde etwas mehrdeutig mit dem konkreten Gott Abrahams identifiziert. So konnten alle, die den Wunsch hatten, Ihm loyal zu bleiben, gleichzeitig an der neuesten philosophischen Mode teilhaben: Der Gott der Philosophen und der Gott Abrahams waren endlich ein und derselbe geworden.

Dies war im wesentlichen die Hegelsche Lehre. Über ihre historische Bedeutsamkeit kann es keinen Zweifel geben. Sie gab der politisch mächtigen Ideologie des Nationalismus des 19. Jahrhunderts einen Großteil ihrer Stichworte. Modifiziert und »umgestülpt« von Marx, dessen intellektuelle Generation von dieser Vision verhext worden war, erzeugte sie die wichtigste politische Philosophie der Neuzeit und wurde für eine gewisse Zeitspanne zu einer bedeutenden neuen Weltreligion und zum offiziellen Glauben einer großen Anzahl bedeutender Gesellschaften.

Die mehrdeutige Natur jenes berühmten Marxschen Umstülpens der Hegelschen Philosophie befähigte auch die beiden Väter des Marxismus, den historischen Materialismus zu »begründen«. Es ist eine merkwürdige Tatsache, daß die Ideen, die in diesem Ausdruck enthalten sind, durch pure Behauptungen und nicht durch Beweise gestützt werden. Der Grund, warum es möglich war, so viele Leute durch eine bloße Behauptung zu überzeugen, ist dieser: Es gibt nicht nur eine, sondern mindestens zwei Unterscheidungen, die in dem Gegensatz von Materialismus und Idealismus enthalten sind. Der eine Streitpunkt führt zu der Frage: Ist der Motor der Geschichte ein unpersönlicher »Geist«, wie die Hegelianer in ihrem metaphysischen Rausch behauptet hatten, oder sind es die konkreten Bedürfnisse und Taten der Menschen?

Wer unter dem Einfluß von Hegel stand, konnte diese Frage

leicht verstehen, und viele waren ohne Zweifel bereit zu antworten: »Ja, natürlich, *offensichtlich* letzteres«. Im wesentlichen ist dies auch die Botschaft von Marx' und Engels' *Die deutsche Ideologie:* »Ganz im Gegensatz zur deutschen Philosophie, welche vom Himmel auf die Erde herabsteigt, wird hier von der Erde zum Himmel gestiegen [...] es wird von den wirklich tätigen Menschen ausgegangen und aus ihrem wirklichen Lebensprozeß auch die Entwicklung der ideologischen Reflexe und Echos dieses Lebensprozesses dargestellt [...] die Moral, Religion, Metaphysik und sonstige Ideologie [...] behalten hiermit nicht länger den Schein der Selbständigkeit.«[35] Die rivalisierende Theorie war nur eine Mystifikation gewesen. Ihre Ablehnung erschien als Selbstverständlichkeit. Ob wahr oder nicht, zumindest in *diesem* speziellen Sinn scheint die »materialistische« Position eine überwältigende und anscheinend unwiderstehliche Überzeugungskraft zu besitzen. Zweifellos stellten Marx und Engels die Sache in *Die deutsche Ideologie* in diesem Licht dar. Wirkliche Menschen, nicht Abstraktionen, machen Geschichte.

Aber es gibt eine andere und davon ganz unabhängige Frage: Herrschen wirtschaftliche Faktoren in der Geschichte vor, oder gibt es andere – zum Beispiel die Mittel des Zwangs – die gleichermaßen wichtig sind oder vielleicht sogar wichtiger? Diese Frage hat keine unmittelbar einsichtige Antwort. Ganz im Gegenteil, die Streitfrage ist sehr schwierig und könnte, wenn überhaupt, nur mit Hilfe einer großen Menge historischen Beweismaterials und sehr sorgfältiger Analyse beantwortet werden. Zwang ist eine ebenso reale und konkrete Tätigkeit wie die Produktion.

Mittels eines merkwürdigen Taschenspielertricks gelang es den Gründungsvätern des Marxismus jedoch, diese Frage zu präjudizieren. Sie dehnten die Plausibilität der »materialistischen« Antwort im ersten und weniger umstrittenen Sinn hinsichtlich der Rolle von Abstraktionen in der Geschichte auf diese andere und weit problematischere Streitfrage aus. Die Leugnung der Herrschaft von *Abstraktionen* über uns (plausibel, wenn auch nicht ganz unumstritten) wurde durch diesen verbalen Taschenspielertrick zur Leugnung der autonomen Rolle des *Zwangs* in der Geschichte erweitert. Weil die Produktion die Abstraktion aussticht (plausibel), sticht sie auch Gewalt aus (höchst umstritten). Dadurch, daß Marx und Engels die tiefen Differenzen zwischen den beiden Fragen verdunkelten, legten sie sich auf die nachstehende Folgerung fest: *Weil die Geschichte von konkreten Menschen gemacht wird und nicht von abstrakten Geistern, herrscht die Produktion über den Zwang.* Obwohl hier keineswegs eine logische Folgerung vorliegt, beruht ein großer Teil der einstmaligen Anziehungskraft des Marxismus auf dieser Verwechslung. Sie spricht besonders den Geist eines bürgerlichen Zeitalters an: Die Mittelklassen leben von ihrer Arbeit, nicht von Räuberei, und sind erfreut zu hören, daß in Wirklichkeit produktive Arbeit, nicht Gewalt die Geschichte beherrscht. Der bürgerliche Wert der *Produktion*, nicht der feudal-aristokratische Wert des gewalttätigen *Zwangs* ist das letzte Geheimnis und der Herr der Geschichte!

Auf diesem Taschenspielertrick beruht die marxistische Verheißung einer Erlösung der Menschheit. Macht und Gewalt *können einfach nicht* unabhängig in der Geschichte wirken. Sie sind nur ein Symptom, eine Nebenwirkung der Krisen des Produktionsprozesses. Diese Krisen korrigieren sich glücklicherweise selbst, zumindest am Ende. Deshalb ist die Erlösung, eine gewaltlose und ausbeutungsfreie Gesellschaftsordnung, in der die wirklichen menschlichen Möglichkeiten zum vollen Selbstausdruck gelangen können, unser garantiertes, wenn auch leider lang aufgeschobenes Geburtsrecht, das uns in der Fülle der Zeit geschenkt werden wird. Die Marxisten bezogen ihren einstweiligen Pessimismus hinsichtlich der zeitgenössischen bürgerlichen Gesellschaft von Themen der klassischen Ökonomie[36], ihren letztlichen Optimismus jedoch von Hegel.

In der Marxschen Version der Hegelschen Lehre von einem historischen Plan springt der mystische Begriff eines durchdringenden und beherrschenden Geistes natürlich nicht mehr in die Augen. Nichtsdestoweniger überlebt ein Großteil des Hegelschen Typs des Rationalismus. Die Idee, daß die Geschichte keine zufällige Anhäufung von Ereignissen ist, sondern die Erfüllung eines immanenten Plans, der die Teilnehmer ohne ihr Wissen oder ihre Zustimmung als seine Agenten benutzt, wird beibehalten. Dieser große Plan verleiht dem menschlichen Streben Sinn und Rechtfertigung und führt zu einem befriedigenden Endzustand.

Sollte eine Lehre dieser Art, für die die Hegel-Marxsche Tradition das prominenteste Beispiel ist, als Form des »Rationalismus« angesehen werden und in einer Untersuchung des Rationalismus eine längere Behandlung erfahren? Dies ist weitgehend eine Frage der Definition [37]. Einige der Züge, die wir provisorisch der »Vernunft« zugeschlagen haben, fehlen dieser Lehre auffällig. Sie ist inhaltlich oft mystisch und ihre Behauptungen sind häufig willkürlich und obskur. Sie predigt und praktiziert keine Rationalität, selbst wenn sie sich auf deren Namen beruft. Es fehlt ihr an Individualismus, an Klarheit, ganz zu schweigen von jener strahlenden, sich selbst erhaltenden und überzeugenden Klarheit, die Descartes verlangte. Es fehlt ihr an jener Suche nach kultureller Transzendenz, an unabhängiger, nicht-zirkulärer Schlüssigkeit, die für die Rationalität so wichtig ist. Ganz im Gegenteil, sie löst das Erkenntnisproblem dadurch, daß sie Wahrheit mit den Diktaten eines Weltgeistes alias Historischen Prozesses identifiziert. Es fehlt ihr an jeglicher Transzendenz in ihren eigenen Verfahren, denn sie besteht aus einem Kreis sich selbst erhaltender Ideen, die frei sind von jeder äußeren und unabhängigen Bestätigung. Das Wesen der cartesianischen Tradition war die Annahme, daß es ein kognitives *Verfahren* gebe, das außerhalb der Welt und jeder einzelnen Kultur stehe und eines unabhängigen Urteils hinsichtlich der kognitiven Behauptungen über die Welt fähig sei. Diese transzendente Fähigkeit allein war souverän. Die Hegel-Marx-Tradition verabsolutiert demgegenüber einen Prozeß innerhalb der Welt (und deshalb Behauptungen über sie), indem sie ihn über bloß kognitive oder andere Verfahrensregeln erhebt. Die Erhebung der inhaltlichen »Klassen«wahrheit und der Gerechtigkeit über mehr »formalistische« Verfahrensprinzipien war ein ausgeprägter und höchst abstoßender Zug der marxistischen Gesellschaften. Die Praxis wurde wirklich eins mit der Theorie.

Die Argumente für eine Abgrenzung dieser Denktradition vom eigentlichen Rationalismus sind stark, und viele würden sie überzeugend finden. Ich jedenfalls finde sie überzeugend genug und habe wenig Sympathie für diese Tradition. Nichtsdestoweniger ist jene eigentümliche und merkwürdige Variante des Rationalismus, die von der Vorstellung einer unpersönlichen, kollektiven, listigen

Triebkraft hinter der Geschichte inspiriert ist, mit genügend historischen Fäden an die legitimeren Formen des Rationalismus gebunden, um im Rahmen eines Überblicks über die Formen des Rationalismus eine kritische Betrachtung zu rechtfertigen. Man sollte wissen, wie sie sich zum eigentlichen Rationalismus verhält, wie sie daraus hervorging und wie sie Anspruch auf den Namen Vernunft erhebt. Wenn man diese Spielart des Rationalismus völlig ignorierte, würde man einen Großteil der Debatte nicht verstehen.

Dunkle Götter gegen die Vernunft

Der Kampf zwischen Vernunft und Natur, der sich im Denken des 17. und 18. Jahrhunderts abspielte, liegt auch dem Anfangspunkt einer anderen Entwicklung zugrunde — einer Entwicklung, die zu der vielleicht einflußreichsten Form des modernen Irrationalismus führte. Der Kantische Dualismus wurzelte in der Opposition von Vernunft und Natur: Die Vernunft kann die Welt nur methodisch, als geordnetes System erkennen. Dadurch erzeugt sie die Natur — das heißt ein regelgebundenes, ordentliches System von Phänomenen — als den einzig möglichen Gegenstand der Erkenntnis. Die Ordentlichkeit des forschenden Geistes, der Daten sauber unter Regeln anordnet, die ein System bilden sollen, spiegelt sich in einer Welt, die selbst geordnet und symmetrisch ist, in der sich keine Fakten einer gemeinsamen Ordnung entziehen können.

Aber innerhalb einer solchen ordentlichen Natur gibt es keinen Platz für Vernunft oder Moralität, ja nicht einmal für eine echte Identität. Eine große ordentliche Maschine hat in sich nur Platz für weitere kleine Maschinen, niemals für Personen. Sie hat Platz für Mechanismen, die Naturgesetzen *gehorchen*, nicht jedoch für Wesen, die Gesetze, seien sie Gesetze der Natur oder der Moral, autonom *begreifen* und die sich frei und rational dafür entscheiden, ihnen gemäß zu handeln.

Also muß die Vernunft von Kant für extra-territorial erklärt werden. Auf diese Weise wird sie zum einzig möglichen Träger unserer Identität, unserer Verantwortlichkeit, unserer kognitiven

Kompetenz und Fähigkeit, moralische Entscheidungen zu fällen. Sie allein kann die Natur *erkennen*; aber aus dem gleichen Grund gibt es für sie keinen Platz *in* der Natur. Die Natur hat weder für Erkenntnis noch für moralische Entscheidungen Platz. Das war Kants Problem.

Die Kantische Lösung war verzweifelt. Er sagte, daß wir, als Objekte in der Natur, uns als Dinge unter anderen Dingen, als Gesetzen unterworfen und mechanisch verstehen müßten. Als Forscher und moralisch Handelnde müßten wir uns selbst als außerhalb der Natur stehend denken. In einer neuen Form wiederholte Kant das Cartesische »kosmische Exil«. Für ihn ist das nicht länger ein intellektuelles Experiment, eine kognitive Selbst-Reinigung: Es ist die permanente Situation und das stetige Problem jedes Menschen. Wir mußten *voraussetzen*, daß wir eine extra-territoriale Identität besitzen, denn andernfalls wären weder Erkenntnis noch Moralität denkbar; aber die Logik eben dieser Problemstellung schloß auch aus, daß wir jemals diesen Trägern unserer Identität begegneten: Sie waren nicht Gegenstand unserer Erfahrung. (In der Erkenntnis und der moralischen Anstrengung sahen wir ihre Früchte, aber wir konnten *nur* ihre Früchte sehen und niemals das Ding selbst.) Ich weiß von keiner besseren Lösung. Ob sie akzeptabel ist oder nicht, sie unterstreicht den wichtigsten Punkt an der Vernunft: Sie verzehrt sich selbst, weil sie eine Welt erzeugt, in der es keinen Platz für sie gibt.

Ein Weg, um diesem schmerzlichen Dualismus zu entkommen, wurde, wie wir sahen, von Hegel eingeschlagen: Er schlug vor, daß die Vernunft, weit davon entfernt, zu einer ewigen Trennung von der Welt bestimmt zu sein, diese *zunehmend* durchdringt und sich selbst allmählich in ihr offenbart. Ein ganz anderer Weg wurde von Hegels leidenschaftlichem Rivalen und Kritiker, von Arthur Schopenhauer, genommen[38]. Er gab Kants mühsame Versuche auf, eine Brücke zwischen dem Ich als Vernunft und dem Ich als Teil der Natur zu finden. Er gab die Anstrengung auf zu zeigen, wie ein rationales Wesen wunderbarerweise sowohl moralisch handeln wie auch Teil einer lediglich kausalen, mechanischen Welt sein konnte. Er verzichtete auf jeden Versuch, eine von der Vernunft inspirierte moralische Handlung in irgendeine Lücke einer kompakten Welt blinder, kausal kontrollierter Tatsachen zu zwängen. Er verzichtete auf das Kantische Unternehmen, einen Keil der Rationalität in ein dicht gepacktes Reich der rohen Tatsachen zu treiben. Verschwunden ist bei ihm der gequälte Versuch, moralisches Handeln als möglich oder genauer gesagt als *denkbar* erscheinen zu lassen.

Die Moralität selbst wird von Schopenhauer freilich nicht aufgegeben; aber sie wird nicht länger als eine besondere Art des Handelns aufgefaßt, das die Natur transzendiert. Statt dessen wird sie — eine höchst elegante Lösung — neu definiert: als *Nichthandeln*, als Passivität, als Verzicht auf die Welt, als Übergang vom Handeln in der Welt zu bloßer *Kontemplation*. Er hätte ebensogut sagen können: Sucher der Moralität haben danach getrachtet, die Welt zu verändern, aber von jetzt an sollen sie einfach nur bestrebt sein, sie anzuschauen. So verbindet sich bei Schopenhauer eine moderne Erkenntnistheorie mit einer antiken Suche nach einer persönlichen und moralisch inspirierten Flucht aus diesem Jammertal. Der Titel von Schopenhauers Hauptwerk, *Die Welt als Wille und Vorstellung*[39], bringt diese Alternative zum Ausdruck. Es gibt nicht so etwas wie einen *guten* Willen: *Alles* Wollen ist gleichermaßen schlecht. Handeln ist Ausdruck des Willens. Es gibt zwar Güte einer bestimmten Art, aber sie soll nicht in einer bestimmten Art zu wollen, sondern in der Enthaltung von allem Wollen gefunden werden. Güte besteht in passiver Kontemplation, in einer Hinwendung vom Willen zur Vorstellung.

Schopenhauer führte eine Reihe von Themen ein oder besser gesagt, verschmolz sie miteinander. Erstens: Es gibt bei ihm die buddhistische oder platonische Hochschätzung der Kontemplation im Gegensatz zum Handeln und die indische Idee der Erlösung durch Selbstauslöschung. Schopenhauer war der erste bedeutende moderne westliche Philosoph, der tief von östlichem Denken beeinflußt war. Die griechisch-indische Hochschätzung der Kontemplation verschmilzt bei ihm weiterhin mit einem für das 19. Jahrhundert typischen Ästhetizismus, mit der Vorstellung von einer Erlösung, die nach der Analogie der Bewunderung eines *objet d'art* gebildet wurde. Das Leben ist zwar eher ein Problem als ein Schauspiel, aber Erlösung ist (im besten Falle) erreichbar, wenn man die Balance wiederherstellt und das Problem in ein Schauspiel verwandelt. Als Zuschauer verschmilzt der Kunstsammler mit dem Weisen.

Zweitens: Während Descartes sich selbst zu *kognitiven* Zwecken ins Exil begeben hatte, aber moralisch gesprochen seine französische Staatsbürgerschaft beibehielt, neigte Schopenhauer zu der Ansicht, daß eine philosophische innere Emigration eher moralisch als epistemisch sei. In seinem Denken gibt es einen Pessimismus, der jeder Idee der Weltverbesserung, ganz zu schweigen von einer größeren und allgemeinen Tendenz in eine solche Richtung, mit anderen Worten: der Idee des Fortschritts abschwört. Man emigriert nicht aus einem erfolgreichen Unternehmen; wenn man es doch tut, bestreitet man, daß es erfolgreich ist. Schopenhauer emigrierte aus der Welt nicht so sehr auf der Suche nach Erkenntnis als vielmehr auf der Flucht vor Schmerz. Die Idee des Fortschritts fehlt in Schopenhauers Denken völlig und wird entschieden zurückgewiesen. Die Welt wird dem Teufel überlassen. Sie hat keinen Zweck, und es gibt gewiß keine Erlösung durch Fortschritt. Es gibt überhaupt keine Erlösung in der Welt, weder für Individuen noch für Kollektivitäten: Gleichwohl liegt Erlösung darin, der Welt zu entsagen und sich der Kontemplation und der Askese zuzuwenden, die Schopenhauer eher predigte als praktizierte. Die Tatsache, daß es ihm nicht gelang, seinen Willen abzutöten, brachte ihm die Anerkennung seines kritischen Schülers Nietzsche ein.

Drittens: Die blinde Welt der kausalen Natur wird von Schopenhauer mit einer Art biologischer und proto-darwinistischer Metaphysik versehen: All das Stoßen und Treiben in ihr wird unter einen einzigen und anthropomorphen Terminus, den *Willen*, subsumiert. Dieser ist infolgedessen personifiziert oder wird zumindest als eine einzelne, brutale, ewig unbefriedigte, unversöhnliche und unwiderstehliche Kraft behandelt, die überall manifest ist, aber ganz besonders in animalischer Lust und Aggression sichtbar wird. Schopenhauer kennt nur unbefriedigte, gequälte Lust und die Leere und Müdigkeit, die auf die Befriedigung folgt: Dazwischen gibt es niemals eine positive Befriedigung. Schopenhauer ist der Philosoph der unbefriedigten Sexualität: In dieser Welt ist Lust nicht zu gewinnen. Es gibt nur die mathematische, extensionslose

Grenze zwischen der noch unbefriedigten, hungrigen, unerfüllten, gequälten Sehnsucht und der müden, deprimierten, gesättigten Erschöpfung. Er scheint zeitlich ausgedehnte Vergnügungen, wie in einem heißen Bad zu liegen, vollkommen zu ignorieren. Diese etwas selektive Sensibilität ist eine der Grundlagen seines berühmten Pessimismus.

Der Mathematiker Descartes hatte die Natur auf bloße Ausdehnung reduziert, auf eine Welt, die geeignet war, die Heimat geometrischer Formen zu sein. Der proto-soziologische Hegel überantwortete die Welt einem abstrakten Geist, der halb planender Mechanismus der Geschichte, halb durchdringende Kultur war. Zu einer Zeit, die sich bald der Biologie zuwenden sollte und sich schon stark einem dunklen Romantizismus hingab, reduzierte Schopenhauer die Natur auf eine blinde allgemeine Lust und Aggression, genannt der Wille. Im Menschen wendet sich dieser Demiurg aus einem seltsamen Grund oftmals gegen sich selbst und stellt, merkwürdig genug, auch die einzige Kraft dar, die imstande ist, sich selbst aufzuheben. Es gibt keine andere, dagegenhaltende *gute* Kraft in der Welt, die das tun könnte: Wenn der Wille jemals aufgehoben werden soll, dann kann das nur geschehen, weil der Wille sich gegen sich selbst gewandt hat. Freud sollte nahezu dasselbe sagen. Schopenhauer und sein Nachfolger Nietzsche sahen dies alles deutlich genug, *bewerteten* es aber beide ganz unterschiedlich. Wenn der Wille sich gegen sich selbst wendet und sich verneint, und wenn das fragliche Individuum sich der Passivität und Kontemplation hingibt, sieht Schopenhauer dieses mit Zustimmung; Nietzsche sieht eine solche asketische Moral einfach als eine abwegige und sich verlagernde Verfolgung der Befriedigung blinder Lust mit anderen Mitteln an und verschmäht sie, weil er die aufrichtigere und offenere Manifestation des Willens bevorzugt.

Diesen Ideen war eine große Zukunft bestimmt. Die Vorstellung einer von einer blinden, animalischen Triebkraft namens Wille beherrschten Welt besaß große Anziehungskraft in einem Jahrhundert, in dem eine Zeitlang die stärkste philosophische Anregung eher von der Biologie als der Physik ausging. Die biologische Sichtweise legt den Gedanken nahe, daß ein tiefer innerer Konflikt nicht, wie Kant vermutet hatte, zwischen niederen und höheren

Kräften besteht, sondern zwischen niederen und *anderen* niederen Kräften, die etwas hinterhältiger und abstoßender sind, weil sie sich verhüllen und sich den Anschein höherer Moralität geben. Die alte platonische, zirkuläre Einstufung, die das Über-Ich so hinnahm, wie es sich selbst bewertete, hatte jetzt ihre Grundlage verloren. Irgendwelche niederen Kräfte wissen schlicht und einfach, wie man sich eine täuschende Verkleidung zulegt. In einem Zeitalter, in dem die Natur als ungeteilte Einheit und der Mensch als Teil von ihr galt, mußte eine solche Ansicht attraktiv sein. Sie stattete den erst jüngst heimisch gewordenen Menschen mit Fleisch und Blut aus. Sie entwertete die Anmaßung einer absoluten und antinatürlichen asketischen Moralität.

Die eine, ordentliche, vereinheitlichte Natur, die das Produkt des rationalen Geistes ist, konnte den verzweifelten Kantischen Dualismus nicht wirklich unterbringen, der das Ich, das die Welt *erkennt* und zu moralischem Urteil fähig ist, von dem Ich, das sie bewohnt und das beobachtbar ist, trennt und es mit einer höheren Autorität ausstattet; noch war es wahrscheinlich, daß sie sich sehr lange mittels des Hegelschen Märchens trösten würde, das uns versichert, daß die Vernunft der Regisseur ist, der für die *mise en scène* der Geschichte verantwortlich ist, mit einem garantiert glücklichen Ausgang, einem *happy end*, in dem sich das Niedrigere und das Höhere schließlich in Harmonie vereinen. Aber die neue Geschichte über den blinden Willen, der sich gegen sich selbst wendet und sich als etwas Höheres verkleidet, während er in Wirklichkeit nur seine niedrigen Ziele mit anderen Mitteln verfolgt – dies besaß jetzt eine enorme Suggestivität und Anziehungskraft. Es klang wahr und hatte große psychologische Tiefe.

Der Denker, der davon am wirkungsvollsten Gebrauch machte, war Schopenhauers bewundernder Schüler und Nachfolger Friedrich Nietzsche. Im rechten Augenblick stülpte er Schopenhauer um, genau wie Marx es mit Hegel getan hatte. Wenn die Natur nichts anderes als den Willen enthielt, warum sollte man ihn dann (wie Schopenhauer) als ganz und gar schlecht erklären und nicht als ganz und gar *gut?* In *wessen* Namen genau hatte Schopenhauer den Willen denunziert? Im Namen der Suche nach Selbstbehauptung durch eben denselben Willen, wenn er nur andere – und hinterhältige — Mittel gebrauchte? Wenn alles weitgehend dasselbe war, was machte es schon aus? Wenn moralisch alles auf derselben Ebene stand, warum dann eher das Minus- als das Pluszeichen verwenden? Warum überhaupt irgendwelche Wertzeichen verwenden? In wessen Namen genau konnte der Wille verdammt werden? Es bleibt nichts, um eine solche Verdammung zu rechtfertigen. Es gibt keinen bevorrechtigten Standpunkt mehr, von dem aus eine solche Denunziation ausgesprochen werden konnte.

Nietzsche ging noch einen Schritt weiter. Er behauptete, daß die rachsüchtige, unaufrichtige und trügerische Form des Willens, der sich gegen sich selbst gewandt hatte und durch die Schwäche des Organismus, in dem er sich selbst fand, *gezwungen* war, sich so gegen sich selbst zu wenden, noch bösartiger, weniger gesund war als der aufrichtige, direkte, brutale Wille eines starken, sieghaften Wesens. Wenn die bösartige, trügerische und rachsüchtige Form mit ihren Kriegslisten um nichts weniger erfolgreich war, ist es jedoch alles andere als klar, wie Nietzsche sie konsistent verdammen konnte: Erfolg sollte, durch welche Mittel auch immer, sich selbst rechtfertigen. Wenn der bösartige Wille erfolgreich war, wie Nietzsche bedauernd zugeben mußte, warum sollte er heruntergemacht werden? Warum sollte bösartige Schläue unwürdiger sein als offene, kräftige Gewalt, wenn sie doch effektiver ist? Was sonst gibt es noch? Wenn die rachsüchtigen, listigen Schwachen die dummen Brutalen übertölpeln können, dann viel Glück ... Warum sollen nicht eher die Füchse als die Löwen das Erdreich besitzen? Es ist nicht nur unklar, wie Nietzsche sich dieses Werturteil erlauben kann, sondern vor allem wie er sich nach seinen Prämissen *überhaupt* Werturteile erlauben kann.

Aber Nietzsche scheint dem Argument ein ganz äußerliches ästhetisches Kriterium eingefügt zu haben: Er scheint einen begünstigten Standpunkt für das Urteil von außen in eine Welt einzuschmuggeln, in der es rechtmäßigerweise keinen Raum dafür geben dürfte. Er schmuggelt eine ungerechtfertigte Prämisse ein, ganz so, wie Schopenhauer es getan hatte. Vielleicht könnte er seinen Trick damit verteidigen, daß er die verdrehte, sich selbst quälende Form des Willens als pathogen bezeichnen würde: sie erzeuge Krankheit, Häßlichkeit und einen Verlust an Auszeichnung.

Selbst in dieser Form scheint die Argumentation jedoch auf einen logischen Betrug hinauszulaufen. In einer normenlosen Natur kann es kein anderes Kriterium als den Erfolg geben. Ein hoher ästhetischer Anspruch besitzt keine bessere Rechtfertigung als die alte Moralität. Dennoch war Nietzsches Position so.

Ideen dieser Art erreichten schließlich durch Sigmund Freud ein enorm weites Publikum. Sie hatten diesen Einfluß, weil er sie in einer medizinischen und wissenschaftlichen statt in einer literarischen und philosophischen Terminologie verbreitete. Er machte sie zu einem Teil der Medizin oder beanspruchte jedenfalls, dies getan zu haben, und verband sie mit einer therapeutischen Technik, die dem unglücklichen Einzelnen Erleichterung versprach. Bezeichnenderweise versah er diese Ideen mit einem Ritual und einer Kirche. In Freuds Händen wurde der etwas nebulöse und metaphysische Wille (Schopenhauer) oder der Wille zur Macht (Nietzsche) mit etwas versehen, was zumindest wie eine sehr spezifische und empirisch definierte Form aussah, die mit Sexualität verbunden wurde. Zumindest wußte der Leser, woran er war, oder glaubte es doch. Noch wichtiger war, daß die Verwüstungen, die die Bösartigkeit und die Verneinung unserer psychischen Kraft in der Seele anrichteten, jetzt durch eine Technik korrigiert werden konnten, die speziell dazu diente, diese Bösartigkeit zu überrumpeln — wenigstens behauptete Freud das. Die Technik sollte in der Verfügungsgewalt einer streng begrenzten Zunft oder Sekte bleiben. Die Technik mag an die Aufgabe, den schlauen Gegner zu übertrumpfen, gut angepaßt gewesen sein oder auch nicht, ihre Anwendung jedenfalls wurde von Regeln beherrscht, die so definiert waren, daß sie ihre Wirksamkeit selbstbestätigend machten. Außerdem war die Technik auf wunderbare Weise den Forderungen der Zeit angemessen. Die Bedingung für eine erfolgreiche Therapie war praktisch der Verzicht darauf, ihre Beglaubigung genauer zu überprüfen und ihren Erfolg in Frage zu stellen. Wer eins von beiden versuchte, zeigte dadurch, daß er den Bedingungen der Therapie nicht genügte, und mußte sich selbst tadeln, wenn er keinen Erfolg hatte[40].

Freud hatte weder die philosophische Kohärenz von Kant noch die Tiefe Nietzsches. Er schien nicht bemerkt zu haben, wie sehr seine Einsichten, wenn sie gültig waren, unser Engagement für oder unsere Identifikation mit rationalistischen Werten unterminierten. Er hielt diese Werte weiterhin hoch, praktizierte sie und begnügte sich damit, die technischen Schwierigkeiten, die sich daraus ergaben, aufzuzeigen. Er verstand und unterstrich den schweren psychischen Preis, der für den Versuch bezahlt werden mußte, die dunklen Kräfte in uns zu zügeln; aber da er bereit war, diesen Preis zu zahlen, war er sich nicht bewußt, daß er die logische Notwendigkeit für diesen Versuch zerstört hatte.

Die allgemeine Lektion jedoch wurde durch sein Werk außerordentlich gut und weit verbreitet: Unsere scheinbare Rationalität und Moralität ist nur ein Trug. In Wahrheit ist sie nur der Versuch, die dunklen, blinden Kräfte mit anderen Mitteln zu befriedigen. Die Kräfte, die der Moralität und den abstrakten Idealen zugrunde lagen, waren mit genau den Trieben identisch, die die angebliche Vernunft und traditionelle Moralität zu verurteilen, zu verschmähen und zu bekämpfen behaupten. Sie unterschieden sich von ihnen nur durch ihre Bösartigkeit, ihre Unaufrichtigkeit und ihre Tendenz, psychische Krankheiten zu erzeugen. Die Bösartigkeit und Unaufrichtigkeit der Ansprüche der Moralität und Vernunft berauben sie jeder wirklichen Autorität. Unsere wahre Identität liegt anderswo. Wie Durkheim letztlich argumentiert hatte, daß in der Sphäre der Erkenntnis der Anspruch der Vernunft, die Gesellschaft zu transzendieren, nur eine versteckte Verfolgung sozialer Ziele war, so betonte Freud in der Sphäre der Moral, daß die Imperative der Vernunft nur die Verfolgung instinktiver Triebe mit anderen Mitteln darstellten.

In Freuds Variante der Botschaft können wir mit unserer wahren und verborgenen Identität nur kommunizieren und ihre wahren Wünsche mittels einer merkwürdigen Technik ermitteln, die im Besitz seiner eigenen monopolistischen Zunft war. Sie wird unter der autorisierten Anleitung eines Mitglieds der Zunft durch eine seltsame, innere Verhandlung enthüllt. Unser »wahres Ich« wird nachdrücklich nicht länger mit der rationalen Tätigkeit, den Trieben abstrakte allgemeine Regeln aufzuerlegen, identifiziert, wie Kant gelehrt hatte. Das Ich definiert sich auf eine mysteriöse Weise selbst, es destilliert sich selbst aus einem Kompromiß zwischen

Wunsch und Realität, dessen präzise Formel ein Geschäftsgeheimnis bleibt. Man hat den Verdacht, daß es in der klinischen Praxis von den Praktikern den Klienten im Lichte von deren Anforderungen, Mitteln und Möglichkeiten angepaßt wird.

Obgleich Freud selbst (konsequent oder nicht) kein Irrationalist war, machen seine Ideen eine der mächtigsten, wahrscheinlich die mächtigste irrationalistische Strömung der zeitgenössischen Welt aus. Unsere Identität darf nicht in der Vernunft und in sorgfältigem, sauberem Denken, ganz gewiß auch nicht in der Teilhabe an einem historischen Plan gesucht werden und ebensowenig in ästhetischer Kontemplation (obgleich Freuds eigene Kollektion hervorragend war). Sie liegt weder in starrer Selbstkontrolle noch umgekehrt in Nachsicht, sondern in einem unspezifizierten, dazwischen liegenden Punkt, der privat und individuell verhandelt werden muß. Die Unbestimmtheit und infolgedessen die bequeme Manipulierbarkeit dieses moralisch nicht zwingenden Punktes stellt ganz gewiß einen bedeutenden Beitrag zu der außerordentlich erfolgreichen Vermarktung des psychoanalytischen Erlösungsrezeptes dar.

Auf jeden Fall liegt unsere persönliche Erfüllung nicht in der Art Verhalten, die in Descartes' Regeln empfohlen wird, und kann darin auch nicht liegen, ebensowenig in der Kantischen Apotheose der Konsistenz und noch weniger in einer utilitaristischen Lust-Schmerz-Buchführung. Wenn die Gesellschaft uns verpflichtet, uns bis zu einem gewissem Maß so zu verhalten, wie sie es vorschreibt, ist der damit verbundene psychische Preis in der Tat sehr hoch. Außerdem ist eine Anpassung an unsere Lage mittels lediglich intellektueller Selbstanalyse und Erkenntnis, wie einst von dem cartesianischen Moralisten Spinoza empfohlen, nicht möglich. Nur eine Unterwerfung unter eine qualifizierte Leitung und eine turbulente Katharsis kann (im besten Falle) ein solches Ziel erreichen. Die Unruhe dieses Prozesses und das Fehlen öffentlicher Kriterien für dessen korrekte Durchführung und Beendigung bedeuten, daß in seinem Verlaufe der Leidende auf seine Autonomie verzichten und sich der Führung ergeben muß. Der Begriff des »Unbewußten« entwertet sowohl die Autonomie des Individuums samt allem inneren rationalen Zwang als auch die Autorität des Beweismaterials. Der Leidende kann niemals sagen, ob seine innere Überzeugung nicht die Stimme des Betrügers ist, und genausowenig kann er, solange er ohne Hilfe ist, sicher sein, daß das Zeugnis seines Verhaltens nicht lediglich »oberflächlich« und ein Stück schlauer Täuschung ist. Nur der lizenzierte Praktiker kann ihm darüber (im besten Falle) Auskunft geben, und es gibt *ex hypothesi* keine Berufung gegen sein Verdikt. Nichts kann weniger im Geiste Descartes' sein als eine solche Selbstaufgabe und ein solcher Sprung ins Ungewisse.

Es gibt also in der Tat eine Methode, sich selbst auf eine Weise zu entdecken, die zu einem zumindest relativen inneren Frieden führen kann. Aber der Weg dorthin führt nur über ein absichtlich antirationales Verfahren (freie Assoziation und emotionale Katharsis). Diese konstituieren eine Art irrationalistischer, aber rein *semantischer* Saturnalien, in denen logische Ordnung nicht nur nicht mehr erzwungen, sondern tatsächlich *geächtet* wird. In dem therapeutischen Verfahren kennzeichnet und unterstreicht die ausdauernde Umkehrung aller kanonischen Regeln der protestantisch-cartesianischen Rationalität — Ordnung und Zwang — die Ausnahmesituation, ebenso wie erhöhte Formalität und/oder Vernachlässigung der Kleidung es in den mehr kollektiven Ritualen früherer Mysterien getan hatte.

Aber in einem individualistischen Zeitalter ohne lokale oder verwandtschaftliche Gemeinschaften ist das Ritual einsam, es wird von einem einzigen Teilnehmer unter Anleitung eines einzelnen Führers ausgeführt. Die erfolgreiche Ausführung und Vollendung dieses Verfahrens erfordert, daß sich das Ich der Unvernunft überläßt. In all diesem ähnelt die Technik den *rites de passages* von Geheimgesellschaften, die den Adepten durch Terror und die Unlogik ihres Rituals, durch die Mißachtung gewohnter Tabus, binden. Infolge all dessen werden Descartes' Empfehlungen für das Verhalten unseres intellektuellen Lebens systematisch auf den Kopf gestellt. Wenn die Revolution das Ventil der Unterdrückung ist, dann ist die Psychoanalyse das Ventil der Verdrängung.

Das Verfahren stellt außerdem, in einer neuen, nicht-religiösen Terminologie, die Berufung auf eine kognitive Autorität wieder her: Die Technik funktioniert nur unter der Aufsicht eines Mitglieds der sakramental isolierten Kaste der Initiierten. Die Ausbildung/Initiation versetzt sie in einen charakteristischen und heilbringenden Seelenzustand: Im Grunde ist sie ein Sakrament. Behauptungen können nicht durch offene Kriterien und anhand öffentlich verfügbarer Daten, sondern nur durch esoterische Prinzipien und anhand von Daten überprüft werden, die von maßgeblichen Mitgliedern der Kaste selbst interpretiert worden sind. Und so steht der Kaste selbst das Urteil über ihre eigenen Entscheidungen zu, und sie kann deshalb im Rahmen der von ihr selbst festgelegten Bedingungen nicht herausgefordert werden. Da all dieses aus der Lehre selbst folgt, kann diese nicht umgestoßen werden. Es läßt sich wohl kaum ein extremerer Fall von Selbstbestätigung vorstellen.

Wegen des ausgeprägten Mangels an einer zentralisierten, autoritativen und verheißungsvollen Vision der Welt in unserer Gesellschaft (ein Mangel, der ihren grundlegenden Prinzipien inhärent und keineswegs zufällig ist), ist nur wenig oder gar keine gut organisierte Hilfe für die psychisch Leidenden verfügbar. Gleichzeitig machen diese akut Leidenden infolge der offensichtlichen und vertrauten Züge dieser Gesellschaft — Mobilität, Instabilität, Unsicherheit, Wettbewerb, Fehlen umfassender und bleibender lokaler Gemeinschaften — einen großen und ohne Zweifel stetig wachsenden Anteil an der Bevölkerung aus. Dies schafft einen wichtigen Markt für Trost, für Unterstützung, für »Therapie«. Und eine so mächtige und anwachsende Nachfrage hat unvermeidlich zu einem entsprechenden Angebot geführt.

Stil, Techniken und Idiom eines exponentiell wachsenden, neuen, säkularen pastoralen Berufsstandes, der »Ratgeber«, leiten sich in sehr großem Maße von der irrationalistischen Tradition her, die wir diskutiert haben, und die mittels unüberprüfbarer Techniken mit irrationalen, verborgenen Kräften kommuniziert. Pastorale Dienstleistungen beanspruchen jetzt, dadurch zu wirken, daß sie die Verbindung mit einem verborgenen wahren Ich herstellen, das nicht rational oder mittels rationaler Methoden zu behandeln und dem einzelnen nur mit Hilfe anderer zugänglich ist. Und dieses Ich, obgleich nicht völlig identisch mit biologischen Trieben, ist ihnen zumindest näher als irgendeiner formalen Rationalität. Wie ein solches wahres Ich aus diesen biologisch gegebenen Trieben destilliert wird und in welchem Verhältnis es zu objektiven Zwängen und Beschränkungen steht, bleibt etwas mysteriös. In der Hauptsache verbinden diese neuen »Pastoren« wie Freud das etwas unbehagliche Festhalten an den rationalistischen Werten mit einer Bindung an ein Bild von der menschlichen Psyche, das diese Werte irrelevant zu machen scheint.

Therapeutischer Irrationalismus

Dieses Thema fällt in zwei ganz verschiedene Teile. Auf der einen Seite steht der Inhalt der Freudschen Lehre, das, was sie wirklich inhaltlich lehrt; und auf der anderen Seite steht die wirkliche Methode und Operationsweise. Obgleich es natürlich Verbindungen zwischen beiden gibt, ist es nichtsdestoweniger wichtig, sie auseinanderzuhalten.

Inhaltlich modifiziert die Lehre das früher herrschende Bild vom Menschen, das tatsächlich durch verschiedene Strömungen des Rationalismus sehr stark beeinflußt worden war. Diese Vision hatte den Menschen als einen sorgfältigen Maximierer von Lust und Vermeider von Schmerz dargestellt oder alternativ, in einem etwas edleren Stil, als ein Wesen, das Befriedigung bei der Verwirklichung edler und abstrakter Ideale fand. Die Freudsche Offenbarung fordert uns dringlich auf, dies alles als pure Augenwischerei abzutun. Die wirklichen Quellen unserer Motivation und Befriedigung sind auf der einen Seite an instinktive Bedürfnisse gekettet und auf der anderen an die konkreten, intensiven Beziehungen und selten ausgesprochenen Gefühle, die in intimen Gruppen vorherrschen. Diese werden freilich nur durch ein verzerrendes Prisma wahrgenommen, wie in einem dunklen Spiegel: Unsere Lüste und Beziehungen selbst ignorieren jede Proportion und Perspektive, sie kennen keine Anständigkeit und werden obendrein nur durch einen listigen, selbst auferlegten Code gesehen, dessen zentrale Absicht darin besteht zu täuschen. Aber es sind gerade diese Lüste und Beziehungen, die für uns von Interesse und für unsere geistige Balance oder deren Verlust relevant sind und erwogen werden müssen, wenn wir mit unserer emotional bedingten Krankheit fertigzuwerden suchen; der Rest ist nur eine Fassade, die zum Zweck der Täuschung und vor allem der Selbsttäuschung errichtet wird.

Außerdem ist es, wenn wir in tiefen Sorgen sind, nutzlos, daß wir uns in einer Weise benehmen, die von den Rationalisten empfohlen wird. Eine kalte, rationale Analyse unserer Ziele und Umstände wird uns niemals zur eigentlichen Quelle der Störung führen oder uns helfen, sie zu überwinden. Sie ist niemals manifest oder direkter Annäherung zugänglich. Die wirksamen Korrekturmaßnahmen sind nicht rationaler Natur.

Soviel zu dem innersten Kern des Lehrinhalts. Wenn gültig, dann unterminiert oder zerstört diese Lehre die wichtigsten politischen Ideologien sowohl der Linken wie der liberalen Rechten. Weder die Teilnahme an einer freien und egalitären Gemeinschaft noch der Erwerb von Reichtum oder Befriedigungen beruhigt oder befriedigt die Psyche. Ironischerweise — wenn man ihre Feindseligkeit gegenüber Freud bedenkt — sind es die Rezepte der neuen romantischen, illiberalen Rechten, die Wiederherstellung hierarchischer, inegalitärer, ritualistischer, gefühlsorientierter und gewalttätiger Politik, die den wahren menschlichen Erfordernissen, wie sie von dieser neuen Vision des Menschen enthüllt worden sind, wirklich Genüge tun. Diese Art Rechter beruft sich hauptsächlich aus rassistischen Gründen nicht auf Freud; soweit sie sich überhaupt die Mühe machen, auf eine philosophische Autorität zurückzugreifen, neigen sie dazu, sich auf Nietzsche zu berufen.

Die westliche liberale Intelligenz, die Freud anerkennt und seine Sprache und Ideen als Standardidiom für die Behandlung der menschlichen Psyche und persönlicher Beziehungen übernommen hat, hat derartige politische Schlußfolgerungen, die unter seinem Einfluß entstanden sind, nicht begrüßt. Ganz im Gegenteil, die Übernahme Freudscher Ideen wird mit einem äußerst permissiven moralischen Liberalismus verbunden und manchmal sogar dazu verwendet, ihn zu rechtfertigen. Grob gesprochen kann der modale Gebrauch Freuds durch die Formel ausgedrückt werden: »Freud hat gezeigt, daß Verdrängungen schlecht sind, deshalb sollten Beschränkungen des Verhaltens aufgehoben werden.« Obgleich es in des Meisters Lehre oder Worten keinerlei Rechtfertigung dafür gibt, ist das im Grunde die Form, wie er interpretiert und seine Lehre angewendet worden ist.

Es bleibt die Frage nach dem Irrationalismus der Freudschen Methode. Die angewandte Freudsche Erkenntnistheorie enthält sowohl eine partielle Übernahme wie eine partielle Verkehrung des rationalen Verfahrens von Descartes. In dem Bereich, der sie betrifft — Überzeugungen im Hinblick auf das Ich und seine affektiven Beziehungen — erfordert sie praktisch die vollständige Suspendierung früherer Überzeugungen, genauso wie Descartes sie vorgenommen hatte. Aber die Wiederherstellung der Überzeugung folgt nicht den eisernen logischen Gliedern klarer und deutlicher Ideen, sondern ganz im Gegenteil dem schlüpfrigen Pfad interpretierter freier Assoziation. Die zentrale Rolle des Begriffs des Unbewußten besteht darin, alle Überzeugungen zu entwerten und zu delegitimieren, ihnen das Stimmrecht zu entziehen; innerer Zwang und Klarheit stellen deshalb keine Verteidigung dar. Wenn überhaupt etwas, so stellen sie einen erschwerenden und verdächtigen Umstand dar. Wir glauben, was uns unser Unterbewußtsein zu glauben lehrt, und wir sind in seine Motive oder Gründe nicht eingeweiht. Diese Lehre wird hauptsächlich auf Überzeugungen hinsichtlich unserer eigenen Geisteszustände angewendet, aber genaugenommen sollte sie gleichermaßen für alle unsere Überzeugungen ohne Unterschied gelten.

Welchen Weg gibt es also zu unverfälschter Meinung und folglich zu vernünftigem Verhalten? Es gibt nur einen: nur die Meinungen zu beachten, die neu gerechtfertigt, überprüft und durch das komplizierte Verfahren hindurchgegangen sind, Zugang zum Unbewußten zu gewinnen und es zu zwingen, seine Geheimnisse preiszugeben.

So verlassen wir die cartesianische, rationalistische Welt, in der die Erkenntnis der Souverän und die Welt sekundär ist und wo keine kognitive Hierarchie unter Menschen gestattet ist. Wir betreten von neuem eine Welt, in der eine bestimmte Weltsicht mit außergewöhnlicher Autorität, Stabilität und Priorität ausgestattet ist; eine Welt, in der es erlaubt ist, kognitiven Verfahren und Forschern den angemessenen Rang zuzuschreiben. Die allgemeinen Züge dieser Welt werden als bekannt und gegeben vorausgesetzt: Der

Rang und die Autorität kognitiver Ansprüche und ihrer Verfechter folgt *daraus*. Eine feste Vision der Welt erzeugt eine ebenso feste sakramentale Hierarchie in der Welt und teilt die Menschen in die, die wissen und retten, und diejenigen, die, wenn sie gebührend ehrfurchtsvoll sind, gerettet werden können. Die Freudianer ähneln den Marxisten in ihrer Umkehrung des Prinzips, daß kognitive Souveränität *nur* dem rationalen *Verfahren* zuschreibbar ist, das außerhalb der Welt steht: Die Souveränität kehrt hinsichtlich der angeblich herrschenden Kraft *in* der Welt zu einer inhaltlichen Überzeugung zurück.

Der Begriff des Unbewußten mit seiner unmittelbaren und entscheidenden Implikation, daß alle wie selbstverständlich geglaubten Ideen, sobald sie ohne die Wohltat der Unterstützung durch die angemessene Hierarchie bleiben, delegitimiert werden, ist das Hauptmittel zu diesem Ziel; aber es ist nicht das einzige. Der Begriff des Unbewußten entspricht der Lehre einer universalen kognitiven Ursünde. Wer in tiefer Sünde versunken ist, ist nicht geeignet, über seinen Retter ein Urteil zu fällen.

Ein weiteres wichtiges Mittel liegt in der Natur des anerkannten Beweismaterials und seinem Verhältnis zur Theorie. Das Sammeln von Beweisen durch »freie Assoziation« stellt sicher, daß das Material endlos vielfältig und chaotisch ist. Es muß klassifiziert, »gedeutet« werden, bevor es überhaupt zu den erklärenden Schemata paßt. Die Vielgestalt der Daten führt schon ein großes Element der Willkür in die Klassifikation und Deutung ein; aber diese Flüchtigkeit wird durch das Prinzip noch verstärkt, daß das Material schon mit der Absicht dargeboten wird zu täuschen, und daß die Täuschung extrem raffiniert sein kann und unter Umständen Doppelfinten auf jeder Ebene einschließt. Nur der lizenzierte Deuter kann diese vielschichtigen Verkleidungen entlarven. Aber er ist seinerseits durch seine Zugehörigkeit zur Zunft und durch seine Festlegung auf deren Lehre definiert.

An einer solchen Welt ist nichts im geringsten Ungewöhnliches: Die meisten Welten, die die Menschen bewohnt haben, haben dieser Formel genügt. Der Forschung wurde nicht gestattet, ihre trostspendende Welt umzustürzen. Vom Standpunkt eines postcartesianischen Rationalisten aus ist die Konstruktion einer solchen Welt beschämend zirkulär, ein eklatanter Fall einer *petitio principii*. Aber vom Standpunkt der gläubigen Bewohner einer solchen Welt aus könnte ihre Suspendierung — im Interesse äußerlicher, unabhängiger Überprüfung — einen moralischen Verstoß darstellen. An der Freudschen Welt ist ungewöhnlich, obgleich vielleicht nicht einzigartig, daß sie vollständig aus naturalistischen Elementen aufgebaut ist. Nicht zuletzt auf diese Weise gehört die Psychoanalyse wirklich in unsere Zeit. Freud steht tatsächlich, wie vielfach behauptet wurde, am Scheitelpunkt des Weges, der von Kopernikus über Darwin führt, eines Weges, der zur Naturalisierung des Menschen geführt hat, zum endgültigen Einschluß des Menschen in die Natur und zur Weigerung, ihm einen extraterritorialen Status zu geben. Das Unbewußte ist ganz entschieden ein naturalistischer Begriff — was einen wesentlichen Teil seiner Anziehungskraft ausmacht. Aber seine Rolle in der Freudschen Weltkonstruktion ähnelt genau der Funktion verschiedener transzendenter Reiche, die in früheren, nicht-naturalistischen Glaubenssystemen vorhanden waren. Es wird eine gemütliche, moralisch gesättigte, kognitiv hierarchische, heilversprechende Welt konstruiert; aber ihr kognitiv privilegiertes Reich scheint diesmal von der *Natur* zur Verfügung gestellt worden zu sein.

Gebrechen der Vernunft

Die Natur verschlingt die Vernunft

Die Vernunft unterwarf die Welt einer methodischen Erforschung:
Dies erzeugte eine einzige, durch symmetrische Gesetze vereinheitlichte Natur. Um die Mitte des neunzehnten Jahrhunderts und
namentlich nach Darwin wurde die *Biologie* zu der Naturwissen-
schaft, die offensichtlich den größten Einfluß auf das Bild vom
Menschen ausübte. Darwins Vereinheitlichung der biologischen
Welt, die den Menschen in sie einbezog, hatte unterstrichen, was
andere aus eher formalen Gründen zu beweisen gesucht hatten:
daß es nur *eine* Natur gibt, und daß der Mensch ein Teil von ihr ist.
Aber Darwin hatte uns auch daran erinnert, daß die Natur durch
Konflikt, Aggression und die Auslöschung der Besiegten wirkt und
daß die Ausstattung, die Organismen entwickeln, hauptsächlich
dem Überleben des Organismus und seiner Spezies dient.

Daraus ergibt sich die *allgemeine* Form des Arguments, das für
eine irrationalistische Schlußfolgerung völlig ausreichend und von
spezifischen Details unabhängig ist. Es lautet so: Die methodische
Vernunft erzeugt die symmetrische Natur. Die Natur gestattet ihren Geschöpfen *keinerlei* Ausnahmen oder Extraterritorialität. Aber
die Vernunft ist *genau* auf Ansprüche dieser Art festgelegt. Deshalb
muß die Vernunft ein Betrug sein, eine unechte Fassade für irgend
etwas anderes. Sie ist Teil der Natur und kann nicht beanspruchen,
außerhalb und über ihr zu stehen. In ihrer demaskierten Form wird
sie zu einem Teil der Natur − *und* verliert ihre Autorität. So wird
die Vernunft, die eine allumfassende Natur erzeugt hat, dadurch
auch ihrer Stellung und Autorität in ihr beraubt.

Spezifischere naturalistische Theorien sind *ex hypothesi* sämtlich
auf einen milden Irrationalismus dieser Art festgelegt; sie können
zwar auch auf eine extremere und virulentere Art irrationalistisch

sein, müssen es aber nicht. Nachdem sie sich dagegen verwahrt haben, der Vernunft einen extraterritorialen Status einzuräumen, und sie sie dadurch gewaltsam in dieser Welt naturalisiert und degradiert haben, stimmen sie keineswegs alle in der Bewertung der Rolle der Vernunft in dieser Welt und ihrer weiteren Aussichten überein. Die Werte, die solche Theoretiker favorisieren, sind unter Umständen (wie es bei Marx und Freud der Fall ist) nicht allzu weit entfernt von denen, die die Unterstützung der eigentlichen Rationalisten genossen haben. Die Vernunft ist vielleicht nicht alles, was sie zu sein behauptet hat, aber was sie in der Welt vorgeschlagen hat, kann unter Umständen aus innerweltlichen Gründen trotzdem lobenswert sein. Alternativ ist freilich ein kräftigerer Irrationalismus ebenso möglich: Es kann argumentiert werden, daß der Verlust außerweltlicher Autorität die Vernunft ihrer gesamten Autorität beraubt, daß mit dem Verlust der alten Ansprüche sämtliche Ansprüche über Bord gehen. Die Vernunft hat nicht nur einen unechten Status beansprucht, sondern was sie getan hat, war geradezu schädlich. Dieses Thema ist ganz gewiß bei Nietzsche vorhanden und etwas weniger deutlich auch bei Freud (soweit es sich nicht — folgerichtig oder nicht — auf Freuds eigene Werte auszuwirken scheint).

Die prästabilierte Harmonie kehrt zurück

So müssen also die Schlußfolgerungen dieser Argumente für die »Naturalisierung des Menschen« nicht *immer* irrationalistisch sein. Es gibt eine ganze wichtige Unterklasse von Theorien über die »Naturalisierung des Menschen«, die den Irrationalismus vermeiden, indem sie mit der »Fügung der Vorsehung« (oder der prästabilierten Harmonie) argumentieren. Der Hegelianismus war ein extremer Fall einer derartigen Ansicht: Auf jeder historischen Stufe offenbarte die Vernunft gerade so viel oder so wenig, wie zu dieser Zeit erforderlich oder angemessen war bzw. so viel, wie der Menschheit auf dieser Stufe angemessen war, und sie bewahrte ihre endgültige und totale Selbstoffenbarung für das Ende auf. Dort traf sie auf Hegel selbst, bereit und erwartungsvoll. Der Pragmatismus glaubte ganz ähnlich, daß kognitive Prozesse nur eine Spezies von biologischen Prozessen seien, diese Welt aber nichtsdestoweniger so gut arrangiert sei, daß diese Prozesse uns helfen, das Beste aus den Dingen zu machen, und daß wir infolgedessen recht daran tun, unseren Ansichten im großen und ganzen zu trauen. Es ist nicht nötig, sich aus dieser Welt wegzuwünschen: Erkenntnis und Natur waren von Anfang an für einander geschaffen. Es ist nicht ganz klar, wie wir es herausfinden können, falls die Dinge schließlich doch nicht so gut angeordnet sind, und ebensowenig, was wir in diesem Fall unternehmen können: Wir könnten an unserer fehlgeleiteten Selbstgefälligkeit festhalten und unfähig sein, ihr zu entkommen, selbst wenn sie uns umbringt. Aber die Pragmatisten scheinen Männer von heiterem Temperament und unheilbar optimistisch zu sein, und sie fassen eine solche Kontingenz kaum ins Auge. Auch lieben sie es, ein solches fröhliches Temperament allen Möchtegern-Denkern zu empfehlen.

Der namhafteste und einflußreichste zeitgenössische Pragmatist, W.V.O. Quine, legt sich emphatisch auf eine derartige Position fest. Er verwirft explizit die cartesianische Hoffnung auf ein »kosmisches Exil« (dieser schöne Ausdruck stammt von Quine selbst). Auf jeder Stufe der kognitiven Entwicklung der Menschheit (ja, alles Lebens) können wir, wie es scheint, glücklich an ein bestehendes Erbe anknüpfen, in der zuversichtlichen Erwartung, daß es, mag es auch im Detail oft irren, im großen und ganzen in Ordnung ist und eine adäquate Basis für die weitere Anstrengung bietet. Mit anderen Worten, der Grund, der Descartes bewog, ein Exil zu suchen, das Mißtrauen gegenüber dem kulturellen Erbe, wird verworfen[41]. Kognitiv gesehen ist mit der Welt alles in Ordnung. Dies ist eine Prämisse oder Rechtfertigung für eine Strategie oder Einstellung, die nur funktioniert, wenn eben diese selbstzufriedene, fröhliche Prämisse korrekt ist. Wenn nicht, wie werden wir es je entdecken? Wir werden mit unserer Unfähigkeit bezahlen müssen, unseren Fehler zu erkennen, aber unser Ableben bewahrt uns vielleicht davor, unserem Irrtum ins Auge sehen zu müssen.

Mein eigener Verdacht ist, daß diese typisch pragmatistische Art eines zuversichtlichen Optimismus charakteristisch amerikanische

Wurzeln hat: Sie beruht auf einer Sichtweise, die sich der sozialen und ökonomischen Geschichte Nordamerikas einerseits und der biologischen Geschichte der Spezies andererseits verdankt — aber wenig Sinn für die langen Perioden von Stagnation und Stillstand hat, die die meisten anderen Phasen der menschlichen Geschichte charakterisieren. Amerika ist modern und progressiv geboren, es mußte Modernität nicht erst erobern; der Pragmatismus beruht auf der Annahme, daß die wichtigen Wahrheiten alle darauf warten entdeckt zu werden, wie es in jener glücklichen Zeit der Entdeckung Amerikas der Fall war und wie es in einer etwas brutaleren Form in der Biologie ebenfalls galt. William James selbst schwankte ein wenig zwischen der Ansicht, daß der Pragmatismus die Wahrheit für alle und daß er der charakteristische Ausdruck des amerikanischen Geistes sei [42].

Harmonie oder Belagerung

Ganz allgemein können wir zwischen zwei Gruppen unterscheiden: Einerseits gibt es Naturalisierer wie Freud, die den Schluß ziehen, daß der Mensch infolge seiner natürlichen Wurzeln neu definiert werden muß und die Vernunft als eine menschliche Fähigkeit weniger Verehrung verdient, als sie beansprucht hat; andererseits sind da jene, die wie die Pragmatisten unseren Einschluß in die Natur fröhlich begrüßen, aber zugleich denken, daß die Natur ohnehin so gut eingerichtet ist, daß sie zuverlässige rationale Gewohnheiten ermutigt, so daß wir es nicht nötig haben, von unserem früheren Engagement für die Vernunft abzurücken. Sie sagen nur, daß die Vernunft in der Natur mehr zu Hause ist als sie früher vermutet hatten. Sie hat keinen Grund, ein »kosmisches Exil« zu suchen; sie fühlt sich hier durchaus wohl; der Ort ist angenehm, besonders in Amerika, und infolgedessen brauchen wir die Vernunft und die Natur nur in einem anderen Licht zu sehen. Die Vernunft wird nicht länger durch ihre Stellung außerhalb der Natur gerechtfertigt, sondern ganz im Gegenteil durch ihren behaglichen, begünstigten und festen Platz in der Natur.

Die Anhänger des Vorsehungsglaubens setzen sich natürlich dem Vorwurf eines billigen Optimismus und einer offenkundigen Zirkularität in ihrer Argumentation aus. Wie glücklich traf es sich in einer Welt, in der Werte durch Klasseninteressen diktiert werden, daß Marx und Engels genau in dem Augenblick geboren wurden, als das Proletariat auf dem Weg zum Selbstbewußtsein seine eigene und letzte menschliche Ideologie durch den Mund jener beiden Renegaten und äußerst typischen Söhne der Bourgeoisie formulieren konnte. Man denke nur: Wären sie zu einem früheren Zeitpunkt geboren worden, wäre ihnen selbst der leiseste Schimmer der Wahrheit vorenthalten geblieben ...

Dies ist genau das, was die Anhänger des Vorsehungsglaubens behaupten. Es liegt etwas Komisches darin, wenn man sagt, daß ich durch einen höchst glücklichen Zufall genau an dem einzigen Punkt in der Welt stehe, von dem aus sie so gesehen werden kann, wie sie in Wahrheit ist; allgemeiner ausgedrückt heißt das, daß die Welt kognitiv wohlwollend ist und dafür sorgt, daß wir sie gewöhnlich richtig verstehen. Aber komisch oder nicht, dieses zirkuläre Mittel setzt die Anhänger des Vorsehungsglaubens in den Stand, Naturalisierer zu bleiben und sich dennoch zu hüten, den Namen der Vernunft zu verschmähen. Die Vernunft ist das Pfand der Natur, aber die Natur ist so eingerichtet, daß unsere Vernunft uns die Wahrheit über die Natur sagt.

Die cartesianische Vernunft verschmähte eine derartige Zirkularität und suchte nach einer unabhängigen Grundlage. Sie setzte nicht voraus, daß kosmische Einrichtungen für unsere Erkenntnis günstig seien, um dann zu sagen »weiter so!«. Sie machte sich *Gedanken* darum, ob die Bedingungen tatsächlich günstig waren.

Descartes *zog am Ende* den Schluß, daß die Bedingungen tatsächlich günstig seien: Er ging eine kognitive Partnerschaft mit der Gottheit ein. Die außerweltliche Vernunft garantierte Gott, der dann seinerseits die innerweltliche Anwendbarkeit der Vernunft gewährleistete. Aber zunächst *war* das Exil *notwendig*. Die Vernunft mußte anfänglich in die Wildnis gehen, um am Ende mit ihrem kognitiven Ermächtigungsgesetz zurückzukehren.

Es gab gute Gründe für eine solche Sorge: Unter den meisten historischen Umständen waren die Bedingungen für ein Erscheinen der Wahrheit alles andere als günstig. Die Anhänger des Vorsehungsglaubens behaupten letztlich, daß die Zirkularität keine Rolle spiele: Die Welt sei ein derart gesegneter Ort, daß ihr eigener, besonderer Zirkel die Wahrheit enthalte. Aber wenn sie es nicht wäre, wie würden sie das jemals in Erfahrung bringen? Ihr eigener Zirkel von Ideen schließt diese Möglichkeit aus. Aber ist sie darum *tatsächlich* unmöglich?

So können wir zwischen den Anhängern des Vorsehungsglaubens, die sich an eine prästabilierte Harmonie halten, und ihren Opponenten unterscheiden, die Rationalisten mit einer Belagerungsmentalität genannt werden könnten. (Beide sind in einem gewissen Sinne Rationalisten, die den Versuch gemacht haben, ebenso mit der Naturalisierung des Menschen wie mit der Verneinung des Dualismus zurecht zu kommen.) Die letzteren lassen sich nicht durch die selbstzufriedene Annahme einer durchgehend gütigen Welt beruhigen, die sich zumindest am Ende (oder in einigen Versionen die ganze Zeit über) um uns kümmert. Die Belagerungsmentalität setzt eine Welt voraus, die im allgemeinen fremd und feindselig oder im besten Fall neutral und vollständig unvorhersehbar ist und in der wir keinerlei kosmische Unterstützung und Garantie für unsere Bindung an die Vernunft erwarten können. Ich für meinen Teil bin überzeugt, daß die Belagerungsmentalität korrekt ist.

Der alte und der neue Gegner

Ein zentrales Problem, dem sich die Vernunft gegenübersieht, entsteht, wie wir gesehen haben, aus ihrer Einordnung in die Natur. Sie wird dann nur zu einer Triebkraft oder Aktivität unter anderen. An diesem Punkt der Argumentation trennen sich die Wege: Entweder sind die Gesetze, denen die Natur unterworfen ist, von der Vorsehung so wohltätig eingerichtet, daß sie unser Vertrauen in die Vernunft rechtfertigen (Vorsehungsglaube), oder sie sind es nicht.

Bei der letzteren Annahme finden wir uns zweifellos der Hauptform des modernen Irrationalismus gegenüber. Seine Verfechter unterscheiden sich von früheren Kritikern der Vernunft in einem höchst wichtigen Aspekt: Der Angriff wird nicht zugunsten einer transzendenten Autorität, sondern zugunsten einer anderen Kraft innerhalb der Welt geführt, die, wie sie behaupten, einen stärkeren Anspruch auf unsere Loyalität besitzt (Instinkt, Rasse, Klasse o. ä.). Sie tadeln Descartes nicht, wie Pascal, dafür, daß er ohne Gott auskommt. Sie tadeln ihn dafür, daß er sich nicht der Natur unterwirft.

Einer der wichtigsten Unterschiede zwischen der historischen Veränderung der Rationalismusdebatte des 17. und 18. Jahrhunderts einerseits und des 19. und 20. Jahrhunderts andererseits ist folgender: Im früheren Zeitraum fand die Debatte, um es mit den einfachsten Worten zu sagen, zwischen Vernunft und Religion statt. In der späteren Periode hörte die Religion auf, der Hauptwidersacher oder auch nur ein wichtiger Gegner der Vernunft zu sein. In der Moderne sind die entscheidenden Opponenten der Vernunft nicht die, die behaupten, daß sich die Vernunft den überlegenen Ansprüchen einer höheren und außenstehenden Autorität beugen muß; es sind die, die darauf bestehen, daß sie sich einer vitalen Kraft *innerhalb* der Welt beugen müsse, die ihre Stärke wie ihre Autorität aus ihrem innerweltlichen, natürlichen Status ableitet. Wenn Natur alles ist, dann muß die Legitimität in ihr liegen.

Im Innern des modernen Irrationalismus herrscht eine Art Intra-Natur-Chauvinismus. Die Fremden aus dem ontologischen Ausland, die uns zu regieren pflegten, müssen vertrieben werden wie kosmische Tarquinii: Von jetzt an dürfen nur Einheimische darauf hoffen zu herrschen – und je eingeborener, desto besser: Die Welt dem Weltlichen! Alle fremden Prätendenten sind unecht. An ihre Stelle treten der Wille, das Klasseninteresse, Instinktanpassung … Dann wird der Anspruch erhoben, daß irrationale Kräfte *irgendwie* in dieser Welt mehr zu Hause, ein wahrhafterer Teil von ihr seien als die rationalen. Obgleich die Vernunft die Natur eingerichtet hat, hat sie keinen wirklichen Platz in ihr, oder doch nur einen untergeordneten. Dieses Argument kann der Selbstmord der Vernunft genannt werden.

Die Ohnmacht der Vernunft

Diese Degradierung der Vernunft durch ihre feste Einbindung in die Natur macht *eine* allgemeine Form des modernen Irrationalismus in all seiner Vielfalt aus. Anhänger des Vorsehungsglaubens teilen die irrationalistische Tendenz, die Vernunft als *eine* natürliche Triebkraft unter anderen zu sehen. Aber sie gehen den Konsequenzen aus dem Weg: Sie mildern die Degradierung. Sie behaupten, die Vernunft sei zwar nicht so unabhängig und autoritativ wie einst behauptet worden war, gleichwohl aber zumindest der rechtmäßige Agent wohlwollender, achtbarer Kräfte innerhalb der Natur, die für Rechtschaffenheit sorgen, sei diese nun kognitiv oder sozial oder beides. Einer unabhängigen Autorität beraubt, wird die Vernunft mit einer Kraft versehen, die von etwas Größerem und Ehrfurchtgebietenderem stammt. Tatsächlich mildern die Anhänger des Vorsehungsglaubens die Degradierung der Vernunft nicht nur; dadurch, daß sie sie mit einer mächtigen Tendenz in der Natur selbst verknüpfen oder identifizieren, statten sie sie zugleich mit einer ganz und gar neuen Art von Würde und Autorität aus. So kann man die Vernunft schließlich unterstützen und bestätigen. Sie enthüllt die durchgängige Gegenwart gütiger Kräfte, die ihrerseits den Rang der Vernunft unterstützen und gewährleisten.

Der moderne Irrationalismus oder Antirationalismus kann freilich auch eine ganz andere Form annehmen. Er braucht nicht den Weg über den Naturalismus zu nehmen. Die grundlegende Argumentation entfaltet sich nicht über die Naturalisierung der Vernunft, sondern durch den Nachweis der grundlegenden Unfähigkeit der Vernunft, das zu tun, was sie sich zu tun vorgenommen hatte. Nicht Einbindung in die Natur, sondern Mangel an Leistung lautet jetzt der Vorwurf.

Das Fehlen jeglicher Garantie der Gültigkeit oder Rechtfertigung der rationalen Methode (werde sie nun mit der Wissenschaft gleichgesetzt oder nicht) ist eines der Dauerthemen der modernen Philosophie. Die Besorgnis über das Fehlen irgendeiner Art von Legitimierungsurkunde für die moderne Wissenschaft hat etwas Paradoxes an sich, insofern die kognitive Explosion seit dem 17. Jahrhundert zumindest bis heute augenfällig, sichtbar und dramatisch erfolgreich gewesen ist. Wir scheinen uns Sorgen um die Lebensfähigkeit eines hochgradig erfolgreichen Unternehmens zu machen.

Diese Angst nimmt eine Vielzahl von Formen an. Zum Beispiel: Die Daten, die uns zur Verfügung stehen, sind fragmentarisch und spärlich. Welches Recht haben wir, aus ihnen zu extrapolieren? Insbesondere: Warum sollte die Zukunft die Regelmäßigkeiten der Vergangenheit reproduzieren? Oder wiederum: Welche Garantie haben wir für die Konsistenz oder Vollständigkeit der Kalküle, die wir benutzen? Diese Sorge scheint ihre Bestätigung in gewissen technischen Schlußfolgerungen der mathematischen Logik zu finden: Das Programm, das alle mathematischen Überlegungen in die einfache Realisierung unschuldiger, unstrittiger logischer Prinzipien verwandelt hätte, *kann nicht* ausgeführt werden. Wenn die rationale Forschung sich auf Verfahren stützt, die sie nicht rechtfertigen kann, kann sie dann rational sein?

Das Argument von der Ohnmacht der Vernunft lautet, daß tatsächlich Verfahren im Spiel sind, die nicht gerechtfertigt werden können, und daß sie infolgedessen irrational bleiben, selbst wenn sie erfolgreich sind. Sie genügen dem cartesischen Verlangen nach Selbstrechtfertigung nicht.

Es gibt ein gewisses Verbindungsglied zwischen dem Selbstmord und der Ohnmacht der Vernunft. Wer sich vorwiegend mit letzterem Problem befaßt und an den Punkt kommt, wo er an der Rechtfertigung des rationalen Verfahrens verzweifelt, neigt dazu, auf die Tatsache zurückzugreifen, daß *wir* — unser Geist, unsere Tradition, unsere Kultur oder was auch immer — tatsächlich so arbeiten. Er greift aus Mangel an Fähigkeit, eine Norm zu begründen oder zu demonstrieren, auf unsere Praxis oder Gewohnheit zurück. Was in dem einen Kontext eine naturalistische Degradierung der Vernunft ist, erweist sich als eine *faute-de-mieux*-Lösung des Problems der Ohnmacht in einem anderen. Die Natur usurpiert die Rolle der Vernunft oder vertritt die Vernunft aufgrund ihres Scheiterns — ganz wie man es gerade sehen möchte.

Die Rechtfertigung von Schlußfolgerungen

Der Irrationalismus, der in dem Argument vom Selbstmord der Vernunft wurzelt, die Ansicht, daß die Natur allumfassend sei und wir nicht versuchen sollten, ihre Eingebungen zu überschreiten, hat manchmal etwas an sich, was man eine fleischige oder saftige Qualität nennen könnte: Der Irrationalist wird ganz lyrisch im Loblied der tiefen Weisheit der Gemeinschaft oder der Tradition, in den Hymnen auf Blut, Boden oder Klasse, im Hochpreisen der vibrierenden Stärke der dunklen inneren Kräfte der Psyche. Die »Saftigkeit« der Prosa entspringt der Tatsache, daß sie eine positive Tatsache zu loben und anzubeten hat. Irrationalisten sind oft Meister eines eloquenten literarischen Stils gewesen.

Das Argument von der Ohnmacht der Vernunft andererseits ist vom Gesichtspunkt des literarischen Schwunges und Feuerwerks nicht ganz so verheißungsvoll. Das Problem besteht darin, daß diese Art Irrationalist nicht mit einem rivalisierenden Kandidaten eigener Wahl ankommt, den er begünstigt und dessen dunkle und mysteriöse Kräfte er in seinem Lied preisen könnte. Dasjenige, worauf er sich stützen kann, ist das Scheitern des einen Kandidaten, der Vernunft, und nicht der Triumph eines Rivalen. Vielleicht hat dieses literarische Potential an *Schadenfreude* seine Grenzen. Trotz dieser Erschwerung haben einige Irrationalisten dieser Tradition, namentlich Paul Feyerabend, mit einem solchen wenig versprechenden Material ihr Bestes getan[43]. Vielleicht reicht es nur eben zur Poesie eines irrationalistischen Wutanfalls, schwaches Zeug im Vergleich mit seinen Rivalen, die den Triumph der Natur feiern und sich an einer glänzenden *Götterdämmerung* der Vernunft erfreuen. Aber auch diese Tradition verdient einen Kommentar.

Einer der wichtigsten und interessantesten modernen Versuche, das Problem der Rechtfertigung zu lösen, stammt von Karl Popper. Poppers frühestes und trotzdem vielleicht berühmtestes Buch[44] ist letztendlich eine Neuinterpretation der Wissenschaft als solcher, eine Neuinterpretation, die eine Lösung des Humeschen Problems darstellen soll. Popper hoffte, dort Erfolg zu haben, wo Kant scheiterte: die Rationalität der Wissenschaft zu rechtfertigen und sie davor zu bewahren, zu einer lediglich kontingenten Gewohnheit des menschlichen Geistes degradiert zu werden.

Sein Argument war im Grunde sehr einfach. Die gesamte Wissenschaft besteht seiner Ansicht nach aus nichts anderem als der Formulierung von Hypothesen und deren sukzessiven Eliminierung. Wissenschaft ist die Widerlegung von Theorien durch Gegenbeispiele. Die Falsifikation einer Verallgemeinerung durch ein Gegenbeispiel ist logisch ein vollkommen unumstrittenes Verfahren. Das hierin enthaltene Prinzip besagt lediglich, daß ein gut bestätigtes Gegenbeispiel definitiv klarstellt, daß die Verallgemeinerung falsch ist. Dies ist ein sich glänzend selbst rechtfertigendes Prinzip. Es hätte Descartes' Herz erfreut, der es unmittelbar als eine jener deutlichen, sich selbst rechtfertigenden Wahrheiten erkannt hätte, die ein rationaler Geist nicht verwerfen kann. Prinzipien wie diese sollten uns helfen, *Gewohnheit und Beispiel* zu entkommen. Und für Popper ist es *das* Prinzip, das uns in den Stand setzt, uns aus einem sich selbst verewigenden geschlossenen Denken zu wahrer Erkenntnis zu retten.

Es kann im Grunde am plausibelsten als direkter Nachfahre von Descartes' *cogito*-Argument dargestellt werden. Descartes hatte im Kern gesagt, daß nur die unmittelbaren Daten des Bewußtseins unbezweifelbar und den Manipulationen des Dämons (alias Kultur) unzugänglich seien. Zwar nannte er jene unbezweifelbare Basis Ich-Substanz, aber dies war entweder eine bloß verbale Ausschmückung oder das Hinzufügen einer äußerst zweifelhaften Metaphysik. Von all diesem befreit, kann es also in der Popperschen Version (obgleich Popper selbst kein Subjektivist ist) folgendermaßen gelesen werden: Wir haben unsere unmittelbare Datenbasis, und wir sind berechtigt zu schließen, daß alles, was damit unvereinbar ist, falsch ist. Dieses Prinzip hat jene strahlende, sich selbst rechtfertigende Autorität, die Descartes als ein Mittel der Flucht vor Irrtum und bloß kontingenter, kulturabhängiger Meinung suchte.

Also braucht die Wissenschaft, um Fortschritte zu machen und rational gerechtfertigt zu sein, nichts anderes als dieses eine unumstrittene, klare, zwingende und sich selbst rechtfertigende Prinzip.

So gibt es also schließlich doch eine klare und deutliche Idee, die imstande ist, uns zu leiten. Aber auch sie bedarf jener empirischen Daten, die bestimmt sind, als Falsifikatoren, als Eliminatoren von Theorien zu dienen. Das wird sich als Problem erweisen.

Demgemäß besteht die Wissenschaft nicht mehr aus einer Ansammlung feststehender Wahrheiten: Wirklich fest steht einzig und allein, daß sich eine bestimmte Menge von Verallgemeinerungen als *falsch* erwiesen hat. Es gibt keine Sammlung von Verallgemeinerungen, die sich als wahr erwiesen haben; im besten Falle könnte man sagen, daß unter der Unendlichkeit von bislang nicht falsifizierten Ideen einige sind, die gegenwärtig an der Spitze der Schlange stehen. Einige Ideen sind in der vorderen Linie lokalisiert und haben die Ehre, durch fortgesetzte Versuche, sie zu falsifizieren, am offensichtlichsten der Feuerprobe ausgesetzt zu sein.

Wie werden solche Helden an vorderster Front ausgewählt? An diesem Punkt weicht Popper merklich von den bis dahin gültigen Wissenschaftsphilosophien ab. Es ist oft vermutet worden, daß die Wissenschaft aus der Population von Ideen, von denen bislang nicht bekannt ist, ob sie wahr oder falsch sind, diejenigen auswählt, die am wahrscheinlichsten sind und die die besten Überlebensaussichten zu haben scheinen (die Kenntnis ihrer Geschichte einmal vorausgesetzt). Popper ist skeptisch hinsichtlich der Möglichkeit, rivalisierende Ideen in dieser Weise einzustufen; aber vor allem besteht er darauf, daß höchst unwahrscheinliche Ideen mindestens ein ebenso gutes Recht auf einen Platz in der vordersten Linie haben wie die »wahrscheinlichen«. Je größer das Risiko der Falsifikation, das einer Idee anhängt, und je stärker sie sich dem empirischen Schicksal aussetzt, desto größer ist auch ihr Inhalt und Wert: Um so mehr werden wir entdeckt und erreicht haben, wenn wir sie testen und die Feuerprobe sie *nicht* falsifiziert, wenn also die Idee unbeschädigt überlebt. Je größer das Risiko, desto größer der Gewinn im Falle von Erfolg oder genauer gesagt im Vermeiden von Mißerfolg, und je größer die kognitive Anstrengung, um so größer die kognitive Beute, die nach Hause gebracht wird.

Man bemerke, daß nach dieser Darstellung die Praxis der Wissenschaft in zwei Teile zerfällt. Der eine Teil genügt offensichtlich jedem Kanon der cartesianischen Rationalität: Das Prinzip der Falsifikation durch ein Gegenbeispiel ist offensichtlich unumstritten. Es beruht nicht auf den Vorurteilen irgendeiner Kultur. Es ist für alle cartesianischen Geister, die bereit sind, auf die Stimme von klaren und deutlichen Ideen zu hören, rational zwingend. Es macht ihnen ein Angebot, das sie nicht ablehnen können. Man muß außerdem die Existenz von einigen empirischen Daten annehmen (die als Eliminatoren dienen). Wenn diese beiden Elemente garantiert sind, dann kann die Wissenschaft behaupten, rational und gerechtfertigt zu sein.

Aber es gibt auch andere Aktivitäten, namentlich die Entdeckung und Formulierung von Ideen zum Zweck der Prüfung und vielleicht ihre Anordnung in Rängen, zu dem Zweck, sie der Prüfung zu unterwerfen. Diese Aktivitäten sind für Popper im Grunde nicht-rational und es ist weder möglich noch nötig, ihnen eine rationale Rechtfertigung zu geben. Es gibt weder ein Verfahren noch eine Logik der Entdeckung. Ideen können auf jede denkbare Weise entstehen, und die Art und Weise oder die Ordnung, in der sie das tun, verleiht ihnen weder Privilegien noch eine Priorität. Man kann lediglich in etwas unbestimmter Weise sagen, daß es gut ist, wenn ein Denker sich in ein Problem versenkt; aber weder die Versenkung noch die Nicht-Versenkung ist irgendeine Art von Garantie für eine erfolgreiche Entdeckung.

Diese Theorie sollte der Unterstützung des Rationalismus dienen, und in der Tat ist es möglich, nach diesen Grundsätzen ein Modell der Wissenschaft zu konstruieren. Das Modell enthält dann keinerlei Schritte, die auf Gutglauben unternommen werden müssen. Ideen und Theorien werden an dem einen und Daten an dem anderen Ende eingegeben; es wird zunächst einmal nicht erwartet, daß diese Eingabe von Ideen selbst irgendwelchen Kriterien der Rationalität genügt, und so kann sie ihnen gar nicht *nicht* genügen. Aber die Konfrontation von Ideen und Daten folgt den Regeln einer offensichtlichen, evidenten, einleuchtenden und zwingenden Logik. Das *ist* Wissenschaft. Also ist Wissenschaft rational; quod erat demonstrandum.

Das hat natürlich seinen Preis: Die Wissenschaft darf jetzt nicht mehr als Lieferant verläßlicher Wahrheiten angesehen werden, sondern nur noch als verläßlicher Eliminator von Falschheiten. Es

gibt keine feststehenden Wahrheiten. Diese sind nur definitiv feststehende Falschheiten. Es bleibt immer ein unendliches Reservoir
an noch nicht eliminierten Ideen, und jede Unterscheidung, die wir
unter diesen einstweilen überlebenden Kandidaten treffen, ist
selbst wiederum aus der eigentlichen Wissenschaft und aus den
Anforderungen der Rationalität ausgeschlossen.

Die Idee einer konkreten Aktivität, die einem solchen Rezept
genügt, widerspricht sich nicht selbst. Zweifellos könnte es eine in-
stitutionalisierte Forschung geben, die strikt auf diese Weise durch-
geführt würde. Es könnte eine intellektuelle Gemeinschaft geben,
die sich der Formulierung interessanter Ideen und ihrer Überprüfung widmet und sich für die Eliminierung aller Ideen einsetzt, die
geprüft und für mangelhaft befunden worden wären. Diese Gemeinschaft hätte keine strenge Bindung an irgendwelche Ideen,
obgleich sie eine persönliche Bindung individueller Mitglieder an
diese oder jene Theorie zulassen könnte, solange sie nicht zu einer
unbilligen Protektion der besagten Theorie auf der Grundlage un-
beweisbaren Materials führen würde.

Aber eine solche Aktivität hätte nur eine sehr entfernte Beziehung zu der Aktivität, die in unserer Gesellschaft als Wissenschaft
anerkannt ist. Diese besteht aus einem Corpus an Lehren, das nicht
einfach eine willkürliche Untergruppe aller bisher noch nicht eliminierten Ideen ist. Es ist statt dessen ein Corpus, das entweder für
wahr gehalten wird oder doch jedenfalls für der Wahrheit nahe genug, um zu rechtfertigen, dafür Leben und Vermögen zu riskieren.

Der praktische Aspekt der Wissenschaft und das Vertrauen in
die Anwendung wohlformulierter Ideen der Wissenschaft oder des
gesunden Menschenverstandes sind deshalb der Gefahr ausgesetzt,
dem Irrationalen zugeschlagen zu werden: Das ist der Preis, der für
Poppers vollständige Rationalisierung einer sehr reinen Wissenschaft gezahlt werden muß. Es ist sehr schwer zu erklären, in welchem Sinne diese Überzeugungen tatsächlich rational sind: Die
Zuweisung numerischer Wahrscheinlichkeiten an ganze Hypothesen oder Theorien hat etwas überaus Künstliches. Eine merkwürdige Wirkung von Poppers Versuch, die Wissenschaft für die Rationalität zu retten, besteht darin, daß er sie zwar erfolgreich für eine
»reine« Wissenschaft sichern kann, für eine Wissenschaft, die nach

seinem Rezept gereinigt worden ist, gleichzeitig aber die Irrationalität unseres Glaubens an die sehr ausgedehnte und wichtige praktische Anwendung der Wissenschaft erst richtig hervorhebt, die normalerweise als ihr integraler Teil behandelt wird.

Dieser Punkt wird durch eine weitere häufige Kritik an Popper unterstrichen: Selbst die Rationalisierung der »reinen« Wissenschaft, ihre Reduktion auf Operationen, die strikt und einfach logisch sind, hängt von der Verfügbarkeit »harter« Daten ab, unzweideutiger, von außen und unbezweifelbar gelieferter »Tatsachen«. Aber die Art von »Tatsache«, die sehr allgemeine Theorien bestätigt oder nicht bestätigt, ist gewöhnlich äußerst verschiedenen Interpretationen ausgesetzt. Individuelle Tatsachen sind »Theorie-gesättigt«, und jede einzelne widerspenstige Tatsache kann leicht, wie ein gefangener Spion, »umgedreht« und in einer Weise neu interpretiert werden, die sie zwingt, sich der Theorie zu fügen. Wenn dies so ist, erweist sich das hübsche und inspirierende Poppersche Bild von der Eliminierung großer Theorien durch eine einzelne tapfere, trotzige Tatsache als Mythos. Wenn aber eine einzelne Tatsache nichts tun kann, wie viele gewaltsam »konvertierte«, neu interpretierte Tatsachen kann eine Theorie ertragen?

Diese beiden Erwägungen stellen die wichtigsten Einwände gegen das Poppersche Unternehmen dar. Sie haben Forscher, die in der Tradition Poppers gearbeitet haben, wie I. Lakatos und P. Feyerabend, dazu gebracht, Modifikationen zu entwickeln, die im Falle Feyerabends zu unumwundenen und schamlosen Formen des Irrationalismus geführt haben. Lakatos hat erkannt, daß sehr abstrakte wissenschaftliche Theorien weniger Hypothesen sind, die mit einem einzigen Gegenbeispiel stehen oder eher fallen, als vielmehr »Forschungsprogramme«, d.h. abstrakte Schemata, die spezifische Theorien inspirieren, selbst aber nicht solchen direkten Konfrontationen mit der Wirklichkeit ausgesetzt sind. Deshalb hat er eine etwas sperrige Menge von Kriterien entwickelt, die uns zu einer rationalen Einschätzung von rivalisierenden »Forschungsprogrammen«[45] leiten sollen. Die Anwendung der Kriterien ist tendenziell eine etwas provisorische Angelegenheit. Am Ende ist es schwierig, sie als etwas anderes zu sehen denn als einen Beinahe-Verzicht auf den Versuch, der Wissenschaft eine rationale Grundlage zu verschaffen.

Im Falle Feyerabends ist der Irrationalismus offen und einge-standen, man kann sogar sagen: bewußt und bockig provokativ. Er übernimmt enthusiastisch den Schlachtruf *anything goes*, um die Ansicht auszudrücken, daß es keine rationalen kognitiven Verfah-ren gibt und daß alle Verfahren und sogar Schlußfolgerungen glei-chermaßen gültig (oder ungültig) sind. Die Darlegung und der Be-weis seiner Ansicht beruht auf der Annahme, schon bewiesen zu haben, daß tatsächlich *anything goes*, so daß alle Behauptungen, Fol-gerungen, Widersprüche usf. erlaubt seien und infolgedessen er, Feyerabend, keinen Fehler begehen könne. Sobald ihm ein solches Prinzip erst einmal zur Verfügung steht und ihm alle kognitiven Freiheiten gewährt (obgleich, wie es scheint, nicht seinen Kriti-kern), ist es für Feyerabend natürlich sehr einfach, seine eigenen (oder überhaupt alle) Schlußfolgerungen als gesichert hinzustellen. Es ist ein bißchen wie ein auf den Kopf gestellter Descartes. Descar-tes glaubte, er habe sich einer göttlichen Unterstützung für alle sei-ne eigenen und deutlichen Ideen versichert (nachdem er einige von ihnen dazu verwendet hatte, eine solche Garantie zu sichern), und machte sich dann glücklich an die Aufgabe, seine gesamte logische Intuition zu verwenden. Feyerabend gewährt sich selbst eine Uni-versalgarantie für jede Behauptung (weil ja »alles geht«), und mit deren Hilfe stellt er es als feststehende Wahrheit hin – ohne allzu viel Schwierigkeiten, was nicht weiter überraschend ist –, daß die Welt der Erkenntnis alle seine Ansichten unterstützt. Er hat ein Spiel erfunden, in dem er nicht verlieren kann.

Obgleich das Buch selbst eine absurde und etwas hysterische Übung ist, die in einem erklärt dadaistischen Stil vorgetragen wird, enthält es einen ernstzunehmenden Punkt: Sobald man einmal die Poppersche Ansicht übernimmt, daß das rationale Element in der Wissenschaft eher in der Eliminierung als im Beweis von Theorien besteht und wir aus den verfügbaren Daten niemals Theorien mit einem offenen Ende folgern können, wird es sehr schwer, unseren wesentlichen Überzeugungen eine rationale Rechtfertigung zu ge-ben. Nicht so sehr, daß »alles geht«, ist das Problem, sondern daß es schwierig wird zu erklären, warum dieses *nicht* so ist.

Gegenströmungen

Der Absolutismus kehrt aus pragmatischen Gründen wieder

Das hochgerühmte und überaus einflußreiche Werk von Thomas Kuhn, *Die Struktur wissenschaftlicher Revolutionen*[46], ähnelt dem Poppers in zumindest einer Hinsicht: Es ist ganz gewiß nicht mit irgendeiner bewußten irrationalistischen Tendenz geschrieben worden. Nichstdestoweniger hat es bedeutsame und kräftig ausgebeutete irrationalistische Implikationen. Es stellt außerdem ein bezeichnendes Beispiel für eine Argumentation dar, die man auch anderswo antrifft, in verschiedenartigen Terminologien, aber mit derselben zentralen Idee.

Kuhn attackiert primär die individualistische Mythologie der Wissenschaft: die von der Popperschen und vor-Popperschen Philosophie der Wissenschaft gleichermaßen geteilte und letztlich auf Descartes zurückgehende Geschichte von einem *individuellen* Forscher, der vor gewissen Daten steht und versucht, ihnen im Rahmen einer Theorie einen Sinn zu geben. Die individualistische Annahme wird ebenso von den »Induktivisten« wie von ihren Popperschen Opponenten verfochten. Erstere nehmen an, daß der einsame Held zuerst seine Daten sammelt und sich *danach* von ihnen zu einer Theorie leiten läßt. Letztere stellen den Forscher so dar, daß er zunächst eine Theorie aus dem Hut zieht und sich *dann* tapfer an die Aufgabe macht, diejenigen Daten herauszusuchen, die ihr am stärksten zusetzen könnten.

Kuhn behauptet, daß es so gerade nicht geschieht. Forscher leben in Gemeinschaften. Sie denken in Termini eines gemeinsam vorausgesetzten Bildes, das Kuhn ein »Paradigma« nennt. Sie stellen Paradigmen nicht in Frage: Die Zugehörigkeit zu der Forschergemeinschaft ist durch die Treue zum Paradigma sowie die Fähigkeit und Bereitschaft definiert, Daten dem Paradigma anzupassen.

Warum muß dies so sein? Daten sind so vielfältig, chaotisch und mehrdeutig, daß ohne ein solches, allgemein akzeptiertes Paradigma nur Streit und Chaos herrschen würden. Dies ist, nach Kuhns Beobachtungen, unter den vor-paradigmatischen und infolgedessen vor-wissenschaftlichen Sozial»wissenschaften« tatsächlich der Fall. Nur die Ordnung, die willkürlich vom Paradigma herbeigeführt wird, beschränkt die Möglichkeit endloser interpretativer Alternativen und macht dadurch ordentliche Forschung möglich. Es wäre nicht möglich, sie durch rationale Mittel auszuschließen. Also geschieht es durch das nicht-rationale, autoritäre Paradigma. Nur auf diese Weise ist eine kumulative, vergleichende Arbeit möglich. Die Möglichkeit von Wissenschaft beruht auf Ordnung und nicht auf Freiheit. Ohne den Paradigma-Souverän wäre das Leben der Ideen einsam, armselig, ekelhaft, tierisch und kurz[47]. Nur dank dem Frieden, den das Paradigma gewährleistet, können sie tatsächlich leben, kooperieren und wachsen.

Ist demnach das Paradigma selbst unsterblich? Was geschieht, wenn es stirbt? Herrscht es für immer? Keineswegs. Das Paradigma muß sterben. Es kommt eine Zeit, da das Paradigma sich stetig wachsenden und sich vervielfältigenden Schwierigkeiten gegenüber sieht, die es am Ende überwältigen. Dies ist als Revolution bekannt und wird durch die Inthronisation eines neuen Paradigmas beendet. Wie in Nemi[48] sichert sich das Paradigma, das seinen geschwächten und immer schwächer werdenden Vorgänger erschlägt, die Nachfolge. Das Land wird unter einem neuen und kräftigen Herrscher wieder erblühen. Das Paradigma ist tot; lang lebe das Paradigma!

Thomas Kuhn untermauert sein Argument durch eine Erwägung, die seine gesamte Ausführung durchzieht: daß wir die Realität niemals direkt, sondern *nur* mit Hilfe eines Paradigmas sehen können. Es gibt keinen direkten, Paradigma-freien Zugang zur Wirklichkeit. Nur die von einem Paradigma auferlegte Ordnung erlaubt einem Beobachter, eine Aussage mit der Welt zu vergleichen und zu entscheiden, ob die beiden übereinstimmen oder nicht. So werden unsere Ideen niemals direkt mit der Realität konfrontiert, sondern nur durch die Vermittlung eines Paradigmas. Weil dies so ist, kann kein Paradigma als solches jemals direkt mit

134

der Realität konfrontiert werden. (Es bedürfte eines weiteren Paradigmas, um das zu tun ...) Der Souverän kann kein Unrecht tun, denn es bedürfte eines anderen Souveräns, um sein Tun dazu zu erklären.

Kuhn beharrt aus höchst plausiblen Gründen darauf, daß Paradigmen miteinander »inkommensurabel« seien: Es gibt kein gemeinsames Idiom oder Maß, um das eine Paradigma mit dem anderen zu vergleichen. Modifikationen, die in demselben Idiom dargestellt und infolgedessen rational begründet werden können, bleiben *ex hypothesi* innerhalb desselben Paradigmas. Es ist eine Verlagerung auf ein neues und inkommensurables Idiom, was eine Revolution, einen Paradigmenwechsel ausmacht. Wenn dies aber so ist, können solche Wechsel, begriffliche Quantensprünge, um eine modische Metapher zu verwenden, nicht rational eingeschätzt werden.

Dies ist in sich überzeugend und folgt jedenfalls aus der Behauptung, daß wir die Wirklichkeit nur durch Paradigmen wahrnehmen können. Das einzig mögliche gemeinsame Idiom, in dessen Termini die Verdienste von Paradigmen verglichen und eingestuft werden könnten, wäre die Realität selbst: Das Paradigma, das näher an der Realität wäre, wäre dann natürlich das bessere. Aber ein solcher Vergleich zwischen Paradigma und Realität ist *ex hypothesi* ausgeschlossen: Die Realität kann nur *durch* Paradigmen begriffen werden. Deshalb kann die Erklärung, das eine Paradigma sei besser oder wahrer als ein anderes, keinen Sinn haben. Dies würde den Vergleich des einen Paradigmas mit der paradigmafreien Realität erfordern. Aber wir haben keinerlei Zugang zu dergleichen: Paradigmen sind zum unentbehrlichen Werkzeug der Realitätswahrnehmung erklärt worden. Also müssen inter-paradigmatische Vergleiche selbst ins Reich des Irrationalen verwiesen werden. Das stellt eine strikte Parallele zu der Ansicht dar, daß dann, wenn Moralität und Legalität nur der Wille des Souveräns sind und sein können, einer moralischen oder legalen Ordnung, die *zwischen* souveränen politischen Einheiten herrscht und *über* Souveräne zu Gericht sitzt, kein Sinn beigemessen werden kann. Das Argument für die absolute Autorität des politischen Souveräns gleicht dem Argument für die Autorität kognitiver Souveräne, d.h. Paradigmen. Die absolute Unterwerfung unter eine Autorität wird am Ende, wie bei Hobbes, nicht deshalb akzeptiert, weil sie göttlich geboten ist, sondern weil unsere weltliche Problemlage es erfordert. Diesseitige pragmatische Erwägungen und nicht Verehrung für die Offenbarung führen uns zum Absolutismus.

Wenn diese Prämissen einmal gegeben sind, ist kein Entkommen vor der irrationalistischen Schlußfolgerung mehr möglich. Kuhn selber scheint seine kraftvoll formulierte Theorie der inkommensurablen und infolgedessen souveränen Paradigmen mit dem festen Glauben an wissenschaftlichen Fortschritt zu verbinden — mit anderen Worten mit der Überzeugung, daß spätere Paradigmen schließlich doch besser als frühere seien. Es gibt natürlich kein Gesetz, das einen Autor daran hindert, widersprüchliche Ansichten zu vertreten, wenn er glaubt, psychologisch dazu gezwungen zu sein. Aber es gibt keine logische Möglichkeit, diesen optimistischen Glauben mit Kuhns eigener zentraler Ansicht in Übereinstimmung zu bringen.

Eine Position, die der Kuhns sehr ähnlich ist, obgleich sie in einer ganz anderen Terminologie formuliert wurde, hat viel früher in diesem Jahrhundert der Philosoph, Historiker und Archäologe R.G. Collingwood vertreten[49]. Er behauptete, daß die Fragen, die in jeder Epoche des menschlichen Geistes gestellt wurden, nur vor dem Hintergrund »absoluter Voraussetzungen« jener Zeit einen Sinn besäßen. Diese Voraussetzungen selbst blieben unbezweifelbar — obgleich sie nicht ewig währten und zu gegebener Zeit ersetzt wurden. Wie Kuhns Paradigmen, denen sie äußerst ähnlich sind, bildet die Abfolge dieser absoluten Voraussetzungen eine progressive Reihe, obgleich sie miteinander unvereinbar sind: Es gibt einfach kein drittes, vermittelndes Idiom, in dessen Termini sie miteinander verglichen und gemessen werden könnten. In Collingwoods wie in Kuhns Fall entsteht diese Sackgasse durch die Verbindung zweier Einsichten: der Abhängigkeit intellektueller und kognitiver Aktivität von einem gesellschaftlich gestützten begrifflichen Hintergrund, der historisch, kontingent und zeitlich beschränkt ist, *und* der Überzeugung, daß es nichtsdestoweniger so etwas wie einen wissenschaftlichen Fortschritt gibt.

Der Kuhnsche Irrationalismus — ob er von Kuhn persönlich nun unterstützt wird oder nicht — mit seiner Berufung auf die Inkommensurabilität sukzessiver wissenschaftlicher Anschauungen ist in der Hinsicht interessant und wichtig, daß er einer anderen modischen Form des Irrationalismus ähnelt: der Mystik inkommensurabler und sich selbst erhaltender *Kulturen*. Was hier häufig über Kulturen als angeblich nicht vergleichbare Totalitäten gesagt wird, wird von Kuhn im Hinblick auf einander ablösende Anschauungen innerhalb der Wissenschaft angewendet.

Die Souveränität der Kultur

Einer der einflußreichsten Philosophen des 20. Jahrhunderts ist Ludwig Wittgenstein. Seiner besonderen Version des Irrationalismus kann man sich vielleicht am besten durch einen Blick auf die geistige Situation in den letzten Jahrzehnten der Habsburgermonarchie annähern, deren etwas exzentrisches, obgleich keineswegs untypisches Produkt Ludwig Wittgenstein war.

In der Habsburgermonarchie gab es eine besonders akute Form des Konfliktes zwischen den Anhängern der *Gesellschaft* und den Anhängern der *Gemeinschaft*. Der erste Ausdruck vermittelt den Begriff einer offenen Gesellschaft anonymer Individuen, die eher durch Vertrag als durch Status miteinander in Beziehung stehen, die für einen freien Markt sowohl von Gütern als auch Ideen eintreten, die frei ihre eigenen Ziele verfolgen und nur eine leichte und provisorische Bindung an einen kulturellen Hintergrund haben, sei es des Essens, des Dialekts, der Kleidung oder der Religion. Diesem Liberalismus steht die romantische Mystik einer geschlossenen kulturellen Gemeinschaft gegenüber, deren Mitglieder ihre Erfüllung gerade in ihrer Eigenart und Unterschiedlichkeit und den gefühlsmäßigen, ganz persönlichen, wenn auch hierarchischen Beziehungen fanden, die in ihr bestanden. Dieser Gegensatz durchdringt das Denken des 19. und 20. Jahrhunderts und wurde mit besonderer Schärfe in Mittel- und Osteuropa empfunden.

Es gab gute und einsichtige Gründe, warum er besonders intensiv in dem polyethnischen, sozial mobilen und gleichwohl hochstratifizierten, wettbewerbsorientierten österreichisch-ungarischen Reich empfunden wurde. Kosmopolitische, ökonomisch erfolgreiche, aber ethnisch entwurzelte und in ihrem Status bedrohte Individuen fühlten sich zum Liberalismus hingezogen, der ihnen erlaubt hatte aufzusteigen und ihnen Anerkennung versprochen hatte; die Anhänger des neuen, ethnischen Nationalismus dagegen neigten zur romantischen Alternative der Rückkehr zu einer geschlossenen Gemeinschaft, die nicht nur den Schutz der Produkte, sondern vor allem der (ethnischen) Kulturen erzwingen wollte. Jede der Anschauungen hatte ihre eigene, ganz deutliche Auffassung sowohl von der Erkenntnis als auch vom Verhalten. Für die Liberalen war Verhalten die Verfolgung persönlich gewählter Ziele durch rationale, instrumentell wirksame Mittel; für die Romantiker war es das Durchspielen einer Rolle innerhalb eines größeren *gemeinschaftlichen* Szenarios, einer Rolle, die zur Fortdauer der gesamten Gemeinschaft beitrug, die ihrerseits der Rolle und ihrem Träger Bedeutsamkeit und Wert verlieh. Für die Liberalen war Erkenntnis die freie Bestätigung von Theorien, durch nichts anderes eingeschränkt als die Verpflichtung, Tatsachen zu respektieren; für die Romantiker war wirkliche Erkenntnis eine vielsträngige Aktivität, die ihren Teil zur Verewigung einer lebendigen Kultur, ihrer Werte, ihrer Hierarchie beitrug. Sie war nicht abstrakt und universal, sondern konkret und Teil des gesellschaftlichen Lebens.

Es gibt kaum einen Hinweis darauf, daß sich Ludwig Wittgenstein bewußt und direkt mit dieser Konfrontation in ihren expliziten, herkömmlichen, sozio-politischen und kulturellen Termini befaßt hat. Es ist höchst zweifelhaft, ob er je in diesen Begriffen über sie nachgedacht hat. Nichtsdestoweniger liefert diese Konfrontation den besten und vielleicht einzigen Bezugsrahmen für ein Verständnis seiner eigenen, höchst merkwürdigen Entwicklung. In seiner Jugend war er zunächst Ingenieur und dann, unter dem Einfluß seiner weiteren Ausbildung in England, Logiker. Er war außerdem, auf einer nach professionellen Maßstäben der damaligen Zeit relativ bescheidenen Ebene, Mathematiker. Als er anfing, sich für Probleme der Logik und der Grundlagen der Mathematik zu interessieren und infolgedessen für die Beziehung von Sprache zu Wirklichkeit, entwickelte er eine Theorie der Sprache und des Denkens. Diese Theorie sollte sowohl erklären, wie sich Sprache auf Wirklichkeit beziehen konnte, als auch, wie Mathematik überhaupt möglich war. Die erste Leistung wurde mittels einer angeblichen Ähnlichkeit der Struktur der Welt und der Sprache erklärt, mit anderen Worten, durch eine »Echo«- oder »Spiegelbild«-Theorie der Bedeutung. Das zweite Problem wurde durch die Behauptung gelöst, daß sich Logik und Mathematik nur mit der Form und nicht mit dem Inhalt des Denkens befaßten. Wenn Logik und Mathematik nichts über die Welt, über den objektiven Inhalt unserer Behauptungen präjudizierten, dann wurde die notwendige *Zwangs*natur des logischen und des mathematischen Beweises verständlich und hörte auf, ein tiefes Geheimnis zu sein. Mathematische Wahrheit war zwingend, weil sie nichts sagte. Mathematischer Zwang wurde dadurch sozusagen domestiziert und unschädlich gemacht.

Diese Theorie setzte offensichtlich einfach *voraus*, daß sich Sprache ernsthaft nur mit faktischer Bezugnahme und formaler Folgerung befaßt, d.h. mit etwas, was *allen* Menschen ungeachtet ihrer Kultur gemeinsam ist. Kulturelle Eigenart hatte nichts mit dem eigentlichen Denken oder dem Wesen der Sprache zu tun. Unbewußt war diese ganze Übung tief cartesianisch und individualistisch: Sie befaßte sich mit den Zwängen, die die Logik und die Realität dem Denken und der Sprache auferlegten, unabhängig von jeder Kultur, deren Einfluß unberücksichtigt blieb oder verworfen wurde. Wieder einmal waren *Gewohnheit und Beispiel* in Ungnade gefallen. Wenn sich wahre Denker treffen, teilen sie einander Ideen mit und befassen sich nicht mit der Intonation, dem Haarstil, Schottenmustern oder Klubkrawatten. Das ist das allgemeine Bild. Dafür wurden keine Gründe angeführt, das wurde einfach vorausgesetzt: Es sollte ein Problem gelöst werden, das einfach in solchen Ausdrücken formuliert wurde, die nicht in Frage gestellt wurden.

Diese Theorie brachte die zugrundeliegenden Intuitionen der Anhänger der Gesellschaft beinahe perfekt zum Ausdruck. Wittgensteins frühes Werk führte für diese Annahmen über Gedanken, Erkenntnis und Sprache, die der liberal-universalistischen Tradition entstammten, keinerlei *Argumente* an. Er hielt sie für selbstverständlich. Wirkliches Denken befaßte sich mit einer allen gemeinsamen Realität. Die kulturelle Eigenart stellte eine Art irrelevanter Verzerrung, ein Rauschen dar und wurde in seinem Werk mit einer einzigen abschätzigen Bemerkung beiseite geschoben. Es gebe, so lehrte er, eine universale Form des Denkens und der Sprache, die mit nichts anderem befaßt sei als der Widerspiegelung objektiver Tatsachen und der Auferlegung logischer Form. Diese universale Struktur werde durch das Zeichensystem der formalen Logik wiedergegeben, wie es von Russell und Whitehead entwickelt worden war, und sei ganz und gar unveränderlich. Kulturelle Eigenarten natürlicher Sprachen sind für Wittgenstein irrelevante Zusätze und erhielten nur wenig spezifischen Kommentar. Sie spielten im Geschäft der Sprache oder des Denkens keine Rolle. Die Auslassungen und Hinzufügungen, für die sie verantwortlich waren, wurden von Sprechern und Hörern, wenn sie den eigentlichen Sinn einer Behauptung übermittelten oder verstanden, stillschweigend unberücksichtigt gelassen und kompensiert. Und selbst wenn Wittgenstein sich im Schlußteil seines frühen Werks mit dem »Mystischen« befaßt, wird angenommen, daß es in allen Menschen unveränderlich sei. Die Kultur wird nicht nur ihres Einflusses auf unsere rationale Erkenntnis, sondern gleichermaßen auf unsere unaussprechliche Beziehung zur Existenz beraubt.

Dies also war Wittgensteins »frühe« und später verworfene Anschauung [50]. Weltweiten Einfluß erlangte Wittgenstein freilich nicht durch diese frühen Ansichten, die nur eine relativ bescheidene und auf Fachleute beschränkte Anerkennung erhielten, sondern durch seine spätere oder »reife« Philosophie. Wenn seine frühe Philosophie keinen Raum für kulturelle Eigenart ließ, ließ seine spätere Philosophie Raum für nichts anderes mehr. Die kulturelle Eigenart wird König. Nach der späteren Ansicht feierten Sprachbenutzer hauptsächlich, wenn auch in einer großen Vielfalt von kontextgebundenen Arten, ihre sprachliche Gemeinschaft. Wittgenstein hatte seine Position jetzt dramatisch umgekehrt. Hatte Marx Hegel umgestülpt und Nietzsche so ziemlich dasselbe mit Schopenhauer getan, dann kommt Wittgenstein die ungewöhnliche Auszeichnung zu, *sich selbst* umgestülpt und dabei großen Ruhm geerntet zu haben.

Die formale und oberflächliche Darstellung seiner Philosophie erweckt den Eindruck, daß Wittgenstein sich zur *Gemeinschaft* eher hingetrieben als hingezogen fühlte. Die innere Unakzeptierbarkeit der *gesellschaftlichen* Theorie der Sprache, die er mit einem geradezu komischen, absoluten Vertrauen in seiner Jugend dargelegt hatte, führte ihn zu der in seinen Augen *einzig* möglichen Alternative. Die Verfügbarkeit von nur zwei Optionen war natürlich eine wesentliche Prämisse für das Argument, welches den Kern seiner philosophischen Entwicklung bildete[51]. Wenn es nur zwei Möglichkeiten gibt und sich eine von ihnen als falsch erweist, dann besitzt die andere das Erdreich.

Die universalistische, symmetrische, rein objektbezogene, begrifflich vereinheitlichte, atomistische Theorie der Sprache wurde aus obskuren und technischen Gründen verworfen. Sie funktionierte einfach nicht, und es erwies sich als schlicht unmöglich, das einfache und elegante Schema, das sie bot, mit der wirklichen Praxis des Sprechens in Beziehung zu setzen. Aber verborgen unter dem offenen Argument des »Hingetrieben-Werdens«, weg von der unakzeptablen Alternative, gab es auch eine positive Anziehung, ein Hingezogenwerden *zu der* Option, die er schließlich akzeptierte. Die verworfene Theorie der Sprache gehörte eindeutig in die rationalistische Tradition, insofern sie ein klares Versprechen enthielt, die Beziehung der Sprache zur Welt zu erklären und zu rechtfertigen. Unsere Fähigkeit, die Welt in Worte zu fassen, sollte nicht einfach akzeptiert und als selbstverständlich hingenommen werden, sondern ihre Gründungsurkunde erhalten, und Wittgensteins *Tractatus* sollte diese Urkunde sein. Sie erklärte sich selbst sowohl für unbezweifelbar gültig als auch am Ende, daß sie jenseits der Reichweite von Worten und artikulierter Sprache stehe. Es war wirklich eine seltsame Urkunde. Wer sie benutzte, stand vor der drohenden Alternative, sie entweder nicht verstanden zu haben oder sich von ihr zu distanzieren, wenn er ihre Lektüre beendet haben würde: Wittgenstein erklärte, daß ihre Ideen *sowohl* über jeden Zweifel erhaben *als auch* sinnlos seien und daß sie deshalb als solche von allen, die ihn verstünden, hinter sich gelassen werden sollten. Gleichwohl, bei all ihrer Seltsamkeit war sie doch eine Gründungsurkunde. Diese Option lieferte eine irrationalistische Darstellung ihrer eigenen Legitimität.

Die später entdeckte und akzeptierte alternative Option enthielt kein derartiges Versprechen eines rationalen Beweises oder einer rationalen Rechtfertigung. Nichts wurde erklärt oder gerechtfertigt, nichts konnte erklärt oder gerechtfertigt werden: Alles konnte nur beschrieben und akzeptiert, konnte nur als *Gewohnheit und Beispiel*, als »Lebensform« hingenommen werden. Die Gemeinschaft rechtfertigt sich selbst: Sie verbindet sich nicht mit einem universalen Transzendenten. Sie ist sich selbst genug. Sie rechtfertigt sich trotz, ja wegen ihrer Eigenart.

An diesem Punkt akzeptierte Wittgenstein eine andere Hypothese, die er selbst als eine feststehende Wahrheit behandelte, nicht als eine Ahnung, und fügte ihre Annahme in die impliziten Definitionen seines Systems ein. Er verwandelte sie in eine unmittelbare und unausweichliche Folge seiner Definitionen und Verfahrensprinzipien. Auch seine Nachfolger behandelten sie eine Zeitlang als feststehende Wahrheit und als Basis einer vermeintlichen philosophischen Offenbarung. Diese Hypothese lautete: Die Faszination, die schwierige und praktisch unbeantwortbare Fragen auf einige Menschen ausgeübt haben, die Sehnsucht nach Erleuchtung und Beweis, die unsere grundlegenden (kognitiven, moralischen und anderen) Praktiken rechtfertigen würden, entspringt einfach der Anziehungskraft jener mißverstandenen universalistisch-liberalen Theorie der Sprache, die Wittgenstein soeben verworfen und als *den* Fehlschluß enthüllt hatte, der aller früheren Philosophie zugrundelag. Er projizierte praktisch seine eigene, sehr eigentümliche Entwicklung auf die gesamte Geschichte des Denkens. Infolgedessen war die Empfehlung, sich genauer Beobachtung des wirklichen üblichen Gesetzes der eigenen Sprache zu widmen und sie ohne weitere Suche nach Beweisen oder einer allgemeinen Struktur zu akzeptieren, auch ein Rezept, um philosophische Verwirrung und Ängste zu *heilen*. Der philosophische oder rationalistische Trieb zu Beweis oder Rechtfertigung konnte niemals zu einer Erfüllung gelangen. Rationalismus ist eine Krankheit. Es gibt keine Antwort; es gibt nur eine Therapie für die Versuchung, die Frage zu stellen. Dies ist eine der bizarrsten und extremsten Formen des Irrationalismus unserer Zeit.

Man beachte, daß Wittgenstein diesen impliziten Kult der *Ge-*

meinschaft in einer doppelt indirekten Weise erreichte. Zunächst einmal geschah es durch eine Verneinung, die Eliminierung der angeblich einzigen Alternative, nicht durch irgendeine positive Erwägung. Das ist immer ein verdächtiges Verfahren. Es gibt keinen Grund, die Behauptung zu akzeptieren, daß es nur diese beiden und keine weiteren Optionen gebe. Wittgenstein hat nicht gezeigt oder irgendwelche direkten Argumente angeführt, um uns zu überzeugen, daß wir nur in einem gemütlichen und sich selbst rechtfertigenden Kokon begrifflicher Gewohnheit, der in einem gegebenen System der Umgangssprache verkörpert ist, leben, leben können oder leben sollen. Er hat lediglich versucht, uns durch diese Tür zur zwingen, indem er ohne jeden Beweis darauf beharrte, daß nur eine andere Tür zu Verfügung steht und diese andere Tür für immer verschlossen bleiben muß.

Aber mehr als das: Er hat sich nicht auf die Gesellschaft als solche konzentriert. Er redete über Sprache. Es gibt, soweit ich weiß, keinen Hinweis darauf, daß er jemals direkt an die Opposition von Gesellschaft und Gemeinschaft gedacht hat, die eine solche Gewalt über die politische und philosophische Einbildungskraft so vieler seiner Landsleute und Zeitgenossen ausgeübt hat. Aber er muß diese große Trennung unbewußt in sich aufgenommen haben; und als das universalistisch-liberale Modell der Sprache versagte, wandte er sich der angeblich einzigen verfügbaren Alternative zu, die nur auf ihre Chance zu warten schien. Er verkaufte dann seinen Gefolgsleuten ein Ethos der geschlossenen Gemeinschaft, obgleich nicht unter diesem Namen, sondern verpackt als eine angeblich revolutionäre Wahrnehmung der wahren Natur der Sprache. Ohne jemals den geringsten Beweis dafür zu liefern, behauptete er, daß diese Ansicht ein Rezept für die »Auflösung« aller philosophischen Probleme enthalte (das heißt aller Probleme, die die Rechtfertigung der Prinzipien betreffen, die wir in unseren verschiedenen Aktivitäten verwenden). Wenn es tatsächlich wahr wäre, daß die geschlossene und in ihrer Eigenart gefangene Gemeinschaft begrifflich souverän, endgültig, selbstgenügsam ist, dann wäre eine solche Schlußfolgerung tatsächlich korrekt. Kehret zu Brauch und Totem zurück, denn dort werdet ihr die einzige Rechtfertigung finden, die jemals gegeben werden kann. Diese seltsame sozio-politische Lehre, »mit ein bißchen anderen Worten« formuliert, wurde unter dem Deckmantel einer Theorie der Sprache vorgeschlagen. Auf diese Weise wird eine Ansicht über die Gesellschaft im Windschatten einer Theorie der Sprache eingeschmuggelt. Die Gemeinschaft gewinnt die Oberhand durch Nichterscheinen des Gegners: Keine transkommunale, universell rationale Form des Denkens ist möglich.

Wenn dies so ist, dann sind alle philosophischen Probleme auf einen Schlag gelöst: In ihren Sprechgewohnheiten, die die Bewertung von Wahrheit und Unwahrheit, von gut und schlecht, von Schönheit und Häßlichkeit einschließen, präjudizieren die Menschen unausweichlich und vor allem *treffend* die Antwort auf philosophische Probleme. Wenn die begriffliche oder verbale Gewohnheit, durch die sie das tun, sich tatsächlich selbst rechtfertigt und die einzige Rechtfertigung ausmacht, die man überhaupt jemals erlangen kann — also gut, dann laßt uns unsere Sprachgewohnheiten studieren und ihre impliziten Urteile akzeptieren.

Auf diese Weise wurde die Gemeinschaft nicht direkt empfohlen: Wittgenstein sagte niemals ausdrücklich, daß die Wiener ihre Megalopolis verlassen und in ein Tiroler Dorf, eine balkanische *zadruga*, in das *Stetl*, eine Kolchose oder einen Kibbutz zurückkehren sollten; er empfahl niemals das Tragen von Lederhosen oder das Tanzen der *hora*. Er war niemals ganz so konkret oder direkt. Er empfahl den Intellektuellen aus Wien, Cambridge und anderswo, deren begriffliches Leben dem Modell der Gesellschaft unvermeidlich weit näher stand als dem der Gemeinschaft, sich angesichts der Legitimationskrisen ihrer eigenen Praktiken, wenn sie zum Beispiel (irrtümlicherweise) die Rechtfertigung mathematischer, empirischer oder moralischer Folgerung suchten, so zu verhalten, *als wenn* sie Mitglieder einer geschlossenen Gemeinschaft wären, unberührt durch die jahrhundertealte Suche nach Normen, die transethnisch und transkulturell sein sollten, und deren Autorität nicht lediglich die des *clan*-Totems war. Sie sollten ihre eigene Gewohnheit als letztgültig ansehen. Einer cartesianischen Zivilisation, die Jahrhunderte lang von einer ständigen Kritik an »Gewohnheit und Beispiel« gelebt hatte, wurde geraten, die Lehre zu akzeptieren, daß es keine andere Art von Rechtfertigung unter der Sonne gab und geben könnte. Man hörte ihm hingerissen zu, vor allem in Oxford, und seine Theorie wurde eine Zeitlang als die endgültige Entmystifizierung, Selbstverwirklichung und Kulmination der Philosophie gefeiert.

Als Darstellung der Sprachen des Primitiven vor jeder Lese- und Schreibfähigkeit, vor der Entstehung einer komplizierten Arbeitsteilung, der dogmatischen Theologie und begrifflichen Zentralisierung, ist dieses keineswegs schlecht, obgleich es nicht als solches präsentiert worden ist; auf diese Weise hatte sich Wittgenstein, ohne es zu beabsichtigen, in einen recht guten theoretischen Anthropologen verwandelt. Sein katastrophaler Fehler bestand darin, diese Darstellung auf *alle* sprachlichen und begrifflichen Systeme auszudehnen, namentlich die modernen, wie etwa auch sein eigenes. Wenn Wittgenstein recht gehabt hätte, dann wäre es niemals zu jener großen Errungenschaft oder furchtbaren Zwangslage − je nachdem, ob man Positivist oder Romantiker ist − der *Gesellschaft* gekommen. Es wäre nicht geschehen, weil es *nicht hätte geschehen können*. Wir alle lebten in Gemeinschaften, ob wir es wüßten oder nicht, weil die Natur der Sprache uns nichts anderes erlaubte; und folglich könnten wir nirgendwo anders leben. Der intellektuelle Aufruhr, den der westliche Mensch seit dem siebzehnten Jahrhundert erlebt und im Östereich des *fin de siècle* in akuten und nachdrücklichen ethnisch-kulturellen Termini noch einmal durchgemacht hat, war, wie sich herausstellte, viel Lärm um überhaupt nichts. Höchstens um ein Mißverständnis der Sprache.

Wittgensteins Programm empfahl der gesamten Menschheit eine kollektive infantile Regression. Er riet implizit dazu, unter seiner Führung in eine primitive funktionale Gemeinschaft zurückzukehren; diese würde dann aus eigenen Mitteln alle Probleme lösen oder eher »auflösen«, die durch die mysteriöse und fehlgeleitete Suche nach einer universalen und philosophisch gerechtfertigten Denkweise erzeugt worden waren. Eine richtige Theorie der Sprache erlaubte nur eine Gemeinschaft. Deshalb können, ja müssen wir uns nach Wittgenstein verhalten, als ob wir Teil einer Gemeinschaft wären und unsere Begriffe und kognitiven Verfahren keine andere Grundlage hätten und jemals haben würden: Dies *muß* der Fall sein, denn ein korrektes Verständnis der Sprache hatte

145

gezeigt, daß nur Gemeinschaft möglich ist. *Gewohnheit und Beispiel* sind also doch der Souverän. Sie müssen es sein, denn es gibt keine Konkurrenten, noch kann es sie jemals geben.

Kreativität durch Zwang

Noam Chomskys Theorien der Sprache sind ebenso einflußreich wie die Wittgensteins und stehen in einem radikalen Gegensatz zu ihnen, obgleich dies nicht weiter Aufmerksamkeit gefunden hat. Die Ideen der beiden Denker haben sich auf derart verschiedenen Ebenen ausgewirkt, daß ihre Konfrontation sich sehr verzögert hat, obwohl es immer noch dazu kommen kann [52].

Der grundlegende Unterschied ist folgender: Wittgensteins Romantik behandelt individuelle Sprachsysteme und vor allem die unreflektierte Kompetenz ihrer Sprecher, auf der diese Sprachen beruhen, als gegeben, sich selbst erklärend und sich selbst rechtfertigend — *als endgültig.* Versuche, diese Kompetenz zu erklären oder zu rechtfertigen, werden geradezu geächtet. Das ist sein eigentliches Thema. Kulturen, »Lebensformen«, können, daran hält er emphatisch fest, weder gerechtfertigt noch erklärt werden. Sie können nur *beschrieben* werden. Diese Souveränität von Sitte und Gemeinschaft, von *Gewohnheit und Beispiel*, wie es Descartes ausgedrückt hat, macht Wittgensteins Romantik und die umfassenden Antworten auf philosophische Probleme aus, die seine Theorie bietet.

Chomskys Errungenschaft liegt nicht so sehr in seinen Lösungen, die technisch, etwas impulsiv und strittig zu sein scheinen, als vielmehr in seiner erstaunlich deutlichen und klaren Wahrnehmung eines Problems, das andere im besten Falle nur dunkel gefühlt oder ganz ignoriert hatten. Die menschliche Rede ist erstaunlich diszipliniert, regelgebunden und reich, und sie beachtet Regeln, von denen die Sprecher in der übergroßen Mehrheit der Fälle keinerlei Kenntnis haben. Die Anzahl der Dinge, die wir artikulieren und begreifen können, ist erstaunlich, und der Besitz dieses unendlichen Reservoirs an Bedeutungen und an Verstehen verlangt nach einer Erklärung. Die Sprache hat ihre Gründe, von denen der Geist nichts weiß.

In gewisser Hinsicht sind Chomskys Ansichten eine Erweiterung und Fortsetzung von Durkheims Kritik des Empirismus (obgleich Chomsky in keiner Weise von Durkheim beeinflußt zu sein scheint). Besonders auffällig sind das Zwanghafte und die Disziplin unseres Verbalverhaltens. Empiristische Prinzipien der »Assoziation« können das nicht erklären. Sie würden nur zu einer Art von chaotischer Verklumpung führen, zum Zusammenballen von Bedeutungen und Assoziationen in semantisch nutzlose (weil unbeschränkte) Bündel. Beide Denker teilen ein scharfes Bewußtsein von der Unangemessenheit der assoziationistischen, empiristischen Darstellung unserer Kompetenz und Disziplin. Eine assoziationistische Welt wäre viel schlimmer als ein sich ausdehnendes Universum: Sie wüchse in einem unkontrollierbaren und stetig anwachsenden Tempo in alle Richtungen zugleich. Wir würden alle an galoppierendem semantischem Krebs leiden. Diese Ausdehnung wäre nicht in zwei Geistern dieselbe, und wir wären niemals imstande, irgend etwas zueinander zu sagen oder auch nur uns selbst etwas zu merken; ich wäre niemals imstande, am Morgen eine Notiz zu verstehen, die ich mir selbst in der vorhergehenden Nacht gemacht hätte.

Die bemerkenswerte verbale Ordnung, die tatsächlich herrscht, kann nach Chomskys Argumentation nur unter der Annahme einer vorprogrammierten Ausstattung erklärt werden. Mit ihrer Hilfe erlernen wir die Eigenschaften einer spezifischen Sprache allein deshalb, weil ihre formalen Züge, die sie mit anderen Sprachen gemeinsam hat, schon erwartet werden und die Optionen, die dem Nutzer und Erlerner der Sprache verfügbar sind, einschränken. Was wir aus der Erfahrung lernen, ist nicht das volle, reiche Bild, bei dem wir schließlich enden; die Erfahrung besteht lediglich aus Anstößen, die ein Bild aktivieren, das schon fertig ist und nur darauf wartet, hervorgerufen zu werden – und die Erfahrung liefert auch die kontingenten Zeichen, die das Bild verwendet. Chomsky ist über Durkheim hinausgegangen, während er unbewußt einige seiner Einsichten realisiert hat: Im Gefolge Kants bemerkte Durkheim nur das Zwanghafte gewisser zentraler, gleichsam dominanter »kategorischer« Begriffe. Niedere Begriffe, das Fußvolk unserer begrifflichen Armee, schien er offenbar den Empiristen und ihren assoziationistischen Prinzipien überlassen zu wollen. Nur die kardinalen Begriffe, die alle anderen organisieren und beherrschen, brauchten nach Durkheims Ansicht die Hilfe eines Rituals, um unserem Geist eingeflößt und mit jener disziplinierten Zwanghaftigkeit versehen zu werden, die uns in den Stand setzt zu denken, zu kommunizieren und zu gesellschaftlichen und menschlichen Wesen zu werden.

Im Gegensatz dazu unterschied Chomskys Beobachtung hinsichtlich der disziplinierten Natur unseres Sprachverhaltens nicht zwischen wichtigen und trivialen Worten: Sie umfaßt sie ohne Unterschied des Status. Alle unsere Begriffe, und nicht nur einfach unsere *Ordner* oder Organisierer, sind zwanghaft diszipliniert. Die Sprache selbst ist eine Art weitverbreitetes Ritual. Wir neigen irgendwie von Natur aus dazu, den Imperativen der Grammatik Beachtung und Gehorsam zu schenken; und Chomsky bietet uns, so weit ich weiß, keinerlei Erklärung unserer unschätzbaren Lernfähigkeit, sondern beschränkt sich darauf, ihre generellen Formen aufzuzeichnen und zu zeigen, daß sie nicht durch »Assoziation« erworben werden können. Dies unterscheidet ihn von Durkheim, dessen Interesse hauptsächlich der Art und Weise galt, wie wir zur Rationalität, das heißt zum ordentlichen begrifflichen Denken gezwungen werden.

Chomsky beruft sich nicht nur auf unsere syntaktische Disziplin, sondern auch auf unseren begrifflichen Reichtum, und er setzt die beiden miteinander in Beziehung. Die fabelhafte Anzahl von Dingen, die wir sagen und erfassen können, von denen einige ganz originell und hochkomplex sind, unterstreicht die Unmöglichkeit, unsere sprachliche Kompetenz durch die Berufung auf bloße Assoziation oder durch die bloße Erinnerung an frühere Beispiele zu erklären. Sprache ist nicht einfach ein Ritual, sondern ein Ritual, das einen modularen Gebrauch von einer begrenzten Ausstattung macht, um auf diese Weise eine Unendlichkeit an artikulierbaren und verstehbaren Behauptungen zu erzeugen. Diese syntaktische Disziplin erzeugt eine Welt von erstaunlicher Fülle *und* Ordnung, die die Freiheit der »Assoziation« niemals hätte erzeugen können. Die Sprache scheint das Lieblingsprinzip autoritärer Regierungssysteme zu illustrieren: Sie ist eine Disziplin, die uns wahrhaft frei macht. Diese Verwendung endlicher Mittel für das Hervorbringen und Verstehen eines unbeschränkten Bereichs von Botschaften ist das zentrale Mysterium der Sprache. Und es muß angenommen werden, daß wir nur *deshalb, weil* wir so erstaunlich diszipliniert sind, systematisch eine recht beschränkte Menge von phonetischen Elementen in einer solch phantastisch weiten und kreativen Weise kombinieren können. Freiheit liegt in der Erkenntnis syntaktischer Notwendigkeit.

Soweit ich weiß, gibt es keine adäquate Diskussion der irrationalistischen Implikation dieser Theorie. Ganz einfach ausgedrückt, muß die Argumentation aber etwa folgendermaßen lauten: Wir denken hauptsächlich oder ausschließlich durch Sprache; aber wenn unser Reden durch Tiefenregeln gebunden ist, von denen wir nichts wissen (und deren Entwirrung Gegenstand der mühsamen und höchst umstrittenen Forschungen der Linguisten sind), dann scheint es, daß wir über unser eigenes Denken keine Kontrolle haben und haben können. Georg Lichtenberg hatte all dies gespürt, als er schrieb, daß wir nicht sagen sollten »Ich denke«, sondern »es denkt«. Chomsky hat Lichtenbergs Aphorismus einen präzisen Inhalt gegeben. »Es denkt« versetzt dem cartesianischen Rationalismus gleich zu Anfang einen kräftigen Hieb: Das Denken erzeugt nicht länger ein autonomes Ich. Gleich die erste Prämisse des cartesianischen Rationalismus ist fehlerhaft. Es ist einfach nicht wahr, daß »ich denke«. *Es* denkt. (Die Schlußfolgerung »also existiert es« ergibt sich freilich immer noch.)

Chomskys eigene Haltung zu dem Problem, das seine Ideen aufwerfen, scheint die einer halb-dankbaren, halb resignierten Hinnahme zu sein. *Weil* wir so rigide strukturiert sind, haben wir Zugang zu einem derart phantastischen Bereich möglicher Bedeutungen. Also ist es unsere Vorprogrammierung, die uns befähigt, so unglaublich kreativ und originell zu sein. Deshalb sollten wir gegen diese Vorprogrammierung keine Ressentiments empfinden (oder nicht allzu viele?); schließlich verdanken wir ihr viel. Gleichzeitig erkennt Chomsky auch, daß das Vorverdrahten zu implizieren scheint, daß unser Denken gewisse Grenzen hat. Er hat gelegentlich spekuliert, ob nicht zum Beispiel die Unfähigkeit der Psychologie, signifikante Resultate hervorzubringen, auf der Tatsache beruhen könnte, daß unser Geist so konstruiert ist, daß sich psychologische Probleme unserer Bearbeitung entziehen.

Es erscheint offensichtlich, daß wir im Rhythmus unseres Denkens grundlegenden sprachlichen Regeln folgen, von denen die meisten von uns beinahe überhaupt nichts wissen. Soweit verletzen wir unvermeidlich die erste Regel jedes cartesianischen Rationalismus — nur Prinzipien zu verwenden, die für uns auf eine deutliche Weise verständlich *und* zwingend sind und als solche auch begriffen werden. Tatsächlich haben wir nicht die geringste Ahnung, welches diese Prinzipien sind; deshalb haben wir keine Möglichkeit, uns auch nur zu fragen, ob sie in Ordnung sind, ganz zu schweigen davon, im Interesse einer Befriedigung von Descartes' Prinzipien menschlicher Rationalität zu entscheiden, ob sie sich auf deutliche Weise selbst rechtfertigen.

Andererseits darf der Hoffnung Ausdruck gegeben werden, daß diese tiefverborgenen syntaktischen Regeln nur die sprachliche Form beherrschen und nicht den Inhalt und die logische Verknüpfung dessen, was wir sagen. Dies ist gewiß eine Hoffnung, obgleich keine, die mir überzeugend zu sein scheint. Es könnte sein, daß die formalen Regeln der Aristotelischen oder modernen Logik unabhängig von jeder Sprache sind und in alle übersetzt werden können, und daß Folgerungen in jeder Sprache daran überprüft werden können.

Es ist freilich keineswegs offensichtlich, daß dies so ist. Die Ansicht, daß die Syntax unserer Sprache unsere Metaphysik vorbestimmt, ist oft geäußert worden. Die Idee ist alles andere als absurd, obgleich sie niemals mit Präzision ausgearbeitet worden ist. Kann es sein, daß unsere Sprache, der wir folgen, ohne sie zu verstehen, den Inhalt unseres Denkens unbeeinflußt läßt? Verlassen wir uns bei unseren entscheidenden Schlußfolgerungen nicht auf sprachliche Regeln, zu denen wir keinerlei Zugang haben, und deren Vernünftigkeit und Autorität wir niemals untersucht haben?

Es spricht auf den ersten Blick sicher einiges für die Irrationalität einer Aktivität — verbales Denken —, die Prinzipien verwendet, deren der Benutzer sich nicht bewußt ist, die er niemals bewußt untersucht und überprüft hat und die er auch niemals überprüfen wird, weil er sie ohnehin nicht versteht. Wenn die Einsicht, die mit der Chomskyschen Revolution in der Linguistik verknüpft ist, mit dem cartesischen Ideal des Denkens konfrontiert wird, das sich selbst erlaubt, sich nur im Lichte von Prinzipien zu bewegen, die ihm klar und zwingend erscheinen, ist es schwer, einer irrationalistischen Schlußfolgerung zu entgehen. Vielleicht kann das irrationalistische Potential dieses Arguments durch verschiedene Erwägungen in Grenzen gehalten werden — wie etwa, daß die syntaktischen Regeln, die von der Linguistik untersucht werden, im Hinblick auf die logischen Regeln, die die Folgerung beherrschen und mit ihnen kompatibel sind, neutral sind, so daß der Inhalt unseres *Denkens* nicht von der sozusagen heteronomen Natur der *Sprache* affiziert wird. Diese Frage verdient eine gründlichere Untersuchung, als sie bislang erfahren hat.

Der schlimmste Verrat

Zwischen den Kriegen erschien ein bizarres, aber bezeichnendes Buch: Julien Bendas *La Trahison des clercs*[53]. Der Gedanke, daß Intellektuelle ihrem ganzen Wesen nach Verräter — von was auch immer — seien, hat eine starke Anziehungskraft: Es ist schwer, sich des Gefühls zu erwehren, daß daran etwas Wahres ist. Das Buch ist nicht nur deshalb von einer gewissen Wichtigkeit, weil es der Menschheit eine wahrscheinlich unsterbliche Redewendung vermacht hat. Es ist ein leidenschaftlich prorationalistisches Buch, geschrieben zu einer Zeit, als die Vernunft in der öffentlichen Gunst nicht eben hoch stand, obgleich die Fürsprache in dem Buch auf eine etwas verdrehte Weise geschieht. Obgleich es nur wenige bemerkt haben, begeht das Buch Verrat an den Intellektuellen in dem gleichen Akt, in dem es diesen Verrat anprangert.

Benda argumentiert, daß die Intellektuellen ewige Werte und Wahrheiten hochhalten und nicht lokalen Identitäten, Leidenschaften, Interessen und Kulten hinterherjagen sollten. So weit, so gut. Das präsentierte Bild ist einfach und als solches attraktiv. Auf der einen Seite ewige Wahrheiten und auf der anderen spezielle Interessen oder Leidenschaften. Die Aufstellung scheint klar. Einstmals waren die Intellektuellen — besonders in den alten Tagen, als sie noch Kleriker waren — international, transethnisch und im Prinzip frei von lokalen Bindungen. Das Abstreifen solcher Bindungen war dann nur eine formelle professionelle Verpflichtung. Die Intellektuellen verwarfen partikularistische Totempfähle und dienten abstrakten und universalen Ideen und Idealen. Aus irgendeinem Grund begann oder beschleunigte sich im 19. Jahrhundert ein Verfall, der dann im 20. akzentuiert wurde: Intellektuelle identifizieren sich schamlos mit nationalen, Klassen- oder anderen Sonderinteressen, ja machen aus einer solchen Identifikation eine Tugend. *Engagement* ersetzt schließlich den *Beweis* als Legitimation der Zustimmung. Benda denunziert die Intellektuellen rundheraus für diesen kollektiven Verrat.

Benda schrieb, lange bevor das *Engagement* offen in Mode kam, aber was er sagt, ist dafür hoch relevant. Man beachte, daß es nicht nur darum geht, daß man dieser oder jener Sache, der einen oder der anderen Partei seine Zustimmung leiht. Das ist eine relativ oberflächliche Angelegenheit und könnte sogar innerhalb Bendas Schema durch den Einwand gerechtfertigt werden, daß gelegentlich eine Partei tatsächlich die Wahrheit gegen die Falschheit verteidigt. Der wirklich grundlegende Verrat der Intellektuellen besteht in der Behauptung, daß Wahrheit *an sich* an Rassen-, Klassen- oder andere weltliche Interessen gebunden sei. Statt der Unparteilichkeit wird das *Engagement* als solches gerühmt. Pragmatisten, Marxisten, Nietzscheaner und andere haben eben dies vertreten. Die Existentialisten haben es zu ihrer zentralen Lehre gemacht. Da Beweise nicht länger verfügbar waren oder als erniedrigend und schmutzig verworfen wurden, wurden sie durch den Kult der grundlosen, ja willkürlichen *Identifikation* ersetzt. Der cartesische Rationalismus drängte uns, uns mit dem zu identifizieren, was wir beweisen konnten, und das Ich wurde deshalb geschätzt, weil es die zwingendste Prämisse lieferte. Die Existentialisten lehrten, daß unsere Identität eben deshalb bindend sei, weil es keinerlei Beweis für sie gab, und daß die »eigentliche« Identität dies erforderte. Identität ersetzte den Beweis.

Benda tat für die rationalistische Tradition das, was die Romantiker für die intime organische Gemeinschaft getan hatten. Die Romantiker hatten sich beklagt, daß der bodenständige gesunde Menschenverstand und die in Blut und Boden verwurzelte, gefühlsmäßige Loyalität, welche die alte Gemeinschaft durchdrungen hatten, von denjenigen aufgegeben worden waren, die von der Anziehungskraft eines blutlosen, wurzellosen rationalistischen Kosmopolitismus verführt worden waren. Benda drehte den Spieß um und gab den Vorwurf des Verrats zurück. In der traditionellen Welt hatten die Priester kein Vaterland: Sie und nicht die Proletarier waren es, die keine Nation hatten, und sie sollten darauf stolz sein. Warum lamentierten sie jetzt? Das Buch verdient zweifellos den Erfolg, den es hatte.

Es gibt freilich einen Punkt, der etwas mißtrauisch gegenüber der Logik des Buches machen sollte. Viele von Bendas Argumenten für eine Rückkehr der Intellektuellen zu ihrer angeblich rechtmäßigen Haltung sind selbst auf eine merkwürdige, wenn auch konsequente Weise pragmatischer Natur. Es wäre besser für uns alle, sagt er, wenn nur die Intellektuellen nicht den Streit anfachten, indem sie sich mit weltlichen Mächten identifizieren. Gut, vielleicht wäre es besser. Aber kann ein solcher Appell an weltlichen Vorteil wirklich den Anspruch erheben, ein Appell an ewige Wahrheit zu sein?

Der wirklich grundlegende Punkt ist folgender. Benda mißt der Möglichkeit zu wenig Bedeutung bei, daß diejenigen, die die Pose aufgegeben haben, universale und ewige Wahrheiten zu repräsentieren, und für verschiedene Formen des Partikularismus optierten, das nicht deshalb taten, weil sie korrupt und bestechlich waren, sondern aus genau dem entgegengesetzten Grunde: Die unausweichliche menschliche Bindung an die bodenständige, bodengebundene Beschränkung schien ihnen *wahr* zu sein. Sie waren dem *rationalen* Argument gegenüber empfänglich, daß keine andere Wahrheit jemals echt und weltliche Bindung die einzige Art von Wahrheit sei, die uns zur Verfügung stehe. Es ist die einzige Art, die uns wirkliche Befriedigung verschafft, die unserer Natur entspricht. Gerade ihr Engagement für rationales Denken führte sie zu irrationalistischen Schlußfolgerungen. Ihre Rationalität führte sie zum Irrationalismus. Sie fühlten sich moralisch verpflichtet, ihre

Schlußfolgerungen öffentlich kundzutun, weil es das war, wohin die Vernunft sie geführt hatte. Zu dumm, wenn die Schlußfolgerungen ungenießbar waren. Die wirklich wichtigen und überzeugenden Angriffe auf die Vernunft, auf Universalismus, auf rationale Ordnung wurden mit rationalen Mitteln geführt, durch die Vernunft selbst. Einige der größten Irrationalisten waren vielleicht verzweifelte, gequälte, vor allem aber in ihrem eigenen Denkstil *aufrichtige* Rationalisten. Benda empfiehlt die Vernunft vom Gesichtspunkt pragmatischer Erwägungen aus; sie auf der anderen Seite empfahlen die Unvernunft aus rationalen Erwägungen. Wer ist der Verräter?

Sie taten das, was sie taten, weil die Vernunft sie zu den Schlußfolgerungen gezwungen hatte, zu denen sie kamen. Sie zeichneten die Tatsachen des Falles so auf, wie sie sie sahen. Sie kamen zu ihrer Position oft voller Angst, sehr wohl wissend, daß sie ihr eigenes Innerstes verzehrten. Die Vernunft erzeugte die Natur, und innerhalb der Natur gibt es keinen Platz für die Vernunft. Die rationale Prüfung des Menschen zeigt ihn als lediglich eine Ansammlung von Wahrnehmungen (Hume) oder als Teil der Natur (Nietzsche); jede Darstellung führt auf je anderen Wegen zu der Schlußfolgerung, daß das, was der Mensch Vernunft nennt, nur eine Aktivität im Dienste der Unvernunft ist. Der Selbstmord der Vernunft wurde von Leuten angekündigt und gepredigt, die ihrem Temperament nach aufrechte Denker waren. Wenn Hume oder Nietzsche (in ganz verschiedenem Sinne) sagen, daß die Vernunft der Sklave der Leidenschaften ist und sein soll, sagen sie es *aus guten und ehrlichen Gründen*. Sie hätten *trahison* begangen, wenn sie es *nicht* gesagt hätten. In einer bemerkenswerten Fußnote kommt Benda dieser Einsicht sehr nahe: Während er unaufhörlich Nietzsches Ansichten geißelt, gibt er zu, daß Nietzsche sich sein ganzes Leben lang auf bemerkenswerte Weise Ideen gewidmet habe. Aber darin liegt mehr: Nietzsche erreichte seine irrationalistischen Schlußfolgerungen, indem er genau die rationalistischen Werte anwandte, die Benda empfiehlt.

Der Rationalismus Bendas verdeutlicht beispielhaft die unkritische Übernahme eines gewissen Bildes (abstrakte Werte *wider* partikuläre Interessen). Er gibt sich der trügerischen, aber andauernden Berufung auf praktische Vorteile hin. Die interessantesten Beispiele der Tendenzen, die er verurteilt, waren gequälte Fälle einer Vernunft, die sich gegen sich selbst wendet und aufzehrt. Dies ist ein wesentlicher Teil der Geschichte.

Prüfliste der Vernunft-Schelte

Eine kurze Liste der Angriffe auf die Vernunft mag nützlich sein. Viele von ihnen sind im Verlaufe unserer Darstellung im Kontext ausführlicher erörtert worden. In diesem Abschnitt sind wir nur mit einer Art Katalog oder Index der Irrationalismen befaßt. Diese Anti-Rationalismen sollen in einer summarischen Weise dargestellt werden, die nur ihre Identifikation und keinesfalls ihre eigentliche Untersuchung im Auge hat. Die zitierten Namen sind nicht notwendig die Namen von Denkern, die selber Irrationalisten sein wollen oder mit Recht so charakterisiert werden können. Ihr Einschluß zeigt nicht mehr an, als daß ihre Ideen als Teile eines irrationalen Arguments benutzt werden können und nicht, daß sie selbst irrationalistische Schlußfolgerungen unterstützt haben.

1. Das Argument Poppers, das von Feyerabend bis an seine Grenze geführt worden ist: Wenn es keine Möglichkeit gibt, das Verdienst rivalisierender Ansichten einzuschätzen, weil sie alle mit den bislang verfügbaren Daten vereinbar sind (in einer extremen Version: keine Möglichkeit, Theorien überhaupt in eine Rangfolge zu bringen), dann kann weder den Überzeugungen noch dem Verhalten Rationalität zugeschrieben werden.

2. Das Argument vom Regreß: Die erste Prämisse eines Verfahrens kann *ex hypothesi* keinen logisch früheren Grund haben, der sie ihrerseits rechtfertigen würde. Ergo sind am Ende alle Überzeugungen nur »Sprünge« und alle Sprünge sind gleichermaßen irrational.

3. Das Collingwood-Kuhn Argument: Wenn Wissenschaft nur unter der Führung »absoluter Voraussetzungen« oder »Paradigmen« arbeiten kann, die ihrerseits nicht überprüft oder verglichen werden können, ist Wissenschaft irrational. Wenn die absoluten

Voraussetzungen oder Paradigmen inkommensurabel sind, da es kein gemeinsames Idiom gibt, kann eine solche Wahl in keinem Sinne »rational« sein.

4. Das Schopenhauer-Nietzsche-Freud Argument: Wenn unser Verhalten und Denken von einer dunklen Macht gelenkt wird, die sich denen nicht offenbart, die von ihr beherrscht werden, sondern ganz im Gegenteil über eine große Fähigkeit zur Täuschung verfügt, ist rationales Verhalten zumindest schwierig. (In der Freudschen Version wird es möglich, wenn einem durch Theorie und Technik geholfen wird, die den *modus operandi* dieser Kräfte bloßlegen — aber die Theorie und Technik selbst sind höchst verdächtig.)

5. Das Argument von Hume: Es gibt keine rationale Möglichkeit, Ziele oder Werte zu rechtfertigen. (Man beachte, daß die Verbindung dieses Punktes mit dem vorhergehenden weit mächtiger ist als jeder für sich allein. Wenn unsere »Leidenschaften« willkürlich sind, aber milde und sozusagen vernünftig, wie Hume glaubte, macht es nichts, wenn sie jenseits jeder Rechtfertigung liegen. Wenn unsere Leidenschaften dunkel, böse, mächtig und turbulent sind, aber unsere Werte u.U. standhalten — was seltsamerweise Freuds wirkliche Haltung war — dann können wir, mit Glück und Anstrengung, etwas tun. Aber wenn *beide* Punkte gültig sind, wenn die Seen turbulent sind *und* wir weder Ruder noch Kompaß haben ...)

6. Das Argument Wittgensteins: Das alte Modell der instrumentellen Rationalität oder der Konsistenz des Verhaltens unterstellte ein einzelnes Universum des Diskurses, innerhalb dessen Effizienz oder Konsistenz möglich waren. Wenn freilich unsere Sensibilität für die Welt unvermeidlich durch eine ganze Anzahl von autonomen »Sprachspielen« vermittelt ist, von denen jedes seine autonomen Regeln hat, dann gibt es kein einzelnes solches Reich[54].

7. Die ganz andere Prämisse betreffs der Sprache, die von Chomsky stammt. Wenn unser verbales Denken von Prinzipien geregelt wird, die normalerweise dem Bewußtsein nicht zugänglich sind, dann ist es schwierig zu sehen, wie wir die Rationalität unseres eigenen Denkens überprüfen können. Einen ähnlichen Gesichtspunkt legt auch die sogenannte Whorf-Sapir-Hypothese nahe: Jede Sprache oder Gruppe von Sprachen zwingt denen, die sie verwenden, ihre eigene Weltsicht auf.

8. Das sogenannte Duhem-Problem: Wenn unsere Ideen eine verknüpfte Einheit bilden, kann es dann eine nicht-willkürliche Möglichkeit geben, Irrtum zu korrigieren? *Jeder* Teil des Systems kann für einen Mißerfolg verantwortlich sein, der an einem beliebigen Punkt vorkommt, und es gibt keine Möglichkeit, ihn zu identifizieren.

9. Die holistisch-romantische Konzeption der Gesellschaft: Wenn menschliche Gesellschaften oder Traditionen komplexe, aber nahtlose und subtile Einheiten sind, dann sind sie vielleicht für klar kalkulierte Eingriffe, die von einzigartigen Kriterien und durch eine Mittelwahl im Sinne der Kostenwirksamkeit gelenkt werden, gar nicht offen. Sie können nur von Personen gelenkt werden, die in den besagten Traditionen heimisch sind und auf die winzigen Hinweise, die sie geben, reagieren. Eine Ansicht dieser Art kann zum Beispiel in dem Werk des jüngst verstorbenen Michael Oakeshott gefunden werden [55].

10. Eine ganz unromantische Variante dieses Arguments kann spezifisch mit Blick auf moderne Gesellschaften entwickelt werden, deren Größe, Komplexität und extrem schnelles Wandlungstempo einmal vorausgesetzt. Eine rationale Bewertung war in relativ stabilen Gesellschaften möglich, wo die meisten Dinge sozusagen konstant gehalten wurden, so daß Veränderungen isoliert und bewertet werden konnten. Wenn sich alles auf einmal ändert, wiederholen sich Situationen niemals wirklich, und es gibt keinerlei Möglichkeit, »aus Erfahrung zu lernen«.

11. Noch spezifischer kann man mit dem Wandlungstempo und der Manipulierbarkeit unserer Ziele und Werte argumentieren. Die utilitaristische Moraltheorie akzeptierte Humes Ansicht, die besagt, daß Werte unbeweisbar seien, aber sie ließ sich dadurch nicht beunruhigen, weil sie menschliche Präferenzen als eine Art »Datum« verwendete. Wenn freilich unsere Ziele selbst *sub judice* und manipulierbar sind, wo kann dann eine Philosophie, die auf menschlichen Präferenzen beruht, überhaupt ihre Prämissen finden?

12. Die Inkommensurabilität der Werte. Dies ist ein prominentes Thema zum Beispiel im Denken von Sir Isaiah Berlin [56]: Die inkommensurable Vielheit der Werte ist für ihn eine zentrale Prä-

misse des Liberalismus. Wenn das so ist, ist freilich nicht zu begreifen, in welchem Sinn Politik jemals rational sein könnte, genausowenig, wie eine Buchführung in mehreren wechselseitig unkonvertierbaren Währungen möglich wäre.

Es soll hier übrigens nicht der Eindruck erweckt werden, daß diese Liste vollständig ist.

Rationalität als Lebensform

Vernunft ist nicht nur der Name eines vermeintlichen Pfades zur Entdeckung von Wahrheit oder zur Legitimation von Prinzipien. Vernunft ist auch ein Lebensstil. Diese beiden Aspekte sind eng miteinander verbunden. Die Denker, die über die Natur dieses angeblichen inneren kognitiven und moralischen Führers, das Zentrum unserer Identität, theoretisiert haben, kodifizierten damit praktisch auch, wissentlich oder nicht, die Regeln des Verhaltens einer neu entstehenden Zivilisation, die auf Symmetrie, Ordnung, gleicher Behandlung von Behauptungen und Beweisen beruhte. Sie trugen dazu bei, eine solche Zivilisation hervorzubringen. Rationalität wurde zu einem mächtigen philosophischen Ideal in einer Welt, die auch durch andere Kräfte rationalisiert wurde. Die universale Gültigkeit, die Philosophen ihren Entdeckungen zuschrieben, war vielleicht illusorisch. Vielleicht entwarfen sie statt dessen die Gründungsurkunde oder formulierten die Verfassungsgrundlage einer Gesellschaftsordnung unter anderen. Aber es war eine ganz besondere Ordnung. Die einzigartige Zivilisation, deren Grundlagen sie legten, war in der einen oder anderen Weise rationaler als alle anderen. In welcher Weise? Was genau ist Rationalismus als Lebensstil?

Ein rationaler Mensch ist methodisch und präzise. Er ist ordentlich und diszipliniert, vor allem im Denken. Er erhebt nicht seine Stimme, sein Ton ist stetig und gleichmäßig; das gilt für seine Gefühle genauso wie für seine Stimme. Er trennt alle trennbaren Streitfragen und behandelt sie der Reihe nach. Dadurch vermeidet er, sie durcheinanderzubringen und verschiedene Kriterien zusammenzuwerfen. Er behandelt gleiche Fälle gleich, indem er sie unparteiischen und stabilen Kriterien unterwirft, und sein Denken und Verhalten ist durch das Fehlen von Laune und Willkür gekennzeichnet. Er vermehrt methodisch sein kognitives wie finanzielles Kapital. Er reinvestiert seine Gewinne lieber, als sie in Lust, Macht oder Status zu verwandeln. Sein Leben besteht eher in einer zunehmenden Leistungssteigerung als in der unveränderlichen Inanspruchnahme, Ausübung und Erfüllung eines zugeschriebenen Status.

Dieser Vermeidung von Willkür entspricht der Besitz guter Gründe für das, was er tut und denkt. Die Forderung nach guten Gründen verstärkt die Ordentlichkeit des Verhaltens: Wenn ein Grund zwingend ist, muß er auch in allen ähnlichen Fällen gelten. Das Beharren auf Gründen steht der Hinnahme sowohl von Autorität als auch von willkürlicher, ekstatischer Offenbarung entgegen. Eine durch Vernunft nicht gerechtfertigte Autorität ist Tyrannei, und wenn sie von Vernunft unterstützt wird, ist sie in gewisser Weise überflüssig. Vernunft allein sollte genügen. Ein vernünftiger Mensch bedarf idealerweise keinerlei zusätzlicher Anreize, wenn die Gründe gut sind. Wenn gute Gründe fehlen, läßt er sich von bloßer Rhetorik oder rituellem Theater nicht einschüchtern. Er ist zurückhaltend und selbstbeherrscht. Es widerstrebt ihm, sich einer Menge anzuschließen, die eine Torheit begeht.

Die Forderung nach rationaler Rechtfertigung wird auf das ganze Leben ausgedehnt. Die Gründe selbst müssen systematisiert werden. Die Sonderung von strittigen Fragen führt zur Vereinfachung der Erfolgskriterien in jeder einzelnen Aktivität. Das wiederum führt im Verein mit der Desakralisierung von Verfahren und Methoden zu einer gewohnheitsmäßigen, genauen und sorgfältigen Einschätzung der Kostenwirksamkeit und somit zu instrumenteller Effizienz. Wenn sich eine Innovation als wohltätig erweist, wird sie ohne unnötige Hemmnisse akzeptiert. Keine geheiligte Grenzziehung zwischen Tätigkeiten hindert ihre Realisierung. All dieses stimmt mit einer ordentlichen Arbeitsteilung überein, die ihrerseits dadurch gefördert wird, und macht eine rationale Buchführung über Erfolg und Mißerfolg möglich. Die freie, ungehinderte Wahl von Mitteln wird sowohl durch die klare Spezifikation von Zielen als auch durch die Nivellierung der Welt ermutigt: Alle Dinge sind gleichermaßen heilig oder profan, und deshalb gibt es keine heiligen Vorschriften oder Verbote, die

die Wahl der Methoden einschränken. Sie werden Erwägungen der Effizienz unterworfen.

Der Umgang unter den Menschen ist ähnlich rational, gelenkt durch die freie Wahl klarer Ziele durch beide Partner und durch die kühl eingeschätzten Vorteile, die sich aus einem Geschäft zwischen ihnen ergeben. Vertragsbeziehungen treten an die Stelle von Beziehungen, die auf dem Status beruhen. Die Gesellschaft als Totalität wird allmählich im selben Lichte gesehen. Ihre Organisation ist nicht *gegeben*, sondern durch den rationalen Vertrag bestimmt. Sie ist nur die Summe freier und rationaler Verträge, die von freien und rationalen Individuen eingegangen werden.

In den vergangenen Jahrhunderten wurden solche Verhaltensstile allgemeiner und verbreiteter, ja schließlich dominant. Sie sind in der Produktion, der Erkenntnis, in der Politik, im Privatleben und in der Kultur immer mehr in den Vordergrund getreten. Ihr Einfluß auf diese verschiedenen Sphären war nicht überall gleich: Rationalität ist nicht auf alle Probleme und Aktivitäten in derselben Weise anwendbar. Philosophen haben die Prinzipien und Verdienste der Rationalität untersucht. Soziologen, die von dem unaufhaltsamen und durchdringenden Fortschritt der Rationalität und ihrer Eroberung des gesellschaftlichen Lebens beeindruckt oder erschreckt worden sind, haben versucht, die zugrundeliegenden sozialen Mechanismen dieses Prozesses zu verstehen. Es ist wichtig, die Ideen der Philosophen und Soziologen über dieses Thema zusammenzuführen. Sie stellen zwei Aspekte einer einzigen Geschichte dar.

Der Soziologe, der mehr als jeder andere mit dem Versuch verbunden ist, diese unaufhaltsame und durchdringende Rationalität zu vermessen und zu verstehen, ist Max Weber. Wir haben seinen Ansatz bereits in dem imaginären Dialog zwischen Descartes und der modernen Soziologie skizziert: Durkheim war, auf sich allein gestellt, nicht in der Lage, Descartes' Widerlegungen zu beantworten, wurde aber dank Webers Hilfe dazu befähigt. Weber hatte einen klaren Blick für die Einzigartigkeit und Unverwechselbarkeit einer rationalitätsdurchdrungenen Zivilisation und begriff, inwiefern sie einen Bruch mit den Prinzipien darstellte, die normalerweise agrarische Gesellschaften regierten. Er sah ihre Entstehung als ein Mysterium an, das der Erklärung bedurfte. Ungleich den vorsehungsgläubigen Hegel-Marxisten, die das Entstehen unserer partikulären Welt mit all ihren Qualitäten als das manifeste Schicksal der gesamten Menschheit ansahen, als eine inhärente Fortsetzung und Kulmination einer langen und universalen Entwicklung, die, egal was geschah, früher oder später kommen mußte, sah Weber sie als kontingentes, zufälliges Ereignis im Leben einer partikulären religiösen Tradition, die ihre notwendige (wenngleich nicht hinreichende) Bedingung war. Durkheim sah im gemeinschaftlichen Ritual den Erzeuger der pan-humanen Rationalität des begrifflichen Denkens; Weber sah in der puritanischen, monotheistischen, nomokratischen Religion den Erzeuger der methodischen, symmetrischen Rationalität, die allein eine moderne Ökonomie und Wissenschaft möglich macht.

Wie bei so vielen anderen Denkern beruhte Webers Bedeutung mindestens ebensosehr auf dem Problem, das er unterstrich, wie auf der Lösung, die er dafür vorschlug. Die Debatte über das Verdienst von Webers partiell religiöser Darstellung der anfänglich schrittweisen, aber schließlich dramatischen Ausbreitung der Rationalität ist lange Zeit sehr leidenschaftlich geführt worden. Es ist unwahrscheinlich, daß sie bald beendet sein wird; vielleicht wird sie niemals geklärt.

Produktion

Die Produktionssphäre gehört zu den Bereichen, in denen die Expansion oder der Fluch der Rationalität die meiste Aufmerksamkeit erfahren haben, sowohl von ihren Bewunderern wie von ihren Verächtern. Für einige scheint das Wesen der Formel einfach zu sein: die klare Formulierung von Zielen (nämlich ewige Akkumulation, nach Marx der »Moses und die Propheten« des Kapitalismus) und die rücksichtslose und effiziente Wahl von Mitteln. Menschliche Wesen und menschliche Arbeit gehören zu diesen Mitteln. Arbeit wird wie eine Ware behandelt. Sie steht in keinerlei Beziehung zu den Tätigkeiten, die das Werk einer Person und Teil ihres Lebens sind. Genau diese Gleichgültigkeit macht es möglich, Arbeit instrumentell effektiv zu machen, und natürlich ist genau dies auch einer der Hauptvorwürfe gegen das »rationale« kapitalistische Produktionssystem.

Die soziale Rücksichtslosigkeit in der Wahl der Mittel wird durch eine ähnliche Rücksichtslosigkeit in der kognitiven Erforschung der Welt ergänzt. Wir gehen dorthin, wohin uns der Wind des Arguments und des Beweises treibt. Die Anschauung der Welt hört auf, gesellschaftlich eingeengt zu sein: *Alles* kann der Fall sein, wenn das Beweismaterial in diese Richtung zeigt. Dinge verlieren ihre Wahlverwandtschaften, und ihre Verbindungen sind allein dem Beweismaterial unterworfen, dessen Verdikt nicht präjudiziert werden darf. Diese Souveränität der rohen Tatsache erzeugt eine sozial eisige Welt und eine machtvolle Technologie, die das neue System befähigt, eine beispiellose Fülle von Gütern zu liefern.

Das gesamte System steht im Gegensatz zur traditionellen Ordnung, wo die Wahl der Methoden von der Gewohnheit diktiert und die Wahl des Personals vom Status bestimmt wurde, so daß Arbeit für die Person, die sie ausführte, etwas »bedeutete«. Was jemand tat, war mit seiner Identität und seinen persönlichen Beziehungen verknüpft. Ähnlich war die Überzeugung an die gesellschaftlichen und natürlichen Ordnungen gebunden: Eine stabile soziale Hierarchie diente gleichzeitig menschlichen Bedürfnissen wie Produktionsanforderungen, sie erlaubte nicht deren Trennung, und sie wurde durch die Anschauung der Natur unterstützt. Die Produktivität wuchs, als die traditionelle Ordnung ihre Autorität verloren hatte — so lautet das liberale Argument; Einschränkungen der Wahl der Mittel wurden aufgehoben oder zumindest verringert und erlaubten so die ungehinderte Entfaltung jeder Methode, die sich als effektiv erwies. Die neue Ordnung erlaubte, sofern erforderlich, auch die Verwendung von nur dem freien Vertrag unterworfener Arbeitskraft ohne weitere restriktive Bedingungen, ohne jede Rücksicht auf »menschliche« Beziehungen außer den produktiven. Die Römer betrachteten einen Sklaven als »sprechendes Werkzeug«. Rationalität in der Produktion verwandelt den Arbeiter in etwas ähnliches, mit dem Unterschied, daß es jetzt die Arbeit und nicht der Arbeiter ist, die gekauft wird. Der Arbeiter bleibt formal frei.

Bis zu welchem Ausmaß herrscht die klassische produktive Rationalität immer noch vor, und ist es wahrscheinlich, daß sie weiterhin dominant bleibt?

Der frühe Kapitalismus operierte mit relativ kleinen Produktionseinheiten und mit einer mehr oder weniger intuitiv verständlichen, ziemlich einfachen Technologie. Keine dieser Bedingungen ist heute noch gültig. In den Tagen, als sie galten, machten sie »Rationalität durch natürliche Auslese« plausibel. Es wurde nicht erwartet, daß Individuen in ihren strategischen Entscheidungen notwendig weise und rational waren. Aber die Koexistenz vieler solcher konkurrierender Individuen sorgte mit dafür, daß diejenigen, die wirklich weise waren, sich durchsetzten und überlebten, und auf diese Weise wurde die Effizienz vergrößert.

Die sehr großen, oft mit dem Staat verbundenen und eine enorme Infrastruktur erfordernden technischen Innovationen, die so charakteristisch für spätere und fortgeschrittene Ökonomien sind, passen nicht mehr ganz so leicht zu diesem Modell. Die Bindung der Mittel nimmt ein solches Ausmaß an, daß sie oft nicht mehr reversibel ist. Infolgedessen kann es unter Umständen günstiger sein, eine gegebene soziotechnische Option fortzusetzen, als sie rückgängig zu machen. Sie kann sogar dann noch aufrechterhalten bleiben, wenn sie im Lichte der Forschung nicht optimal ist. Die komplexe Interdependenz einer fortgeschrittenen modernen Ökonomie kann in jedem Fall globale Kosten-Nutzen-Einschätzungen dieser Art sehr schwierig machen. Ironischerweise erinnert eine hoch entwickelte Gesellschaft dank der extremen »funktionalen Interdependenz« ihrer Teile an einige eben jener Züge der traditionellen Gesellschaft, die diese angeblich daran gehindert haben, eine rationale Ökonomie zu entwickeln. Die wechselseitigen Verbindungen zwischen diversen Aspekten und Bereichen sind so groß, daß eine allzu skrupellose Verfolgung der Wirksamkeit an *einem* Punkt unerträgliche Wirkungen auf *andere* Teile des Systems haben kann. Vielleicht sollte man dies nicht übertreiben, und auf der Ebene des Details dauert die Innovation ohne Zweifel unvermindert fort. Aber die größere und globale Innovation kann sehr wohl wieder einmal etwas erworben oder wiederentdeckt haben, was man eher eine politische als eine ökonomische Logik nennen könnte; einmalige, unumkehrbare Entscheidungen, die durch komplexe und inkommensurable Erwägungen beeinflußt sind, können wichtiger werden als Entscheidungen, die im Lichte klarer Kriterien genau und quantitativ eingeschätzt werden können.

In *einer* Sphäre ist die Einschränkung der klassischen Rationalität unverkennbar. Die rücksichtslose Ausbeutung der menschlichen Arbeitskraft, die ausschließlich von Effizienzerwägungen beherrscht wird, ist weitgehend eine Sache der Vergangenheit, auf jeden Fall in den entwickelteren und reicheren Gesellschaften. Die Menschen konnten dieser Art von Rationalität nur unterworfen werden, wenn sie zuerst durch Entbehrungen geschwächt waren und ihre formale Freiheit, worauf die Linke immer gerne hingewiesen hat, mit ökonomischer Machtlosigkeit und Abhängigkeit verbunden war. In entwickelten Ländern ist es mittlerweile bekannt, daß die ortsansässige Arbeiterschaft nicht mehr gezwungen werden kann, sich auf der Suche nach Arbeit geographisch zu bewegen oder schlecht bezahlte oder sonstwie unattraktive Beschäftigung anzunehmen, selbst wenn Arbeitsplätze knapp sind. Für ökonomische Aktivitäten, die solche niederrangigen, formbaren, »rational« nützlichen Arbeitskräfte erfordern, verlassen sich entwickelte Länder auf Wander- und Gastarbeiter aus ärmeren Ländern. Wohlfahrtsunterstützungen, ein allgemeiner Reichtum, eine hohe Erwartungsebene, Hausbesitz und andere Formen ökonomischer und sozialer Verwurzelung bewahren und schützen die Arbeiterklasse vor der alten, rücksichtslosen ausbeuterischen Rationalität.

Es ist interessant zu bemerken, daß diese Privilegien des Reichtums, der Befreiung von ökonomischer Verletzlichkeit und Unterwerfung, die Menschen sowohl vor rationalen wie vor irrationalen, sowohl vor kapitalistischen wie vor traditionalistischen Formen der Unterwerfung zu schützen scheinen. In einer Gesellschaft, in der die Reichen praktisch alle materiellen Formen des Vergnügens und der Bequemlichkeit erschöpft haben, wo aber ein erbitterter Wettbewerb um den Status geführt wird und Arbeitslosigkeit häufig ist, würde man logischerweise eine dramatische Zunahme von Hausangestellten erwarten. Es sollte also eigentlich die alte demonstrative Beschäftigung von treuen Hausdienern wiederkehren, und zwar in großem Umfang. In Wirklichkeit aber lassen sich die niederen Schichten in reichen Gesellschaften keineswegs generell auf einen Bedienstetenstatus drücken, nicht einmal während längerer Perioden von Massenarbeitslosigkeit. Hausangestellte sind relativ selten und teuer.

Im Gegensatz zu den Erwartungen vieler Ökonomen und einiger Soziologen scheinen die neuen Hindernisse gegenüber einer rücksichtslosen ökonomischen, instrumentellen Effizienz nicht nur nicht schädlich, sondern sogar ausgesprochen wohltätig zu sein, selbst nach rein ökonomischen Kriterien. Die Einstellung der Japaner zur Industrie ist bekanntlich »feudal«. Die Firmen bieten ihren Angestellten eine lebenslange Sicherheit, vergleichbar der Sicherheit, die der Bauer genoß, als seine Beziehung zu seinem Grundherrn gleichzeitig ökonomisch, sozial und politisch war; Treue wird gegen gleichzeitig ökonomische und politische Sicherheit getauscht. Außerdem besteht eine notorische Statusstabilität und, nach westlichen Maßstäben, ein übertriebener Respekt vor dem Alter. Angesichts eines solchen Ethos würde jeder Student der klassischen Volkswirtschaftslehre und Soziologie natürlich schließen, daß die japanische Ökonomie träge sein muß. Sie sollte mit sozial liberaleren, mobileren, rücksichtsloseren und individualistischeren Gesellschaften, die durch keinerlei Tradition, Loyalität und Verehrung eingeschränkt werden, eigentlich nicht konkurrieren können. Wie wir alle wissen, ist diese höchst plausible Erwartung dramatisch falsifiziert worden. Der hervorragendste Soziologe des modernen Japan hat sogar spekuliert, ob nicht Japan viel eher als der Westen das Modell der zukünftig herrschenden Form der industriellen Gesellschaft darstelle[57]. Entwicklungen in anderen Teilen von Südostasien legen den Gedanken nahe, daß das gegenwärtige Spätstadium der industriellen Revolution eher konfuzianische als calvinistische Gesellschaften begünstigt.

Infolgedessen scheinen soziale Sensibilität und die Einschränkung der Autorität rein ökonomischer Erwägungen unter günstigen Umständen wirtschaftlich eher vorteilhaft als schädlich zu sein. Dasselbe gilt jedoch nicht von der Auferlegung hauptsächlich politischer Einschränkungen. Wenn es einen einzelnen Grund für die im allgemeinen kümmerliche ökonomische Leistung der »sozialistischen« Gesellschaften gibt, läßt er sich in der Tatsache finden, daß die Manager ihre Positionen in einer einzigen, nationalen, öko- nomisch-politisch-ideologischen Hierarchie einnehmen. Sie sind gezwungen, sich mit politischen Intrigen *in deren Inneren* zu befas- sen und haben wenig Zeit oder Neigung, geschweige denn die technische Ausstattung und Information, sich um ökonomische Leistung zu kümmern. Dieses Phänomen wiederholt sich zum Teil auch in großen Korporationen und Bürokratien in der nicht-sozia- listischen Welt.

Konsum

Auf dem Gebiet der Produktion mag die Situation mehrdeutig sein; im Falle des Konsums dürfte jedoch weniger Platz für Zweifel am generellen Trend sein. Der frühe Industrialismus ist vielleicht, im Gegensatz zur Gesellschaftsordnung, die ihm vorausging, durch Nüchternheit, Zurückhaltung, Sparsamkeit, Methode und die Tendenz charakterisiert gewesen, Profite zu reinvestieren, statt sie auf Vergnügungen und die Zurschaustellung von Macht und Reichtum zu verschwenden. Wenn die Puritaner bei ihrer Arbeit nüchtern waren, so waren sie in ihrer Muße noch nüchterner. Tat- sächlich ist es eine vernünftige Annahme, daß ihre Arbeitsnüch- ternheit nur deshalb das Tageslicht erblickte, weil Rationalität ihre gesamte Seele durchdrungen hatte. Rationalität in der *Produktion* entstand nur deshalb, weil sie Menschen waren, die in ihrem gan- zen Lebensstil nach Rationalität süchtig waren; sie wurde nicht durch die innere Logik der Arbeitssituation erzeugt. Erst ihre Nachfolger konnten bei der Arbeit nüchtern sein, ohne in allen Aspekten des Lebens einem rationalen Stil verbunden zu sein, weil jetzt offensichtlich war, daß rationale Produktion sich auszahlte; die Vorkämpfer hingegen waren rational bei der Arbeit nur, weil Rationalität für ihr Leben integral war. Aber was geschieht unter dem späteren Industrialismus?

Immer noch läßt sich ein gewisses Maß an Ordnung beobachten. Zum einen beruht ein durchgängiger Reichtum auf Massenproduktion und Massenkonsum. Reichtum ist sozusagen modular. Die Elemente des Konsums sind aus genormten Einheiten zusammengesetzt, so daß der individuelle Konsument grundsätzlich nur die Wahl hat, wie er die vorfabrizierten Einheiten kombiniert. Die Bestandteile seines Lebensstils muß er mit seinen Mitmenschen teilen. Er muß sie praktisch im gemeinsamen globalen Supermarkt kaufen. Nur die Auswahl aus dem Standardbereich von Angeboten kann seine eigene sein.

Gleichzeitig erfordert die Gesundheit der Ökonomie aus gutbekannten keynesianischen Gründen eine weitverbreitete Konsumorientierung, die durchgängig und tief verwurzelt ist. In welchem Sinne kann sie, wenn überhaupt, rational genannt werden? Einige Autoren haben behauptet, daß der *prä*agrarische Mensch praktische Vernunft und echte Rationalität bewiesen habe, indem er in seinen Bedürfnissen und Nachfragen sehr zurückhaltend gewesen sei[58]. Im Gegensatz dazu war der agrarische Mensch durch wohlbekannte malthusianische Mechanismen dazu verurteilt, ständig im Schatten des Hungertodes zu leben. Das Bedürfnis nach Arbeitskraft und Verteidigungsmacht zwang die agrarische Gesellschaft, großen Wert auf Nachkommenschaft zu legen, jedenfalls auf männliche Nachkommenschaft. Aber die Ressourcen, die einer Gesellschaft zur Verfügung standen, die auf Ackerbau beruhte, aber keine expandierende Technologie besaß, sorgten dafür, daß ein größerer Teil der Bevölkerung stets von Hunger bedroht war. Infolgedessen mußte bei Rückschlägen in der landwirtschaftlichen Produktion, ob sie nun durch Naturkatastrophen oder soziale Zusammenbrüche verursacht wurden, die gesamte Gesellschaft leiden. Diese Situation konnte sich während der frühen Stufen des Übergangs zum Industrialismus noch verschärfen.

So erbte der frühe industrielle Mensch eine Menge klar abgegrenzter, relativ »objektiver« Werte — ausreichende Nahrung, Schutz, Sicherheit, Freiheit von unaufhörlicher und total erschöpfender Arbeit, Zugang zur verfügbaren medizinischen Behandlung, eine realistische Lebenserwartung über die volle menschliche Lebensspanne und schließlich Zugang zu der neuen, literarischen, das Bürgerrecht verleihenden Kultur durch Erziehung. Es gibt natürlich kein eisernes Gesetz der Logik, das einen Menschen verpflichtet, diese Dinge zu wollen; aber es ist natürlich, daß er es tut, wenn er sich an die lebhafte Erinnerung an den Hunger und das Leiden der agrarischen Gesellschaft behält, wenn er sich an die gesellschaftlichen Bedingungen erinnert, die den Übergang daraus begleiteten, und deutlich sieht, daß diese Dinge nicht länger ertragen werden müssen. Es ist manifest, daß sie mit der uns zur Verfügung stehenden Technologie vermieden werden können. Die der entwickelten Gesellschaft verfügbaren Ressourcen scheinen imstande, diese Ziele ohne exzessive Schwierigkeit zu erfüllen. Herz, was begehrst du mehr?

Soweit es die biologische Konstitution von menschlichen Wesen betrifft, scheint die Antwort zu sein — *sehr wenig*. Reichtum über dieses Minimum hinaus kann im großen und ganzen nur zur Erhöhung der sozialen Stellung einer Person im Verhältnis zu ihren Mitmenschen verwendet werden. Er kann nur in der Verfolgung von Status und Prestige entfaltet werden. Aber was verleiht dem Eigentum an Gegenständen eine solche Macht? In gewissem Maße mag die Erinnerung an harte Arbeit oder selbst Hunger noch genügend deutlich sein und der Reichtum weit davon entfernt, vollständig zu sein: Dieses verleiht einigen der materiellen Statussymbole »objektive« Anziehungskraft. Aber in entwickelten Gesellschaften muß die Zeit, da dieses aufhört, eine Rolle zu spielen, jetzt recht nahe sein. Die genaue Wahl der materiellen Symbole, die entfaltet werden, konstituiert dann eine Art kulturellen Zufalls; es hängt alles davon ab, was eine gegebene Kultur verwendet, um einen Rang sichtbar zu machen, um einem Menschen die Befriedigung zu gewähren, seine Mitmenschen zu überragen. Die kontraproduktiven und selbstkontradiktorischen Aspekte der anhaltenden symbolischen Hochschätzung von andernfalls nutzlosem materiellen Reichtum sind weithin bemerkt worden. Autos, die einmal nützlich waren, haben nur begrenzten Wert in einer Stadt, deren Straßen durch den Verkehr blockiert sind und wo Parken praktisch unmöglich ist.

Die Imperative, die die Produktion bestimmen, erlegen den Beteiligten während der Periode, da sie tatsächlich so beschäftigt sind, sicher weiterhin eine gewisse Disziplin und Ordnung auf. Aber die Menge an Zeit, die auf Arbeit verwendet wird, nimmt stetig ab.

Was ist mit dem Einfluß jenes rapide anwachsenden Anteils an Freizeit und an Menschen, die nicht länger mit der Arbeit befaßt sind? Die Strukturen des Konsums sind nicht länger so, daß sie ordentliche Aufmerksamkeit, Nüchternheit und kühles Denken oder eines der anderen berühmten Attribute der alten Rationalität fördern. Ganz im Gegenteil: Die diversen Apparate oder Maschinen, die der Allgemeinheit zur Verfügung gestellt werden, sollen so leicht verständlich, so glatt und intuitiv zugänglich wie nur möglich sein. Die industriell konstruierte Umwelt besteht aus Servo-Artefakten verschiedener Arten, deren Beherrschung so benutzerfreundlich, so mühelos, so eingängig ist, wie sie der Erfindungsgeist der Designer nur machen kann. Diese Art von Umwelt ermutigt eine gelassene Leichtigkeit statt strikter Ordnung und Disziplin. Der reiche Mensch ist geneigt, die Welt als Erweiterung einer derartigen, leicht manipulierten und anscheinend sich selbst erklärenden Umwelt anzusehen. Bekanntlich fühlt er sich von einer leicht verständlichen Metaphysik angezogen, die ihm ein ähnlich benutzerfreundliches Universum präsentiert, das sich der kognitiven Durchdringung anbietet. Es ist auf jeden Fall denkbar, daß die Gesellschaft, die im vollen Besitz der Wohltaten rationaler Produktion ist, sich auch den wildesten Exzessen der Unvernunft in ihrer Kultur hingibt [59].

Erkenntnis

Erkenntnis ist die Sphäre, in welcher der Sieg des rationalistischen Stils oder der rationalistischen Konzeption zumindest ernsthaften Zweifeln ausgesetzt ist. Die Form der Erkenntnis, die in der entwickelten Gesellschaft ernsthaften Respekt genießt — die Wissenschaft —, wird durch eine Menge von Regeln beherrscht, die weiterhin eine große Verwandtschaft mit denen zeigen, die Descartes für das rationale Verhalten des menschlichen Geistes vorgeschlagen hatte. Immer noch gilt seine Gesetzestafel. *Gewohnheit und Beispiel* wird nur eine zeitweilige und provisorische Autorität zugebilligt; sie sind die Gewohnheit und das Beispiel einer ausgesuchten und

gebildeten wissenschaftlichen Gemeinschaft, nicht des Durch-
schnittsmenschen; gleichwohl gibt es keine privilegierten Erkennenden, keine Organisation darf ein Erkenntnismonopol beanspruchen, es gibt keine Ereignisse oder Gegenstände mit Sonderstatus. Logische Zwänge und Beweise sind König. Erklärungen
müssen symmetrisch sein und sich Überprüfungen gefallen lassen, die selber nicht der Kontrolle des untersuchten Ideensy-
stems unterworfen sind. Glaubenssysteme dürfen keine geschlossenen Stromkreise einrichten, in denen ein heiliges und privilegiertes
Hintergrundbild privilegierte Gültigkeitserklärer dazu führt, heilige Beweise wahrzunehmen und zu erkennen, die dann das anfäng-
liche Bild bestätigen. Auf diese Weise wird die dreiste Zirkularität
des agrarischen Denkens geächtet, wo die Regeln der Forschung die
Bestätigung des anfänglichen Weltbildes sichern und seine Folge-
sätze sind. Eine Weltanschauung darf nicht Beweisregeln mit privilegierten Quellen diktieren, die dann die Anschauung selbst bestätigen. Es herrscht eine einzige klare, deutliche und sich selbst
rechtfertigende Idee: nämlich daß nichts wahr sein kann, was im
Widerspruch zu unabhängig und symmetrisch gesichertem Beweismaterial steht.

Die Souveränität des Beweismaterials ist der entscheidende
Überlebende unter jenen deutlichen, sich selbst rechtfertigenden
Ideen, die Descartes für die kognitive Rekonstruktion der Welt zu
verwenden hoffte. Der *modus tollens*, die Eliminierung von Ideen,
denen die Tatsachen widersprechen, ist das einzige Angebot, das
der rationale Geist nicht ablehnen kann. So gerät die Wahrheit unter die Kontrolle der Natur, d.h. eines vereinheitlichten Systems,
das außerhalb der Gesellschaft steht und von ihr unabhängig ist,
und ist keinerlei sozialen Anforderungen unterworfen. Natur und
Gesellschaft sind so voneinander geschieden wie Kirche und Staat.
Die Trennung aller trennbaren Streitfragen ist ein geachteter Teil
der herrschenden Ethik des kognitiven Verhaltens. Die Art kognitiven En-gros-Kaufs oder Kopplungsgeschäfts, die in der Vergangenheit Überzeugungen davor schützten, effektiv untersucht zu
werden, ist geächtet.

Unzweifelhaft bestehen irrationalistische Trends, und sie können in der erweiterten Gesellschaft ins Auge springen, aber *inner-*

halb der Praxis der Wissenschaft sind sie nicht augenfällig. Es ist merkwürdig genug, daß sie sich in der Metatheorie der Wissenschaft besonders stark vermehren, wie auch in den an den Rändern liegenden Themen von fragwürdigem wissenschaftlichem Status. Theorien über die Wissenschaft selbst betonen häufig deren Irrationalität in einer Vielfalt von Formen. Einige behaupten, daß, im Gegensatz zu ihrem Selbstbild, ihre Richtung nicht rational bestimmt, sondern durch einen obskuren gesellschaftlichen Mechanismus oder einen intuitiven Prozeß gelenkt werde.

Obendrein können ihre grundlegenden und leitenden Ideen nicht, wie Descartes gehofft hatte, gerechtfertigt werden: Sie sind selbst das Ergebnis einer ungerechtfertigten und also willkürlichen Bindung, eines *Sprunges*, wie der einstmals modische Ausdruck lautete. Dies ist das weithin verbreitete *tu quoque*-Argument des Irrationalismus: Die Vernunft selbst ist so willkürlich wie alles andere; infolgedessen, so fährt diese Argumentation fort, sind wir bei jeder willkürlichen Behauptung, die wir machen wollen, völlig gerechtfertigt. Wir alle, Rationalisten und andere, sind in unserer unentrinnbaren Unvernunft gleich. Alle Anschauungen sind irrational, und keine weniger als andere[60].

Diese Argumente enthalten einige Körnchen einer stark übertriebenen Wahrheit. Sie ignorieren die Tatsache, daß die innere rationale Organisation der Wissenschaft, die Symmetrie, Ordnung und systematische Unterwerfung unter das Gebot der Überprüfung von Theorien durch Daten, die *nicht* der Kontrolle ihrer eigenen Interpretation unterworfen sind, die Wissenschaft gründlich und radikal von anderen Glaubenssystemen unterscheiden. Das Verdienst dieses einzigartigen Stils wird pragmatisch durch die dramatische und oft buchstäblich vernichtende Überlegenheit der darauf beruhenden Technologie bestätigt.

Kultur

Die umfassende Art, wie Menschen fühlen und denken, ist niemals völlig von dem rationalistischen Ideal beherrscht worden. Die Kultur ist nur selten wirklich methodischer Systematisierung oder instrumenteller Wirksamkeit unterworfen worden. Unzweifelhaft haben sich die Dinge während der Entstehung des modernen industriellen Lebens etwas in diese Richtung bewegt. Das gilt etwa für das ökonomische Leben in dem Augenblick, als es sich von dem gesellschaftlichen und politischen Leben abzusondern begann. Gleichwohl war das ökonomische Leben dazu nur deshalb imstande, weil der gesellschaftliche Stil sich in jene Richtung bewegt hatte. Innerhalb des gesellschaftlichen Lebens selbst war ein gewisses Maß an Rationalisierung bemerkbar. Dies war ohne Zweifel eine Vorbedingung des entsprechenden Wandels in der Ökonomie. Die Angleichung oder zumindest Systematisierung des Status, die Standardisierung von Maßnahmen, Verfahren und des Rechts sowie von Kommunikationssystemen waren Teil des kulturellen Unterbaus. (Max Weber, der große Beobachter der Rationalität als der Vorbedingung der Industrialisierung, sah sich einer gewissen Schwierigkeit gegenüber, weil das Land, in dem die rationale Produktion zuerst entstand, auch auf ein ungeordnetes, unsauberes *Common Law* festgelegt war und dem römischen Recht Widerstand leistete.) Eine größere Ordnung in Haushaltsbeziehungen, eine größere Tendenz zur Pünktlichkeit, eine Verbreitung der Lese- und Schreibfähigkeit und eine durchgängige Bürokratisierung sowie eine geordnete Rekrutierung der Verwaltungsstäbe und die Allokation und Definition von Funktionen waren wesentliche Teile dieser Entwicklung.

Aber aus einer Vielzahl wohlbekannter Gründe sind persönliche Beziehungen und die Kultur einer vollen Systematisierung und einer Kosten-Nutzen-Bewertung nach klaren Kriterien nicht so zugänglich wie Produktion oder Erkenntnis. Der Prozeß ging in diesem Bereich nicht annähernd so weit wie in anderen. Es ist praktisch unmöglich, klare und eindeutige Kriterien für befriedigende grundlegende persönliche Beziehungen zu benennen. Selbst wenn die Herrschaft komplexer, stabiler, vielfältiger Beziehungen, die einst die Ökonomie und die traditionelle Welt beherrscht hatten, jetzt spürbar reduziert war, wurden die überlebenden Residuen um so wichtiger: In der Wahl eines Ehepartners oder der Beurteilung eines Stücks Prosa kann man sich schwerlich auf ein klares und deutliches Kriterium oder Prinzip berufen. Ein Mensch, der eine Kultur und ihre Werte in sich aufnimmt, ähnelt eher jemandem, der eine Sprache oder einen Tanz erlernt, als jemandem, der ein klar spezifiziertes und eindeutiges Ziel verfolgt. Er ist kein Maximierer oder Regelanwender. Er kann lernen, Fehler zu vermeiden, aber es gibt oft keinerlei Möglichkeit, genau zu definieren, was als Fehler zählen soll. Manchmal kann man lernen, einfach dadurch zu erraten, was in der Kultur einen Fehler ausmachen könnte, daß man ein *Gefühl* für ihren allgemeinen Stil entwickelt; aber das ist nicht immer so. Bei einigen kulturellen Ächtungen muß man damit rechnen, daß sie beinahe bewußt idiosynkratisch sind und einzig Vertrautheit mit dem fraglichen Tabu einem helfen kann, sich akzeptabel zu benehmen.

In genau dieser Art und Weise setzen Kulturen ihre Autorität durch: Fremde betreten sie auf eigene Gefahr. Sie verraten die Tatsache, daß sie nicht richtige Angehörige dieser Kultur sind, durch ihren Mangel an Vertrautheit mit Regeln, die sie sich alleine nicht zusammenreimen *können*. Denn sie haben weder Sinn noch Verstand. Cartesische Regeln können einem nicht dabei helfen, in einem erlesenen Kreis oder einer Kultur akzeptierbar zu werden. Unvernunft ist ein wesentlicher Teil der gesellschaftlichen Kontrolle, der Gruppendefinition und Statuszuschreibung. In einer rationalen Welt würden derartige Fallen für den Unvorsichtigen nicht bestehen: Die Vernunft hat keine Günstlinge und steht allen zur Verfügung. Aber in sozialen Welten, wie wir sie kennen, in Kulturen, ist Unvernunft ein wichtiger Türhüter. Selbst die Unregelmäßigkeit mancher Verben kann in der sozialen Entfaltung der Rede und der Bewahrung der Gesellschaftsordnung eine Rolle spielen. Die Grammatik kann, wie eine militärische Disziplin, die Etikette oder das Protokoll, tatsächlich ihre Willkürlichkeit *benötigen*. Wer die Ausnahmen nicht gemeistert hat, verrät seinen Außenseiterstatus. Unregelmäßige Verben leisten ihren Beitrag zur gesellschaftlichen Disziplin. Von einem gesellschaftlichen Gesichtspunkt aus ist es gut, daß sich einige Leute immer und alle Leute manchmal unsicher fühlen. Es hält sie lebendig und hilft, die Achtung vor der bestehenden Ordnung aufrechtzuerhalten.

Weber, der große Soziologe der Rationalität, war in seiner Einschätzung der Beziehung der Rationalität zur Hochkultur ein bißchen ambivalent. Verschiedentlich vermutete er, daß eine obsessive Rationalität sogar in die Künste Eingang fände und auch die Einstellung der Puritaner — d. h. seiner bevorzugten Träger des rationalen Geistes — zur Kunst beeinflusse. Dadurch, daß sie der Religion die Möglichkeit nahmen, sich auf audio-visuelle Hilfen zu verlassen, stärkten sie in seinen Augen die innere Stimme und leisteten ihren unschätzbaren Beitrag zu einer Gesellschaft, die Regeln einhielt, zu jener *inneren Führung*, die zum kantischen Schlagwort der Nachkriegsbundeswehr geworden ist. Aber Kunst und Patronage gehen zusammen, und beide haben keinen Platz in einer Welt der Prinzipien. Max Weber hat bemerkt, daß die Puritaner genügend Sensibilität und Herzensgröße besaßen, um ihren Rationalismus außer Kraft zu setzen, wenn sie sich wirklich großer Kunst gegenübersahen [61].

Die Sphäre der Kultur ist nicht nur in weitaus höherem Maße immun gegen die Ausbreitung der Rationalität geblieben als einige andere; jüngste irrationalistische oder nicht-rationalistische Gegenströmungen sind in ihr besonders stark gewesen. Dies ist schon im Zusammenhang mit der Untersuchung des Konsumverhaltens bemerkt worden. In gewisser Weise bildet die Irrationalisierung der Kultur die Entsprechung zu der durchgängigen Rationalisierung der Erkenntnis. Eben weil die ernsthafte, kumulative, machtvolle kognitive Forschung vom Rest unseres begrifflichen Lebens abgetrennt worden ist, neigt dieses Residuum dazu, auf seine eigenen Mittel zurückgeworfen zu werden, die vorher viel durchgängiger gewirkt hatten. »Kultur«, in dem nicht-anthropologischen, engeren Sinne, den der Terminus in entwickelteren Gesellschaften angenommen hat, ist eine Art Buttermilch — die symbolischen Aktivitäten sind als Residuum übriggeblieben, nachdem die ernsthafte Erkenntnis (Wissenschaft) und die Produktion abstrahiert worden sind.

Die Menschheit hat von dem Zeitalter der späten und hochentwickelten agrarischen Schriftkulturen die Erwartung oder Hoffnung geerbt, daß die fundamentalen Eigenschaften der Gesellschaftsordnung durch einen *Beweis* gerechtfertigt werden können. Die Intellektuellen jener Zivilisationen hatten den Schwerpunkt der gesellschaftlichen Rechtfertigung von der poetisch-naiven »Rechtfertigung durch eine Geschichte« des heroischen Zeitalters auf die spätere scholastische Vorliebe für eine »Legitimation durch Beweise« verlagert. Das war die Spezialität, die sie von ihren Rivalen unterschied, den freiberuflichen ekstatischen Schamanen. Solange ein stabiles kognitives Kapital oder Fundament gegeben war, das heilig und mit konstitutionell verwurzelten Prämissen versehen war, konnten die Intellektuellen eine sichere Grundlage liefern, in einem Stil, der die Autorität der Literaten gegenüber den Ekstatikern unterstrich. Diese dogmatischen Grundlagen befestigten dann rigoros die Gesellschaftsordnung, auf jeden Fall zur Zufriedenheit der fraglichen Intellektuellen.

Die an die Stelle dieser Zivilisationen getretene Gesellschaft, deren ökonomische und politische Grundlage gerade das kognitive und produktive Wachstum ist und die deshalb auch Instabilität im Gefolge hat, kann ihre kognitiven Errungenschaften nicht gewinnbringend zum Zwecke sozialer Legitimation nutzen, obgleich sich einige ihrer Intellektuellen darum bemüht haben. Ihre kognitive Ideenbank ist offen: Konsensus wird nicht erzwungen, Innovation und Experiment sind gestattet, werden ermutigt und gefordert, kein Element in ihr ist prinzipiell festgelegt oder durch Heiligkeit vor Fragen oder Modifikationen geschützt. Veränderung ist legitim, sie wird erwartet und hochgeschätzt. Unter diesen Umständen genuin kognitive Überzeugungen als Grundlagen für die gesellschaftliche Ordnung zu verwenden, hieße auf Sand zu bauen. Genau deshalb, weil sie einen wirklichen Beitrag zu ernsthafter Erkenntnis leisten, ist es ihnen nicht möglich, geheiligte, sichere und passende Grundlagen für eine Gesellschaftsordnung bereitzustellen. Sie sind ephemer und sollen es sein. Infolgedessen wird die Sphäre des *legitimativen* Denkens nicht vollständig, aber doch bis zu einem beträchtlichen Ausmaß von der Sphäre der echten Erkenntnis getrennt.

Die Trennung ist tatsächlich alles andere als vollständig. Die

Glaubenssysteme, die von den kognitiv stabilen und autoritativen agrarischen Zivilisationen ererbt worden sind und sich in sozialen Symbolismen entfaltet haben, werden beibehalten, aber in einem verhaltenen Stil. Das Ausmaß, in dem ihnen genuin kognitiver Inhalt zugeschrieben wird, ist mehrdeutig und einer Art Anpassung an eine gleitende Skala unterworfen, die sich je nach Kontext, persönlicher Intuition und dem Erfolg oder Scheitern des fraglichen kognitiven Anspruchs ändert. Gleichzeitig werden oft neue säkulare Ideologien um angebliche Wahrheiten der Wissenschaft oder Geschichte herum errichtet. Freilich hat die ehrgeizigste und politisch erfolgreichste von ihnen um das Jahr 1990 herum einen dramatischen Zusammenbruch erlitten.

Macht und Politik

Die Politik ist in vielen ihrer Verfahrensformen durchgängig rationalisiert. Der Staat und die politischen Parteien sind stark bürokratisiert. Die Erteilung der Zustimmung erfolgt in geregelten Bahnen. Die Sprache der gewöhnlichen politischen Debatte ist vorwiegend utilitaristisch. Aber wenn man sich größeren und unwägbaren Streitfragen gegenübersieht, leidet die Politik selbstverständlich unter jenem Verlust an absoluter und selbstsicherer Rechtfertigung, der das unausweichliche Schicksal von Gesellschaften ist, die durch den rationalistischen Geist angenagt sind. Infolgedessen besteht hier eine Tendenz, zwischen einem rationalistisch-bürokratischen Stil und einem anderen zu schwanken, den Max Weber, mit einem Ausdruck, der in den allgemeinen Gebrauch übergehen und populär werden sollte, »charismatisch« genannt hat: ein dramatischer, nicht nach Gründen suchender, totaler Anspruch auf Autorität, der in einem irrationalistischen oder antirationalen Geist erhoben wird und schamlos selbst den Anschein logischer Unterstützung verwirft. Die beiden Prinzipien können an der Spitze verschmelzen: Napoleon lieferte geradezu das Paradigma für Charisma und gab dennoch auch dem Modell eines systematischen Gesetzeskodex und eines sauberen Verwaltungssystems seinen Namen.

Die Anziehungskraft des Charisma kann auf einer abstrakteren und allgemeineren Ebene durch die Behauptung rationalisiert werden, daß die Quellen der menschlichen Vitalität und infolgedessen auch aller letzten Autorität nicht in der Vernunft zu finden seien, sondern im »Blut«, in der Leidenschaft oder im Engagement. Das war selbstverständlich ein zentrales Thema der faschistischen und nationalsozialistischen Ideologie.

Die Politik ist weniger rationalisierbar als die Ökonomie und sehr viel weniger als die Erkenntnis. Die gewöhnliche Tagespolitik kann tatsächlich eine Sache des Feilschens über die Verteilung der Beute und als solche ökonomischen Verhandlungen ähnlich sein. Aber gleichzeitig geht es in der Politik um Macht, um Zwang, um letzte Autorität. Das ist vielleicht in friedlichen oder harmonischen Zeiten nicht deutlich, solange die Autorität unangefochten ist; aber sobald ernsthafte und grundsätzliche Konflikte auftreten, seien sie innen- oder außenpolitischer Art, wird die nicht verhandelbare Totalität des Konflikts manifest. In der Neuzeit ist dies durch die Tatsache verschärft worden, daß der Streit nicht lediglich darum ging, wer die Macht ausübt, sondern sich sehr oft auch damit befaßt hat, welche *Art* von Macht es sein soll. Konflikte kommen nicht nur zwischen Individuen und Gruppen vor, die um die Kontrolle einer gegebenen Organisationsstruktur konkurrieren, sondern auch zwischen rivalisierenden Ideen hinsichtlich der Natur der gesellschaftlichen Organisation selbst. In beiden Fällen ist es unwahrscheinlich, daß der Konflikt für eine rationale, »optimierende«, auf dem Verhandlungsweg erzielte Lösung offen ist.

Die Parteigänger totaler, charismatischer Politik berufen sich tatsächlich auf zwei ganz unterschiedliche antirationalistische Argumente, die sie häufig miteinander vermengen. Da gibt es zunächst das kommunalistische Argument: Leben *ist* Teilnahme an einer gemeinsamen Kultur und Gemeinschaft, kein Zanken auf dem Markt. Eine genuin kulturelle Gemeinschaft ist ein System von vielfältigen Beziehungen, eines andauernden Dialogs, an dem man teilnimmt, der aber nicht auf die Verfolgung eines einzelnen Ziels reduziert werden kann und in dem rationale Kalkulation unangemessen oder beleidigend ist. Eine Gemeinschaft ist kein Unternehmen, wie Michael Oakeshott betont hat[62]. In »funktionalen« Systemen sich verzahnender Institutionen muß jede Handlung viele und komplexe Widerklänge auf allen Seiten des Systems haben, und infolgedessen wäre eine rücksichtslose »Rationalität« gänzlich unangemessen. Man muß die richtige Bewegung *fühlen*, die im Tanz gemacht werden soll, statt die kostenwirksamste Strategie zu suchen.

Zweitens gibt es das Argument der »dunklen Götter«. Die menschliche Vitalität entstammt tiefen, vermutlich biologischen Wurzeln. Die Antriebe, die uns im Innersten bewegen, finden ihre Erfüllung in leidenschaftlichen menschlichen Beziehungen und in der, wenn möglich, ekstatischen Teilhabe an einer Gemeinschaft und nicht in der Maximierung von Gewinn oder irgend etwas anderem. So und nur so läßt sich echte Befriedigung finden. Die Vernunft ist irrelevant oder geradezu schädlich, sei es für die Definition von Zielen oder selbst für die Auswahl von Mitteln: Eine wirkliche Leidenschaft kann nicht gezwungen werden, ihr Objekt durch eine fein abgestimmte Kalkulation zu definieren oder zu suchen.

Wenn man das Argument hinzufügt, daß die »organische« Gemeinschaft der Kultur auch eine rassische oder genetische ist, tendieren die kommunalistische und die biologische anti-rationale Lehre dazu, in eine einzige Lehre zu verschmelzen. Die kommunalistische Variante des politischen Irrationalismus liegt gelegentlich der Romantik der Linken wie der Rechten zugrunde.

Die Vielfalt der rationalen Erfahrung

Das Thema der Ohnmacht der Vernunft hatte eine Anzahl von Strängen. Einer war die Unfähigkeit der Vernunft, im Gegensatz zu Descartes' Hoffnungen und Erwartungen, ihre eigenen Verfahren zu rechtfertigen, zu *beweisen*, daß sie vernünftig sind. Ein anderer war die Unfähigkeit der Vernunft, ihre Verfahren nicht nur schlüssig zu beweisen, sondern auf anderen Gebieten als denen der Erkenntnis durchzusetzen. Kant hatte eine andere Vermutung: Er glaubte, daß genau derselbe innere Zwang, der die Menschen dazu trieb, ihre Ideen zu systematisieren, sie unter ordentliche, symmetrische Regeln zu subsumieren und nach Kräften zu vereinheitlichen, sie auch dazu veranlaßte, in ihrem moralischen Leben dieselbe Verpflichtung zu fühlen, gleiche Fälle ohne Furcht und Gunst gleich zu behandeln. Er nahm nicht an, daß die Menschen dieser Verpflichtung im allgemeinen nachlebten und nachkämen; aber er glaubte (und sein System erforderte dies), daß alle Menschen in ihrem Herzen das starke Bedürfnis verspürten — selbst wenn sie ihm nicht nachgaben —, als regelgebundene, Normen achtende, gewissenhafte Puritaner zu handeln. Selbst der hartgesottenste Schurke, behauptete Kant, bedaure in seinem Herzen, daß er nicht wie ein Puritaner handle.

In all diesem irrte Kant. Sehr viele Kulturen flößen ihren Angehörigen keine einheitliche Ethik einer symmetrischen Anwendung von Regeln ein, sondern ganz im Gegenteil eine Ethik asymmetrischer Loyalität. Aber es ist interessant zu fragen, warum der Ordnungszwang, die Verwirklichung der Cartesisch-Kantischen Rationalität, alles in allem im Bereich der modernen Erkenntnis, obgleich nirgends sonst, vorherrscht.

Im Erkennen funktioniert er unzweifelhaft und ist pragmatisch gerechtfertigt, obgleich er außerstande ist zu beweisen, daß er funktionieren *muß* und zuverlässig ist. Die erstaunliche und unbezweifelbare Macht der Technologie, die der rationalen Forschung entstammt, ist derart beeindruckend, daß die Mehrheit der Menschen — und insbesondere diejenigen, die bedacht sind, ihren Reichtum und/oder ihre Macht zu vergrößern — bestrebt ist, sie nachzuahmen. Ihre Anhänger mögen sie mit allen Arten von Irrationalität kombinieren, aber dennoch haben sie einen tiefen Respekt vor ihr. Sie fragen den Ingenieur ebenso um Rat wie den Astrologen, selbst wenn sie den letzteren noch dazu konsultieren. Aber keine ähnliche pragmatische Rechtfertigung unterstützt die zwanghafte Ordnung in der moralischen Sphäre. Moralische Ordnung mag anfänglich Erkenntnis und ökonomische Rationalität erzeugt haben, aber sobald diese erst einmal ihre Macht bewiesen haben, werden sie um ihrer selbst willen nachgeahmt.

Es mag gut sein, daß die frühen rationalen Produzenten ihre Seelen von einer zwanghaften Rationalität durchdringen lassen mußten, bevor sie (anfänglich ohne jede rationale Hoffnung, daraus Nutzen zu ziehen) sich auch für die rationale Produktion engagierten; sobald aber, wie Max Weber bemerkt hat, das Reichtum-erzeugende Potential des neuen produktiven Stils erst einmal manifest wurde, konnten viele andere diesen übernehmen, und sie taten das auch, ohne länger durch die abwegige, um nicht zu sagen bizarre Motivation gezwungen zu sein, die Weber den puritanischen Erzeugern der modernen Rationalität zuschrieb.

Infolgedessen ist es nutzlos zu versuchen, der Menschheit eine rationalistische, universalistische, egalitäre Ethik mit dem Argument aufzuzwingen, daß der produktive Stil, der die Bedingung des Lebensstils ist, an den man sich so eifrig gewöhnen will, einen *auch* verpflichte, sich in bestimmter Weise zu verhalten. Es ist mittlerweile vollkommen klar, daß man Elemente jener Rationalität akzeptieren kann, namentlich ihre Anwendung bei der Ausbeutung der Natur und in der Produktion, ohne sie darum in anderen Sphären zu akzeptieren. Das mag man bedauern, aber es scheint so zu sein. Pragmatische Erwägungen unterstützen die Vernunft in der Erkenntnis; sie unterstützten und bedingten sie in der Produktion während der frühen Periode der Expansion, aber sie unterstützen sie während späterer Stufen nur noch von Fall zu Fall; und sie scheinen sie in der Moral überhaupt nicht oder nur auf eine höchst bestreitbare und zweifelhafte Weise zu unterstützen.

Die ungleiche Verteilung der Rationalität ist auch in anderen Zusammenhängen interessant. Es war für die Entwicklung der modernen Welt, wie wir sie kennen, vermutlich wesentlich, daß die rationale Produktion, der Kapitalismus, der mächtigen Technologie voranging, aber auch, daß diese nicht allzu lange nach dem Sieg des Kapitalismus in der ersten industriellen Revolution auf der Bühne erschien. Wäre eine mächtige Technologie früher verfügbar gewesen, dann wäre ihr militärisches und politisches Potential manifest gewesen, und sie wäre vom modernen absolutistischen Staat ergriffen worden, was seinerseits vermutlich zur Erstickung der entstehenden pluralistischen und demokratischen Politik im 19. Jahrhundert geführt hätte. Wäre andererseits die neue Technologie nicht ziemlich bald nach der industriellen Revolution auf der Bühne erschienen, und hätte sie nicht die kontinuierliche Expansion der Produktion und infolgedessen die einsetzende Hebung des Lebensstandards ermöglicht, ist es wahrscheinlich, daß sich die pessimistischen Voraussagen der frühen klassischen Ökonomen und in ihrem Gefolge Marx' erfüllt hätten und die rationale Produktion zum Stillstand gekommen wäre, wie so viele frühere »Proto-Industrialisierungen«[63]. Rationale Produktion und Kommerzialisierung, die nicht von einer größeren wissenschaftlichen und technologischen Revolution begleitet werden, können den Lebensstandard heben, aber über kurz oder lang sehen sie sich dem Prinzip des abnehmenden Ertrags gegenüber und haben nicht das weltverändernde Potential, das eine vereinte produktive *und* kognitive Rationalisierung hat.

Was die Zukunft anbelangt, so ist es natürlich sehr wohl denkbar, daß sich die Rationalität wieder einmal in ein Getto zurückzieht, in eine kleine produktive und kognitive Zone, und daß andere Aspekte des Lebens und Denkens von ganz anderen Prinzipien beherrscht werden.

Der verwirrte Prometheus

Die verlorene Autonomie

Eines der zentralen Themen, vielleicht sogar die zentrale Obsession des Cartesischen Rationalismus ist das Streben nach Autonomie. Es besteht ein überwältigender Wunsch nach einer Art Selbsterschaffung, nach Erzeugung eines Ich und einer Welt, die nicht einfach aus einem ungeprüften, zufälligen, kontingenten Erbe übernommen werden. Der Rationalismus ist die Philosophie des neuen Besens. Der Mensch erschafft sich selbst und zwar auf *rationale Weise*. Die kulturelle Akkumulation ist irrational: Sie ist ein blinder Prozeß. Wenn unser Denken und Werten ihre Ergebnisse sind, verdienen sie bei unserer Identitätsbildung nicht unser Vertrauen.

Descartes' Ich wünscht *weder* der Vergangenheit *noch* irgendeinem zugrundeliegenden und ungeprüften Unterbau verpflichtet zu sein: Es muß mit seinen eigenen, selbstgemachten, transparenten und sich selbst garantierenden Werkzeugen arbeiten. Der Mensch benutzt die Vernunft, um sich selbst zu erschaffen. Die Werkzeuge sind nicht entliehen oder übernommen; sie werden mit derselben rigorosen Sorgfalt hergestellt, die auch auf die Ergebnisse, die sie hervorbringen sollen, anzuwenden ist. Bei der Suche nach zwingenden Gründen, die eine Folge dieses Strebens ist, führt die Forderung nach rationaler Garantie das Bedürfnis nach Autonomie mit sich. Was man nicht selbst gemacht und überprüft hat, dem kann man nicht trauen. Das ungeprüfte Erbe an bloßer *Gewohnheit und Beispiel*, diesem Strandgut der Geschichte, diesem Vorrat an Bräuchen einer Kultur, kann niemals den stringenten rationalistischen Kriterien genügen. Autonomie erfordert Vernunft, und Vernunft erfordert Autonomie.

Wie weit kann dieses prometheische Streben nach Autarchie und Selbsterschaffung befriedigt werden? Die Antwort ist einfach.

Gar nicht. Wir können uns selbst nicht, wie Descartes geplant und gewünscht hat, *ex nihilo* ersinnen. Wir können aus den Nischen unseres privaten Bewußtseins *weder* die Kriterien *noch* die Werkzeuge erschaffen, die für die Errichtung eines neuen begrifflichen und kognitiven Gebäudes benötigt werden, das nicht mehr der vergangenen Geschichte verpflichtet sein soll. Ein solches Streben nach einem »kosmischen Exil« taucht in der Geschichte des modernen westlichen Denkens immer wieder auf. Es ist von vielen, einschließlich Karl Marx, verspottet worden: »Die [...] Lehre von der Veränderung der Umstände und der Erziehung vergißt, daß die Umstände von den Menschen verändert und der Erzieher selbst erzogen werden muß. Sie muß daher die Gesellschaft in zwei Teile — von denen der eine über ihr erhaben ist — sondieren.«[64] Marx war einer der vielen Anhänger des Vorsehungsglaubens: Er konnte das Streben, außerhalb der Gesellschaft zu stehen und ihr zu sagen, wohin sie gehen soll, verspotten. Er konnte das tun, weil er — umnachteter Hegelianer, der er nun einmal war — glaubte, daß er Zugang zu dem Wissen darüber habe, wohin sie gehen *müsse.* Wir können dem Welt-Prozeß trauen, und infolgedessen besteht für uns weder die Notwendigkeit noch die Möglichkeit, außerhalb dieses Prozesses zu stehen, um ihn einzuschätzen. Man braucht nicht über dem Gesellschaftsprozeß zu stehen: Wir können der »revolutionären Praxis« trauen, seiner Version des Heiligen Geistes. Marx wußte, daß die Praxis dazu bestimmt war, uns an einen guten Ort zu führen. Er analysierte die Kräfte, die die Welt in eine gegebene Richtung vorantrieben, und es genügte ihm, auf die Weisheit dieser Richtung zu vertrauen und sie zu unterstützen. Die Erhabenheit dieses Ziels würde ihrerseits dadurch gerechtfertigt werden, daß die Welt tatsächlich dorthin gehen würde.

Durch die Präjudizierung der Frage nach der Natur der Welt konnte man sich Dispens von der uneinlösbaren cartesischen Verpflichtung erteilen, unsere Methode, diese Welt zu erkennen, auf unabhängige Weise zu überprüfen. Die Anerkennung unserer kognitiven Ausstattung oder Gewohnheit war eine Folge der früheren Anerkennung der Welt als ganzer, und Erkenntnis (eben jener selben Welt) war ein integraler Teil jener akzeptierten Welt. Weil man denkt, man wisse, wie die Welt ist und welche (wohltätige) Rolle die Erkenntnis in ihr spielt, kann man sich auf dieses Wissen verlassen und auf eine radikale Untersuchung verzichten. Eine *allgemeine* Selbstzufriedenheit führt eine spezifische hinsichtlich unserer kognitiven Praxis mit sich. Im Rahmen einer anderen Tradition und in anderer Ausdrucksweise lehrt Quine in unserer Zeit in etwa dasselbe: Mit der Welt und vor allem mit unseren kognitiven Gewohnheiten ist alles in Ordnung, und das kosmische Exil ist nicht notwendig.

Es ist zwar leicht zu sehen, warum das prometheische Streben nach Exil absurd ist; viel wichtiger ist freilich zu sehen, warum es sowohl unvermeidlich wie notwendig ist. Dieses Streben *definiert* uns, obgleich es nicht erfüllt werden kann. Wir sind genau deshalb das, was wir sind, weil dieses seltsame Streben unserem Denken so tief innewohnt. Vielleicht erfüllen wir seine Forderungen niemals vollständig, aber wir sind das, was wir sind, weil unsere intellektuellen Vorfahren darum gekämpft haben und diese Anstrengung in unsere Seele eingegangen ist und unsere kognitive Gewohnheit durchdrungen hat. Wir sind eine Rasse gescheiterter Prometheusse. Rationalismus ist unser Schicksal. Er ist nicht unsere eigene Wahl und noch viel weniger unsere Krankheit. Wir sind nicht frei von Kultur, von Gewohnheit und Beispiel. Aber es gehört zum Wesen *unserer* Kultur, daß sie in den rationalistischen Bestrebungen wurzelt.

Trotzdem ist es wahr, daß wir zum Scheitern verurteilt waren. Es ist unmöglich zu bestreiten, daß dieses Streben, mochte es für unsere Identität und unsere Zivilisation noch so wesentlich sein, auch absurd ist. Wir können nicht die Werkzeuge herstellen, die ihrerseits die Werkzeuge herstellen, mit denen wir dann denken würden, um uns von allen früheren Werkzeugmachern unabhängig zu machen und unsere Welt ohne die Hilfe des Vorurteils zu erschaffen. Mit Recht mißtrauen wir denen, die ihren eigenen Kulturen Glauben und Vertrauen geschenkt haben. Spinoza war sich des Problems deutlich bewußt: »[...] um Eisen zu schmieden, ist ein Hammer vonnöten, und um einen Hammer zu erhalten, muß man ihn vorher verfertigen. Dazu braucht man einen anderen Hammer [...] und so fort ins Unendliche.«[65] Wenn totale Autonomie durch spontane begriffliche Zeugung unmöglich ist, was bleibt dann übrig? Worin besteht der gültige Kern, die tiefste aller rationalistischen Hoffnungen? Welches war die Situation, die dieses Streben widerspiegelte?

Wenn die totale Autonomie wirklich eine Illusion ist — was sie ist —, dann bleibt die profunde *coupure*, der tiefe Bruch zwischen einer neuen und durchgängig rationalen Gesellschaft und der alten, vorherrschend traditionellen.

Die Anhänger des Vorsehungsglaubens versuchen eine Alternative zum kosmischen Exil mittels der Lehre anzubieten, daß die Vernunft Erbin einer alten und dominanten Strömung sei, die alle Geschichte oder sogar alles Leben durchziehe. Ein manifestes Schicksal führe von der Amöbe oder dem Frühmenschen zu Newton und Einstein. Das ist nicht so: Die Vernunft ist ein Findling und nicht Erbin einer alten Linie, und ihre Identität oder Rechtfertigung ist, so wie sie ist, ohne die Wohltat einer alten Abstammung geschmiedet worden. Ein Bastard der Natur kann nicht durch seine Abstammung, sondern im besten Falle nur durch seine Leistung gerechtfertigt werden. Die Belagerungsmentalität, nicht die prästabilierte Harmonie ist der richtige Geist in der Philosophie der Vernunft.

Das kosmische Exil, das Sich-aus-einer-Kultur-heraus-Optieren, ist nicht praktizierbar. Aber es stellt die edle und ganz und gar angemessene Gründungsurkunde oder den Gründungsmythos einer neuen Art Kultur dar, ein neues System einer charakteristisch *cartesianischen* Art von Gewohnheit und Beispiel. Die Gewohnheit wurde nicht überschritten: *aber es wurde eine ganz neue Art von Gewohnheit auf den Weg gebracht.* Die Trennung der objektiven Erkenntnis von anderen Aktivitäten, die systematische Unterwerfung des Erkenntnisanspruchs unter einen streng außergesellschaftlichen, zentralisierten Appellationsgerichtshof (unter dem Schlagwort der »klaren und deutlichen Ideen« oder der »Erfahrung«) und die Einführung einer einzigen Bezugswährung hatten die Grenzen der Erkenntnis explodieren lassen. Sie initiierten und ermöglichten ein Zeitalter eines beispiellosen, unglaublichen Erkenntnis- und Wirtschaftswachstums. Durch die damit verbundene Technologie ging das malthusianistische Zeitalter zu Ende. Von nun an würden die Ressourcen schneller wachsen als die Bevölkerung, und das taten sie denn gewöhnlich auch. Politische Zwangssysteme wurden der Menschheit nicht länger durch das Bedürfnis auferlegt, den Angehörigen einer Gesellschaft, die über inhärent begrenzte Ressourcen verfügte, eine unvermeidlich ungerechte Verteilung aufzuzwingen. Unterdrückung sollte von nun an unsere Option, aber nicht mehr unser Schicksal sein.

All dieses unterschied und trennte diese Zauberlehrlingsgesellschaft endgültig und in jeder Hinsicht von all ihren Vorgängern. Aber gleichzeitig nahm es ihr auch die Unterstützungen und Tröstungen, die der Menschheit bislang zu Gebote standen. Man kann nicht beides haben, Erkenntnis *und* Illusion. Oder besser: Man kann sie nicht *widerspruchsfrei* beide haben. Vielleicht lernt es die Menschheit noch, systematisch inkonsistent zu sein. Es werden ernsthafte Anstrengungen unternommen, genau dies zu erreichen. Aber das ist eine andere Geschichte.

Descartes ging fehl in seiner Annahme, daß er es allein schaffen könnte. Aber eine *Gemeinschaft* von kognitiven Individualisten kann etwas Grundlegendes erreichen, selbst wenn es nicht genau das ist, was er erwartet hatte. Ähnlich ging Descartes fehl in der Annahme, daß er sich selbst von der Kultur, von Gewohnheit und Beispiel befreien könne. In Wahrheit entstand eine radikal andere, neue Art von Kultur, eine neue Gewohnheit, die er zu kodifizieren half.

Aber sie war nicht einfach nur eine weitere Kultur unter anderen. Sie war neu ihrer Art nach und auf gänzlich neuen Prinzipien errichtet. Gleichwohl *war* sie eine Kultur und nicht ein Überschreiten aller Kultur, wie Descartes vermutet hatte. Sie hatte ihre eigenen und unverwechselbaren Zwänge, und auch diese hatten ihre gesellschaftlichen Wurzeln, wie Weber lehrte. Eine neue Art von Gesellschaft hatte eine neue Art von Zwang erzeugt und wurde ihrerseits von ihm erhalten. Die Bedeutung Max Webers als *des* Soziologen der Rationalität liegt darin, daß er uns eine Theorie gab, die erklärt, wie diese unverwechselbare Art von Kultur zustande kommen konnte, die das wissenschaftliche Verständnis der Natur und ihre technologische Beherrschung möglich machte. Vom Gesichtspunkt der Soziologie aus besteht die Bedeutung der großen rationalistischen Philosophen darin, daß sie uns unter dem Deckmantel einer Darstellung des menschlichen Geistes als solchen ein Porträt der einzigartigen neuen Art von Gewohnheit und Beispiel von innen geben.

Die Praxis der Untersuchung durch Zweifel, die Descartes als Mittel der Begriffsreinigung vorgeschlagen hatte, ist in der Tat eine exzellente Grenzkontrolle, um zu überprüfen, was zu der neuen Kultur Zutritt erhalten konnte und was nicht. Die Natur jener Klarheit und Deutlichkeit, die die kognitiven Grenzwächter anwenden sollten, wurde von den Empiristen, die auf Descartes folgten, viel besser verstanden als von ihm, obgleich er bis zu einem gewissen Maß die richtige allgemeine Idee hatte. Der logische Zwang, der der Kultur nichts verdankt und der uns infolgedessen eine Naturanschauung geben kann, die für alle Kulturen gültig ist und in keiner einzelnen wurzelt, ist schließlich ganz einfach: Das Gegebensein von *Daten* (in Descartes' Denken als die unmittelbare Verfügbarkeit der denkenden Substanz für sich selbst vorhanden) plus das einfache logische Prinzip, daß keine Generalisierung, die mit den gegebenen Daten unvereinbar ist, akzeptiert werden darf.

So ist aber die heroische Errichtung einer ganzen Welt durch ein einzelnes Individuum, der Crusoe-Stil der Erkenntnis, die Verwendung von ausschließlich unseren eigenen, selbst überprüften und selbst erzeugten Mitteln, tatsächlich unmöglich. Aber die beinahe ebenso heroische Errichtung einer neuen Kultur, die mit einer neuen Art epistemischer Konstitution ausgestattet war, *war* möglich und sie fand statt. Wir waren zum Scheitern verurteilt, aber wir waren auch dazu verurteilt, den Versuch zu unternehmen; und die Anstrengung trug üppige Frucht, selbst wenn sie keineswegs das war, was der Ur-Rationalist vorgeschlagen hatte. Die gescheiterte Anstrengung definierte eine neue Zivilisation. Die neue Rationalität hatte eine Geschichte und gewaltige Konsequenzen: Die historische Soziologie hat versucht, sich mit beiden auseinanderzusetzen, und Max Webers Werk, ob es in den Details nun richtig oder falsch ist, bleibt als herausragende Formulierung des Problems gültig.

Wie haben wir diese neue Welt gebaut? Sie wurde von neuen Menschen errichtet, die vom Crusoeschen-Descartesschen Geist beseelt waren. Robinson Crusoe war ein Mann, der den wesentlichen Teil seiner Kultur in sich selbst trug und sie selbständig auf einer Insel wiedererrichten konnte. Er brauchte keine ihn ergänzenden Mitspezialisten, deren Kompetenzbereich er aus rituellen oder legalen Gründen nicht betreten durfte. Mit anderen Worten, alle Spezialgebiete seiner Kultur verwenden dasselbe Idiom, das er beherrscht, und sie stehen ihm offen.

Das, was als ein einsames, Descartessches-Crusoesches Unternehmen dargestellt worden ist, war in Wirklichkeit die Gründungsurkunde einer radikal neuen Gesellschaftsordnung. Mit dieser Behauptung soll freilich der philosophische Inhalt des individualistischen Rationalismus *nicht* auf seine soziale Rolle reduziert werden. Es handelt sich hier nicht um eine soziologisch reduktionistische Position. Der philosophische *Inhalt* erhellt wahrhaft die Art und Weise, wie die neue Gesellschaftsordnung funktioniert: Sie ist individualistisch und beruht auf echter und kumulativer Erkenntnis. Die Philosophie und Soziologie der Rationalität können nicht zuammengebracht werden. Keine wird auf die andere reduziert.

Die Rationalisten überschritten nicht, wie Descartes dachte, die Kultur. Sie schufen und kodifizierten eine unverwechselbare, spezielle, individualistische Kultur, eine Kultur, die sich von ihren Vorgängern durch eine unvergleichlich größere kognitive Kraft unterschied — und durch ihren Einfluß in der Sphäre der moralischen Legitimation. Die Menschheit hatte drei Stufen durchlaufen — das Zeitalter des Rituals, das Zeitalter des zweifelhaften Beweises und das Zeitalter des Fehlens jedes Beweises. Die Rationalisten verzeichneten die Regeln dieser dritten Stufe.

Transzendenz und Relativismus

Ein auffälliger Zug des Rationalismus war sein Streben nach kognitiver Selbsterschaffung: Der Rationalist will ein gänzlich von sich selbst geschaffener Mensch sein, unbefleckt durch das Netz schattenhafter und unsicherer kognitiver Schulden, durch die zufälligen und kompromißbesudelten Anpassungen, die die frühere Geistesgeschichte der Menschheit ausmachen. Diese Geschichte war ein derart prinzipienloser Opportunismus und Kompromiß gewesen, daß sie echtes intellektuelles Wachstum verhindert hatte. Nicht nur Stolz oder Puritanismus zwingen den Rationalisten in diese Richtung: auch die Überlegung, daß er kein Recht hat, Operationsprinzipien anzuerkennen, die er nicht selbst festgelegt hat. Sie sind unsicher, und es wäre unverantwortlich, sie zu übernehmen. Der Rationalist kann sich der kognitiven Qualität und Verläßlichkeit dessen, was sie hervorbringen, nicht wirklich sicher sein. Es ist kein Gewächs mit einer *appellation contrôlée*. Er kann nicht mit wirklich gutem Gewissen die Echtheit ihrer Produkte bestätigen. Er kann für ihre Ansprüche keine Verantwortung übernehmen.

Der zweite, eng verwandte und gleich wichtige Zug des Rationalismus ist die Suche nach *Transzendenz*. Der Rationalismus begreift Erkenntnis unstreitig als die Erlangung *von* etwas Äußerem und Unabhängigem: Sie darf nicht lediglich etwas sein, das vom Organismus in diesem selbst erzeugt worden ist. Das scheint ein Widerspruch zu sein: Der Rationalist will Erkenntnis aus eigenen Mitteln hervorbringen, und er will zugleich, daß sie sich auf etwas Objektives bezieht.

Es besteht kein Widerspruch. Denn Autonomie und Transzendenz sind sehr eng miteinander verbunden: *Gerade* deshalb, weil Erkenntnis unabhängig ist, zeigt sie die Autonomie dessen, der sie hat. Umgekehrt: Nur der autonome Forscher kann Anspruch auf echte und transzendente Erkenntnis erheben. Der unfreie Forscher kann, wenn er überhaupt Wahrheit erlangt, diese nur durch die Gnade seines Herrn erreichen, mit freundlicher Genehmigung der natürlichen oder kulturellen Agentur, die ihn jeweils manipuliert. Solche Erkenntnis, die von der Laune eines Herrn abhängt, ist wertlos.

Es besteht hier also eine Art Paradox: Der Bürger einer rationalen Ordnung nimmt Autonomie genau deshalb für sich in Anspruch, weil der Inhalt seines Wissens, die kognitiven Ansprüche, die er erhebt, gänzlich unabhängig von ihm sind. Er hat ihn nicht *gemacht*; er hat ihn *gefunden*. Man hätte eigentlich das Gegenteil erwartet. Man hätte erwartet, daß der autonom Handelnde sich sein Objekt *schafft*. Das ist nicht so. Aber das Paradox ist nur scheinbar.

Objektbezogene Behauptungen, die im rationalen Geist aufgestellt werden, sind zunächst einmal von allen anderen Funktionen und Bestrebungen getrennt. Sie verrichten zum Beispiel nicht zur selben Zeit interne Dienste für die Moral oder den Zusammenhalt und die Disziplin des Organismus, in dem sie aufgestellt werden. (In diesem Sinne sind sie wesentlicher Teil einer Gesellschaft, die Arbeitsteilung praktiziert und infolgedessen in jeder Sphäre ein einzelnes und luzides Kriterium anwenden und ein objektives Urteil abgeben kann.) Überzeugungen sind nur einem einzigen Kriterium unterworfen, nämlich ihrer Fähigkeit, sich objektiv auf etwas zu beziehen und es zu erklären. Sie beachten die Regeln dessen, was man die cartesianisch-empirische Methode nennen könnte: Trennung aller Fragen und Probleme und Unterwerfung aller Ansprüche unter Prüfungen, die nicht ihrer eigenen Kontrolle unterliegen. Dies, in Verbindung mit dem starken Impuls zu Allgemeinheit und Ordnung, scheint eine Erkenntnisform von erstaunlicher Kraft erzeugt zu haben, und zwar eine, die *nicht* an irgendein kulturelles System gebunden ist. Es scheint, daß die Welt, wenn sie überhaupt erkennbar sein soll, sich allein dieser Strategie erschließt. Das sie überhaupt erkennbar ist, daß sie ihre Geheimnisse einer solchen Strategie preisgibt, wenn schon keiner anderen, ist ein Wunder. Die Frage, warum sie eine solche Welt ist, kann nicht durch die Entfaltung der Strategie selbst beantwortet werden. Da es keine andere Methode gibt, muß sie für uns ein Geheimnis bleiben.

Wir haben gesehen, daß das absurde und undurchführbare Robinsonsche Bestreben, ganz allein eine Welt zu schaffen, nur ein Gleichnis für das durchführbare Bestreben ist, eine rationale Kultur zu errichten. (Zumindest wissen wir, daß es durchführbar ist, weil es geschehen ist. Ich selber hätte es im voraus niemals für möglich gehalten.) Sie wird nicht durch ein einsames Individuum erschaffen, aber sie verpflichtet alle Individuen innerhalb dieser Kultur, sich auf symmetrische Weise zu verhalten, zumindest wenn sie sich kognitiv wohl verhalten und während sie an einer ernsthaften Untersuchung teilnehmen: keinen Sonderstatus zu beanspruchen und anzuerkennen, daß die Ansprüche dieser Kultur der Inspektion und Kritik durch jedes beliebige Mitglied unterworfen sind.

Ist diese Ansicht einfach nur ein weiterer Fall einer naiven Selbstbeglückwünschung? Es ist nicht das erste Mal, daß eine Gesellschaft geglaubt hat, im Besitz einer überlegenen, exklusiven und

rettenden Wahrheit zu sein, und alle anderen als umnachtete Hei-
den verdammt hat. Ist diese Art Szientismus oder Positivismus nur
ein weiteres Stück ethnozentrischer Selbstzufriedenheit, ähnlich
dem Dogmatismus vergangener Nutznießer einer behaupteten,
angeblich einzigartigen und endgültigen Offenbarung? Unsere
Romantiker, die das *tu quoque*-Argument so sehr lieben, möchten,
daß wir das glauben. Sie verabscheuen die Kälte, Macht und den
kulturell körperlosen Charakter der Wissenschaft und wünschen,
daß er degradiert, daß er vom Sockel gestoßen werde.

Wenn es wirklich nur ein weiterer Fall einer illusorischen Selbst-
glorifizierung wäre, wäre es eine naive Großspurigkeit ungewöhn-
licher Art. Die Wissenschaft hat die Welt erobert, ohne viel Widerstand zu finden, im Grunde, ohne auf einen *wirklichen* Widerstand
zu treffen. Sie ist in erheblichem Umfang der Beschimpfung und
Herabsetzung ausgesetzt, sowohl in ihren heimischen Gefilden als
auch in den Regionen, die sie kolonisiert hat; aber für praktische
Zwecke und in Verfolgung des ernsthaften Geschäfts des Lebens
(Produktion, Zwang) verschmähen nur wenige ihre Hilfe. Die meisten Menschen und Gesellschaften sind eifrig, oft unanständig eifrig, darauf bedacht, sich ihrer zu bemächtigen. Sie macht heutzuta-
ge überraschend wenige Ansprüche zu ihren Gunsten geltend, aber
schließlich braucht sie es auch nicht: Die Praxis spricht lauter als alle Worte.

Das Paradox der gegenwärtigen Position besteht darin, daß ein
pragmatisches Argument zur Unterstützung der *absolutistischen* Ansprüche der Wissenschaft und des damit verbundenen rationalistischen Geistes angeboten wird. Das ist tatsächlich so. Es bleibt nur
hinzuzufügen, daß dies kein *generalisierter* Pragmatismus ist. Es
wird nicht behauptet, daß pragmatische Kriterien, und sie allein,
auf alle Entscheidungen angewandt werden sollen. Das Gesagte ist
viel enger und spezifischer: In dem großen und unumkehrbaren
Übergang, in der *coupure* zwischen dem traditionellen und dem
rationalen Geist sprechen überwältigende und ausschlaggebende
Gründe pragmatischer Natur für den einen der beiden Gegner. An
einer bestimmten Wegkreuzung ist das Urteil der Geschichte kate-
gorisch, unzweideutig, entschieden und unumkehrbar.

Rationalismus und Empirismus als Partner

Für professionelle Philosophen ist der Rationalismus in erster Linie einer der beiden Gegner in der berühmten Konfrontation mit dem Empirismus. Wir kehren jetzt zu dieser Debatte zurück. Sie ist für die gegenwärtige Argumentation von Bedeutung, die den Punkt erreicht hat zu behaupten, daß *Transzendenz* ein wesentlicher Bestandteil der rationalistischen Position und Errungenschaft ist.

Durch welche Technik wird diese Transzendenz erlangt? Wie ist die Transzendenz erreicht worden?

Das Paradoxe ist, daß der *Empirismus* das Ziel des Rationalismus (nämlich Transzendenz) und der *Rationalismus* das Ziel des Empirismus erreicht hat (die Empfindlichkeit gegenüber der Außenwelt). Die beiden scheinbaren Opponenten sind in Wirklichkeit komplementär. Keiner kann ohne den anderen funktionieren. Jeder verrichtet, seltsam genug, die Aufgabe des anderen.

Es ist nützlich, den Begriff der Transzendenz zu verfeinern. Im frühen Rationalismus war eine doppelte Transzendenz im Spiel: Transzendenz der Natur und der Sinne auf der einen Seite, und Unabhängigkeit von der Ansammlung gesellschaftlicher Ideen, d. h. der Kultur auf der anderen. Das Streben nach unbedenklicher, zuverlässiger Erkenntnis schien gleichermaßen eine Überwindung der unzuverlässigen, ephemeren, kontextgebundenen Natur der Sinneswahrnehmung wie des gesellschaftlichen Vorurteils zu erfordern. Beide schienen sichtlich ungeeignete Bausteine für ein verläßliches kognitives Gebäude zu liefern. Aber wie sich herausstellte, sind diese beiden Auffassungen von der Transzendenz sich in keiner Weise ähnlich. Ganz im Gegenteil, sie sind zutiefst antithetisch.

Diese Idee der Erkenntnis eines Reiches, das jenseits der Welt der Sinne und der Natur liegt, ist eine Falle und eine Täuschung. Durch welche denkbaren Mittel könnten wir Erkenntnis eines solchen Reiches gewinnen? Die alte rationalistische Vermutung, daß die innere Schlüssigkeit, das Zwanghafte unserer Ideen und ihrer Verbindungen, uns irgendwie in jene Welt hineintreiben könnten, hält einer näheren Überprüfung nicht stand. Aber auf der anderen Seite ist Erkenntnis, die die Fesseln, Vorurteile und Vorverurteilungen jeder *einzelnen* Gesellschaft und Kultur transzendiert, keine Illusion, sondern ganz im Gegenteil eine wunderbare und deutliche Realität. Nur wie sie erreicht wird, bleibt umstritten.

Zentral für den Empirismus ist die Behauptung, daß eine unabhängige Datenbasis, die »Erfahrung«, über unsere kognitiven Ansprüche zu Gericht sitzt, aber *nicht* deren Kontrolle unterworfen ist. Zum Glück für die Menschheit scheint eine solche Datenbasis tatsächlich verfügbar zu sein. Und selbst wenn sie niemals in reiner Form verfügbar ist, scheint es durchaus möglich, die Ebene der Unreinheit, der »Theoriesättigung«, auf einer akzeptabel niedrigen Stufe zu halten. Sie ist tatsächlich auf eine Ebene reduziert worden, die tief genug ist, um sicherzustellen, daß die »Erfahrung« die ihr zugewiesene Aufgabe verrichtet. Die Erfahrung oder besser das kontrollierte Experiment stellt einen wirksamen, gesellschaftlich unabhängigen Appellationsgerichtshof für alle kognitiven Ansprüche dar. Die Konzentration auf die Daten, die im Prinzip einem einzelnen Beobachter verfügbar sind, und auf ihre Atomisierung hat die Transzendierung kulturell auferlegter und dogmenbewahrender Illusion erreicht. Kulturelle Visionen zwingen ihre Klientel durch Kopplungsgeschäfte. Quine hat beobachtet, daß die Wissenschaft der Welt in Gestalt einer Körperschaft gegenübertritt. Man sollte besser sagen, daß vorwissenschaftliche Glaubensüberzeugungen der Welt in Gestalt einer Körperschaft *aus dem Wege gehen*. Die empiristische Forderung, das, was wirklich erfahren wird, in kleine Stücke zu zerlegen und es vor den letzten Appellationsgerichtshof der Theorien zu bringen, untergräbt die Dominanz kollektiver Illusion und ersetzt sie durch eine kumulative, transkulturelle Wissenschaft. Der Empirismus wird normalerweise als eine Philosophie angesehen, die auf der Immanenz, auf der innerweltlichen Natur unserer Erkenntnis beharrt. Ihre wirkliche Rolle hat darin bestanden, die *Transzendenz* der alten, kulturell erzwungenen Schranken unseres Glaubens zu erreichen.

Man hört oft die entgegengesetzte Meinung, aber sie ist schlicht falsch. Ihr Argument lautet folgendermaßen: Wahrnehmungen hängen von Interpretationen ab, und Interpretationen sind die Sklaven gesellschaftlicher Interessen. Um ein berühmtes Beispiel zu geben: Die Arbeiterklasse muß von ihrer Ausbeutung durch den

Kapitalismus befreit werden und bedarf deshalb der Unterstützung ihrer Moral durch einen Glauben an die Möglichkeit des Sozialismus, und also darf ihr nichts von der Existenz von Gulags erzählt werden. Sartre hat eben das offen erklärt, als er nach seinem schamhaften Schweigen über den Stalinismus gefragt wurde: »Il faut pas désespérer Billancourt«.

Sartres Argument lautete: Die Bourgeoisie fürchtete den Sozialismus und war darauf angewiesen, daß ihr Haß gegen den Sozialismus durch einen Glauben an die allgemeine Verbreitung von Gulags unter dem Sozialismus unterstützt wurde. Aber diese Ansicht führt dazu, daß die Gulags als solche weder existierten noch nicht existierten. Ihre »Existenz« war eine Funktion der historischen Position und der gesellschaftlichen Interessen des Gläubigen.

All das ist einfach Unsinn. Entweder existieren Gulags oder sie existieren nicht. Ihre Realität ist ganz unabhängig von der politischen Meinung der Untersuchenden feststellbar. Ebenso gilt: Entweder hat das Pol-Pot-Regime in Kambodscha einen riesigen Teil seiner Bevölkerung in einer fast beispiellosen Schreckensherrschaft umgebracht oder nicht. Es mag in das Weltbild einiger Amerikaner passen zu glauben, daß das Regime so gehandelt hat. Aber das ist einfach irrelevant, auch wenn es den bizarren moralischen Intuitionen eines hervorragenden Denkers widerstrebt.

Der Empirismus entstand aus der Verfeinerung der rationalistischen Ideen Descartes'. Die inneren Zwänge, die Descartes als Schiedsrichter über kognitive Ansprüche einzusetzen wünschte, stellten sich bei etwas sorgfältigerer Prüfung als Sinnesdaten heraus. Und durch welche Art von Mechanismus erlangte die Betonung der »Erfahrung« diese gesellschaftliche Transzendenz? Wie gelang es ihr, unsere Sinnlichkeit zu benutzen, um uns von unserer Kultur zu befreien?

Hier gelangen wir zu unserem zweiten Paradox, der Tatsache, daß in Wirklichkeit der Rationalismus dem Empirismus half, seine Aufgabe zu erfüllen. Die empiristische Ansicht, daß wir aus Erfahrung lernen, ist trivial: Die Menschen hatten immer aus der Erfahrung gelernt und wußten das auch. Dies ist kein Mysterium und keine neue Entdeckung. Was den philosophischen Empirismus wichtig und revolutionär machte, war die implizite Hinzufügung der Wendung »Menschen lernen aus der Erfahrung *und auf keine andere Art und Weise*«. Und es gab noch einen zusätzlichen Punkt: begriffliche Kopplungsgeschäfte und komplexe Visionen sind eine Möglichkeit, der Lektion der Erfahrung aus dem Weg zu gehen. Also muß die Erfahrung atomistisch angesehen werden. Der klassische Empirist versuchte dies durch die (irrtümliche) Ansicht, daß die gewöhnliche, alltägliche Erfahrung tatsächlich atomisiert war. Aber indem er uns irrtümlich erklärte, daß sie schon so war, lehrte er uns, sie in einer atomisierten Weise zu reinterpretieren. Dies sanktioniert und bestätigt die wissenschaftliche Gewohnheit, alte Ideenbündel nicht als selbstverständlich hinzunehmen und sie statt dessen experimentell neu anzuordnen und auseinanderzunehmen.

Diese »nur Erfahrung«-Klausel verleiht der empiristischen Theorie eine sehr scharfe Schneide. Die Bestreitung anderer Erkenntnisquellen hat ein Mißtrauen gegenüber allen Hintergrundideen und -bildern, die die Interpretation der Beobachtung beherrschen oder beeinflussen, zur Folge. Sie verhindert entschieden, daß sie in den reservierten Grundüberzeugungen einer Kultur Wurzel fassen. Sie *macht den Kulturen den Prozeß*.

Es gibt vielleicht keine Möglichkeit, die Verwendung von Hintergrundbildern vollständig auszuschließen; aber sobald einmal erkannt ist, daß keines von ihnen sakrosankt ist, gibt es keine Rechtfertigung mehr dafür, ihnen eine permanente, unbegrenzte Autorität über die Daten zu verleihen, die sich gegen sie zu richten scheinen. Vielleicht ist es gerechtfertigt, einige Fakten zu ignorieren oder wegzuerklären, die Verzweiflung in Billancourt oder selbst in einer Gelehrtengemeinschaft auslösen könnten; aber genug ist genug. Es kommt ein Punkt, den man vielleicht nicht formal definieren kann, wo die Verzweiflung in Billancourt oder sonstwo aufhört, ein legitimes Gegenargument zu sein. Am Ende übertrumpft die Datenbasis alle psychischen oder gesellschaftlichen Bedürfnisse und jedes damit verbundene generelle Bild.

Entscheidend in der empiristischen Theorie war die implizite Systematisierung und Gleichstellung aller Begriffe: keiner war sakrosankt. Von allen wurde erwartet, daß sie sich demselben Verhaltenscode fügten und demselben Gericht unterwarfen. Die Menschen waren gegenüber der Erfahrung und der Natur immer empfindlich, und es ist sehr wahrscheinlich, daß der primitive Mensch mehr von einer solchen Empfindlichkeit besaß als Angehörige fortgeschrittener Kulturen, deren Gelehrte oft eine atrophierte Empfindlichkeit gegenüber der Natur besitzen. Wenn die Sensibilität für die Natur alles wäre, was für eine kultur-transzendierende Erkenntnis gefordert ist, wäre der Menschheit die Erreichung der Wissenschaft lange vorher gelungen.

Aber sie war *nicht* alles. Die Ergebnisse dieser Sensibilität mußten auch in einem Idiom aufgezeichnet werden, das sauber und symmetrisch war und das systematisch alle Informationen miteinander verknüpfte sowie Verallgemeinerungen an allen möglichen Punkten überprüfte, das die Daten, und zwar präzise, mit allgemeinen Fragen verband und das verschiedene Fragen in einer gemeinsamen, standardisierten und präzisen Währung miteinander verband. Es erforderte außerdem einen starken Drang nach noch größerer Systematisierung und Vereinheitlichung. Mit anderen Worten, Begriffe und kognitive Ansprüche mußten sich in jener nüchternen, symmetrischen, gelassenen und systematischen Weise benehmen, die Max Weber dem Verhalten und der Vernünftigkeit der Anhänger des Puritanismus zugesprochen hatte und die dadurch angeblich die rationale und kumulative Produktion hervorbrachte.

Infolgedessen verwandelte dieser Aspekt des Rationalismus — im Sinne einer Betonung des methodischen Vorgehens, der Ordnung und Symmetrie, der Suche nach Regeln ohne Ausnahme — eine bloße empirische Empfindlichkeit aus einem schwächlichen Ding-unter-anderen in das mächtige Werkzeug, das sie jetzt ist. Es besteht offensichtlich eine Parallele zwischen dieser Tatsache und dem, was Weber uns über die Habgier gelehrt hat. Es hat immer Habgier unter den Menschen gegeben, und ohne Zweifel sind einige Menschen von der Habgier bis zum Ausschluß anderer Interessen besessen gewesen. Aber es war nicht die Habgier, die den Kapitalismus und die rationale Produktion hervorgerufen hat: Es war die *Disziplinierung* der Habgier, deren rücksichtslose Zähmung durch Ordnung und Berechnung und deren Verwandlung in einen merkwürdig uneigennützigen Zwang, dem man sich um seiner selbst statt um seiner Früchte willen hingab, was wirklich zum Ziel führte. Ein Marxist wie Marshall Sahlins ist der Meinung, daß die Menschen nicht immer habgierig gewesen seien, sondern daß es Habgier war, die eine geldgierige Welt hervorbrachte, aus der wir vermutlich eines Tages wieder entkommen werden[66]. Im Gegensatz dazu kann Weber zugeben, daß es immer Habgier gegeben hat, sei sie nun beherrschend gewesen oder nicht, ist aber gezwungen, darauf zu beharren, daß sie allein ganz unfähig war, unsere systematisch erwerbsorientierte Welt zu erzeugen. Nur eine disziplinierte, uneigennützige, *asketische* Habgier war dazu imstande.

Etwas Ähnliches gilt von der Sensibilität. Die Empiristen rühmen die Erfahrung. Was wirklich zählte, war nicht, was sie über die Erfahrung als solche behaupteten, sondern was sie in ihrer Darstellung, wie die Erfahrung behandelt werden sollte, stillschweigend als selbstverständlich hinnahmen und gelassen voraussetzten. Sie waren schon Puritaner und in einem sehr buchstäblichen Sinne Methodisten. Sie nahmen die methodische Systematisierung der Sensibilität als selbstverständlich hin. An diesem Punkt, in ihrer stillschweigenden Annahme von Symmetrie und Ordnung in unseren Verfahren, und nicht in der Berufung auf Erfahrung als solche, kann das wirkliche Geheimnis der hochkarätigen modernen Erkenntnis gefunden werden. Die rationalistischen, methodischen, ordentlichen, puritanischen stillschweigenden Annahmen der Empiristen und nicht ihre sensualistischen, empiristischen Schlagwörter gaben ihren Lehren Macht und Schärfe.

Der Rationalismus enthielt eine Antwort auf das vielzitierte Problem der »Theoriesättigung der Tatsache«, das angeblich das empiristische Erkenntnismodell ungültig macht. Die rationalistischen Vorschriften der *Atomisierung* der Fragen, der Wiederholung und der Symmetrie verhindern vereint die ewige Selbsterhaltung von Theorien, indem sie ständig die wahrgenommenen Tatsachen damit impfen. Wenn die Assoziationen oder Interpretationen, die die Wahrnehmung begleiten, selbst wiederholt von verschiedenen Gesichtspunkten aus überprüft werden, indem man die sie stützenden Tatsachen in ihre experimentellen Atome zerbricht, dann überleben sich selbst erhaltende Zirkel von Ideen nicht, und die Erkenntnis kann wachsen.

Es gibt eine schlagende und alles andere als zufällige Parallele zwischen diesen Tatsachen und derjenigen ethischen Theorie, die am engsten mit dem Empirismus verbunden ist, nämlich dem Utilitarismus. Diese äußerst einflußreiche Theorie teilt Logik und Geist des Empirismus. Sie behauptete, daß der einzig legitime Schiedsrichter über unsere Werte menschliche Zufriedenheit, Glück und Lust seien. Eine Philosophie für Schweine! – brummten ihre Kritiker. Keineswegs: Es war eine Philosophie für Puritaner. Das wirkliche Schwerezentrum dieser Theorie lag nicht in ihrer nahezu tautologischen Betonung von Glück, was ein nichtssagendes Etikett ist, das jeder bevorzugten Erfahrung angeheftet werden kann, sondern eher in ihrem rationalistischen Widerstreben, überlieferte Ideen zu akzeptieren, und in ihrem Beharren darauf, daß menschliche Werte statt dessen auf frisch überprüfte, echte menschliche Präferenzen gegründet werden müßten. Es lag in dem Beharren darauf, daß menschliche Bedürfnisse in einer egalitären, symmetrischen, methodischen Weise geprüft werden sollen, wobei jeder Mensch als einer und nicht mehr als einer zählte. Menschliche Bedürfnisse und Wünsche sollten in demselben kühlen, analytischen, Schritt für Schritt vorgehenden Geist geprüft werden, mit dem der empiristische Forscher traditionelle Ansichten der *Natur* sezierte. Die Unterwerfung kultureller Gewohnheit unter einen philosophischen Buchprüfer, der professionell dazu verpflichtet war zu überprüfen, ob geläufige gesellschaftliche Anordnungen wirklich das meiste Vergnügen und den geringsten Schmerz aus den verfügbaren Mitteln zogen, verwandelte den Utilitarismus in eine gesellschaftlich radikale, ja revolutionäre Triebkraft. Unterhalb der scheinbar schamlos sensualistischen Sprache lag der Geist der Methodisten ... Man kratze an einem Empiristen, und man findet einen Rationalisten.

Vernunft gegen Leidenschaft

Die frühen Rationalisten bemühten sich, die Vernunft nicht lediglich in der Anhäufung von Wahrheiten zu entfalten, sondern auch in der Lebensführung. Ihre Idee vom guten Leben der Erkenntnis bestand in der Vorstellung einer unaufhörlichen Anhäufung, aber in der Sphäre der Moral war ihr Ideal eher eines der rationalen Anpassung, der stoischen Hinnahme. Die Moralphilosophie, die sich bei den frühen Rationalisten wie Descartes und Spinoza findet, besteht darin, die Segel der Wünsche nach den vorherrschenden Winden zu richten, sich mit der Anpassung an die Realität zufriedenzugeben, statt den Versuch zu unternehmen, die Realität unserem Willen anzupassen. Kaum jemand hätte damals die Erwartung, die in der Welt, die der Rationalismus schließlich hervorbrachte, so augenfällig ist, geäußert, daß nämlich die Welt so transformiert werden würde, daß *sie uns* gefällt. Das kam erst, als die Vergrößerung der technologischen Macht die Menschen ermutigte, die Natur unseren Wünschen gefügig zu machen, und zwar dadurch, daß sie zeigten, daß es überraschend einfach ist.

Die späteren empiristischen Krypto-Rationalisten, die technisch in einem oberflächlichen Sinne Sensualisten waren, sahen die Moralität etwa so, wie sie ein Buchhalter sehen würde. In Übereinstimmung mit irgendeinem rationalen, akzeptablen und egalitären Prinzip sollte die maximale Produktion von Befriedigungseinheiten erreicht und diese dann vernünftig verteilt werden. Aber vor allem sollte die Gesamtsumme radikal ausgeweitet werden, und dieser Ausweitung war keine Grenze gesetzt. Es wurde erwartet, daß sie substantiell sein würde, und so erwies sie sich auch schließlich. Kurzum, die kollektive Verfolgung der sinnlichen Befriedigung war alles andere als wild und orgiastisch; sie war nüchtern, systematisch und ordentlich. Im seinem Geburtslande führte der sensualistische Utilitarismus nicht zu einer Orgie, sondern zum Wohlfahrtsstaat und zu seinem Vertreter, dem Sozialarbeiter.

Es erhebt sich folgende Frage: Kann eine solche Verfolgung von Befriedigungsmaximierung oder alternativ die Erfüllung und Umsetzung des Prinzips um des Prinzips willen den menschlichen Geist jemals wirklich befriedigen? John Stuart Mill fand in seiner berühmten und autobiographisch aufgezeichneten Depression, daß sie das nicht könnte [67]. Man konnte nach Glück nicht direkt streben, Glück konnte nur das Nebenprodukt der Erlangung anderer Ziele sein. Aber wir können uns nicht einfach in das Glück hineinbetrügen, indem wir uns andere Ziele setzen und dann listig Be-

200

friedigung genießen, wenn sie erreicht sind — ohne uns selbst jemals einzugestehen, daß es die Befriedigung als solche war und nicht die spezifischen Ziele, die wir wollten. Wir können unsere Ziele nicht wählen. Sie wählen uns. Der Mensch kann tun, was er will, aber er kann nicht wollen, was er will — wie Schopenhauer bemerkt hat.

Welche Art von Zielen hat *wirklich* Gewalt über uns? Sie scheinen mit unseren mächtigen quasi-biologischen Trieben von Sexualität, Herrschaft, Macht, Zugehörigkeit zu einer wirklichen Gemeinschaft oder Ressentiment verbunden zu sein. Obgleich sie mit diesen Antrieben verbunden sind, nehmen unsere Wünsche doch die spezifische Gestalt langfristiger, intimer und unbewußter persönlicher Beziehungen an. Das menschliche Leben spielt sich innerhalb dieser intimen, verborgenen und sehr persönlichen Konstellationen ab; unsere Befriedigung und Unzufriedenheit werden durch diese obskuren Reaktionen bestimmt, die jeden ordentlichen Buchhalter entsetzen, bestürzen und verwirren würden. Sie trotzen einer ordentlichen Berechnung. Professionell werden sie, wenn überhaupt, von dem schamanen-gleichen, geheimnisvollen und ausweichenden Tiefentherapeuten statt vom hedonistischen Buchhalter behandelt. Wir wissen nicht, was wir tun, wir wissen nicht, warum wir es tun, wir wissen nicht, was uns zufrieden macht und was uns zur Verzweiflung bringt, und wir haben nur wenig wirkliches Verständnis der Situationen, in denen wir uns finden, der wirklichen emotionalen Belastung, die unsere Umwelt für uns bereithält.

Dies ist auf jeden Fall der wichtige Keim von Wahrheit in der modischen Tiefenpsychologie des 20. Jahrhunderts, wie nebulös, schwammig und ausweichend ihre spezifischeren und theoretischeren Lehren und wie grundlos ihre therapeutischen Ansprüche auch sein mögen. Unser bewußter Geist scheint eher wie die Abteilung für Öffentlichkeitsarbeit einer großen, komplexen und turbulenten Firma zu sein, die von einem geheimnisvollen und zerstrittenen Management beherrscht wird, das den Firmensprecher niemals in seine Geheimnisse einweiht. *Public relations* begnügen sich damit, der Öffentlichkeit idealisierte und vereinfachte Darstellungen der Situation anzubieten und sie weisen nur geringe

Ähnlichkeit mit dem wirklichen Zustand der Dinge innerhalb der Gesellschaft auf und haben wenig Einfluß darauf. Die Cartesische, Humesche und Kantische Philosophie kodifizierten mehr oder weniger korrekt die kognitive Ethik einer neuen Zivilisation. Aber als Darstellung des intimen psychischen Lebens ihrer individuellen Mitglieder sind sie wertlos.

Freud wird weithin und mit guten Gründen das Verdienst zugeschrieben, entdeckt zu haben, daß der Mensch nicht Herr im eigenen Haus ist. Diese Idee ist durchaus zutreffend, selbst wenn der Teil von Freuds Lehre, der beansprucht, unsere Herrschaft zu vergrößern, und sei es auch nur in bescheidenem Maße, unbegründet ist. Das Selbstbild des modernen rationalen Menschen, des Bürgers der einzigartigen Gesellschaft, die von dem großen Ausbruch kognitiver und produktiver Rationalität erzeugt worden ist, verdankt den Ideen und der Terminologie Freuds mehr als irgendeiner anderen einzelnen Quelle. Der rationale Mensch hatte seine eigene Irrationalität wiederentdeckt, sie in einem naturalistischen Idiom charakterisiert und ist darüber belehrt worden, daß er mit seinen eigenen irrationalen Wurzeln durch ein Verfahren kommunizieren und sie befrieden kann, das seinen Individualismus respektiert (das Ritual ist in den meisten Fällen nicht kollektiv, sondern einsam), und Einsicht nicht durch ordentliche, klare und deutliche Ideen erlangen kann, sondern durch eine Art begrifflicher Kapitulation, durch eine »Vor-Assoziation«, die alle seine gewohnheitsmäßigen intellektuellen Praktiken und Verpflichtungen auf den Kopf stellt. Die Psychoanalyse fordert und genießt eine Orgie begrifflicher Widersprüchlichkeit. Sie behauptet, der einzige Zugangsweg zur Tiefe und infolgedessen zum Heil zu sein.

Im modernen Irrationalismus vermischen sich eine Anzahl plausibler Themen. Es gibt die tiefenpsychologische Ansicht von der dunklen, verschlagenen und instinkthaften Natur unserer Befriedigung, die von unserer angeblichen Erfüllung entweder in abstrakten Idealen oder selbst in rationaler Habgier weit entfernt ist. Und es gibt außerdem die Wahrnehmung, daß unser Leben nicht in der zielstrebigen Verfolgung klar formulierter Ziele besteht, sondern in dem Spielen einer akzeptierten und anerkannten Rolle in einer Kultur und Gemeinschaft, und daß eine solche Zugehörigkeit und Anerkennung nicht einer Kosten-Nutzen-Rechnung unterliegt. Wenn das ökonomische Wachstum zurückgeht (nicht, weil keine weiteren Erfindungen mehr möglich sind, sondern weil es keinen weiteren Profit gibt), gibt es vielleicht weniger Raum für instrumentelle Rationalität. Denn es ist nicht nur so, daß Wachstum der Rationalität bedarf, sondern Rationalität bedarf des Wachstums. Sie kann sich am besten in der unstabilen Verfolgung neuer Gelegenheiten entfalten. Wenn das Wachstum aufhört, oder wenn es aufhört, wichtig zu sein, kann auch die Rationalität ihre Bedeutsamkeit verlieren. In der re-stabilisierten Gesellschaftsordnung, die vielleicht kommt, wenn die Technologie unsere Optionen nicht weiter vergrößert, können vielfältige Arrangements den Bereich verkleinern, in dem sich die »Vernunft« frei entfalten kann. In einer stabilen oder re-stabilisierten Kultur würde die rücksichtslose Verfolgung eines einzelnen Zieles dazu neigen, die vielseitigen Anpassungen zu stören. Nur in Perioden des Wachstums kann eine strenge Trennung der produktiven Sphäre toleriert werden. Wenn sich die Gesellschaft wieder gefestigt hat, kann die Rationalität wieder in ihr früheres Getto zurückkehren und die Gewohnheit ihr Reich zurückerobern.

Es gibt auch die Erwägung, daß bei gegebenen Optionen eine rationale Einschätzung möglich ist, wenn ein Großteil des Hintergrundes als unveränderlich hingenommen wird; aber größere politische Entscheidungen in der modernen Gesellschaft werden gegen einen Hintergrund vorgenommen, der selbst im Fluß und *sub iudice* ist. Die Anzahl inkommensurabler Erwägungen, die in größere Entscheidungen eingehen, ist allzu groß und disparat, als daß sie deren Reduktion auf eine einzelne Maßnahme erlaubten. Größere Probleme erscheinen nicht länger zweimal auf der politischen oder sogar ökonomischen Tagesordnung, weil sich in einer komplexen und sich rapide wandelnden technischen und gesellschaftlichen Umwelt keine Situation wiederholt; infolgedessen gibt es keinen klaren Sinn, in dem man aus der Erfahrung lernen kann. All diese Erwägungen, zusammen und einzeln, helfen dabei, das rationalistische Ideal in Sphären außerhalb der Erkenntnis zu schwächen. Infolgedessen ist die Vernunft, in Stabilität oder im Fließen, jetzt in Gefahr.

Zusammenfassung

Die menschliche Spezies hat durch einen noch nicht recht verstandenen evolutionären Mechanismus eine erstaunliche Reaktionsunbeständigkeit entwickelt. Dieses Fehlen einer genetischen Vorprogrammierung hat die Notwendigkeit erzeugt, daß wir, zum Ausgleich für diese Unbeständigkeit, sozialen und begrifflichen Zwängen unterworfen werden: Wenn die Reaktionssysteme tatsächlich nach einem Zufallsprinzip durch individuelle Assoziation und durch die Reaktion auf idiosynkratische Erfahrung akkumuliert würden, wie es der Empirismus gelehrt hatte, wäre weder eine semantische noch eine gesellschaftliche Ordnung möglich. Bedeutungen und Reaktionen wären allzu chaotisch und unvorhersagbar. Eine derart polymorphe, instabile Spezies hätte unmöglich überleben können. Glücklicherweise hat sich die Fähigkeit, auf gesellschaftlich-semantische Zwänge des Verhaltens zu reagieren, zur gleichen Zeit entwickelt wie die Formbarkeit des Verhaltens. Hätte sie das nicht getan, wären wir nicht hier.

Dies war Teil der Durkheimschen Einsicht. Sozial auferlegter, internalisierter Zwang ist wesentlich, wenn wir zum Denken, Kommunizieren, zu Kohäsion und Kooperation fähig sein sollten. Rationalität im ersten, Durkheimschen, oder im allgemeinen Sinn kann mit der Unterwerfung unter gesellschaftlich geteilte, gemeinschaftstypische und zwanghaft internalisierte Begriffe gleichgesetzt werden. Am Anfang war das Verbot. Sprache ist ein erstaunlich reiches System von gesellschaftlich vermittelten Markierungen, die sich dazu eignen, die Angehörigen einer Gemeinschaft in ihren kulturellen Grenzen zu halten oder zumindest anzuzeigen, welches diese Grenzen sind; aber die eingebauten echten Prinzipien der Sprache sind so, daß zahllose Sprachen und Kulturen möglich sind. Dies wiederum macht kulturelle Vielfalt möglich und infolgedessen eine Veränderungsrate, die viel größer ist als genetische Transformation allein es je sein könnte.

Die gesellschaftlich eingeflößten Begriffe dienen im allgemeinen vielfältigen Zwecken und beachten, ebenso wie die Menschen, die sie verwenden, keine sehr ordentliche und entwickelte Arbeitsteilung. Sie sind sozusagen polyfunktional. Sie sind rational nur im Durkheimschen Sinne: Sie sind sozial eingeimpft und machen sowohl Kohäsion wie Verständnis möglich, indem sie die Angehörigen einer semantischen Gemeinschaft mit *denselben* Zwängen ausstatten. Sie erlegen den Menschen sowohl eine logische wie eine moralische Ordnung auf.

Aber sie sind irrational in dem engeren oder Weberschen Sinne der Rationalität: Sie sind nicht methodisch, und sie dienen nicht einzelnen, isolierten und klar artikulierten Zielen, die allein eine genaue Einschätzung ihrer instrumentellen Wirksamkeit erlauben. Sie sind überhaupt nicht denselben Gesetzen unterworfen: Sie dienen oft vielfältigen Zwecken, sind verschiedenen Zwängen unterworfen und können infolgedessen keinem von ihnen mit rücksichtsloser Zielstrebigkeit und berechenbarer Wirkung dienen. Obgleich oft eine Empfindlichkeit für äußere, natürliche Tatsachen besteht, sind sie beinahe immer nur ein einziges Element unter vielen; sie sind weder sauber isoliert noch dominant. Mit anderen Worten, Sprache ist nicht primär referentiell, und diejenigen Teile von ihr, die sich auf etwas beziehen, tun es nicht ausschließlich. Es gibt kein einzelnes Idiom, keine einzelne begriffliche Währung, die es erlaubt, den gesamten Reichtum an Behauptungen zu verknüpfen, zu systematisieren und auszudehnen.

Solange das begriffliche Leben der Menschheit diese sozusagen Durkheimsche Form hatte, konnte von einer grenzenlosen und wirksamen Erforschung der Natur nicht die Rede sein. Ähnlich konnte keine Rede sein von jener ständigen Innovation der Produktionstechniken, der Kombination von Elementen der Produktion, die zu stetem ökonomischem Wachstum führt. Unnötig zu sagen, daß auch keine Rede von der Kombination dieser beiden Formen der Expansion des menschlichen Lebens mit dem Erscheinen einer Gesellschaft sein konnte, die auf Wachstum und Fortschritt beruht. Ganz im Gegenteil, das intellektuelle Leben der menschlichen Gesellschaften war ein integraler Teil einer Tendenz zur Selbstverewigung. Im allgemeinen unterstützte es die stagnationserhaltende Herrschaft der agrarischen Menschheit durch eine Allianz von Spezialisten für Zwang und Ritual.

Der Übergang von der ersten generischen Rationalität Durkheims zu der spezifischeren Rationalität, von der Weber besessen war, ist vielleicht das größte Einzelereignis in der menschlichen Geschichte. Wir wissen nicht, wie es zustande kam, und werden es vielleicht auch niemals wissen. Wir besitzen aber in dem Werk Max Webers eine faszinierende und suggestive Hypothese. Selbst wenn sie sich schließlich als falsch erweisen sollte, hat sie das unschätzbare Verdienst, ein eindringliches Licht auf das Problem zu werfen. Die Antwort, ob nun korrekt oder nicht, verleiht der Frage ein scharfes Profil. Sie hilft uns, die Unverwechselbarkeit unserer Situation zu verstehen.

Die so erzeugte Welt enthielt sowohl rationale Produktion wie Erkenntnis. Die Regeln beider wurden zu gegebener Zeit kodifiziert. Zwei Schotten, Hume und Smith, legten sie nieder, der eine nahm sich der Erkenntnis, der andere der Produktion an. Ihre Ansichten über Zwang konvergierten, und sie waren tatsächlich Freunde.

Auf diese Weise wurde die Vorstellung einer einzigen, systematischen, ordentlichen Methode der Wahrheitserlangung, die in allen Menschen verkörpert und in keinem privilegiert ist, vollendet und mit dem Namen Vernunft bezeichnet. Sie war natürlich in Konflikt mit dem verbliebenen Element der privilegiert-heiligen Ansicht von Dingen, die durch die Theologie verewigt wurde, die die neue Sicht überhaupt erst hervorgebracht hatte. Dieser Konflikt machte, stärker als jeder andere, den Begriff der Vernunft vertraut. Der Begriff der exklusiven, eifersüchtigen und ordentlichen Gottheit, der geholfen hatte, das rationale einheitliche Denken zu erzeugen, versündigte sich am Ende dagegen. Der privilegierte Anspruch, daß die Gottheit existierte, ganz zu schweigen von verschiedenen spezifischeren und manchmal absonderlichen Behauptungen, die damit verbunden blieben, konnte am Ende den Kriterien der Vernunft nicht länger genügen. Die Vernunft zerstörte ihren eigenen Erzeuger. Jetzt kann zur Liste ihrer Verbrechen auch der Vatermord hinzugerechnet werden. Sie ist ebenso vatermörderisch wie ohnmächtig und selbstmörderisch.

Moderne Irrationalisten sind nach dem *tu quoque*-Argument geradezu süchtig: Die Vernunft kann ihre eigenen Verfahren nicht ohne Zirkularität rechtfertigen. Sind wir also nicht alle gleich, alle gleichermaßen der Sünde der Zirkularität und des Vorurteils schuldig? Aber der Rationalist kann mit Recht dagegen protestieren, mit den Gläubigen auf eine Stufe gestellt zu werden. Er kann sehr wohl zu ihnen sagen, was die katholische Kirche in vor-ökumenischen Tagen zu den Protestanten zu sagen pflegte — ihr seid viele, wir sind eins. Die *carte blanche*, die der generische Irrationalismus verschafft, rechtfertigt *alle* Glaubensbekenntnisse, der Pfad, den die Vernunft vorschreibt, ist dagegen einzigartig. Das *tu quoque*-Argument rechtfertigt jeden Glauben gleichermaßen und nicht nur einen einzelnen unter ihnen. Es segnet alle gleichermaßen, einschließlich aller möglichen und bis jetzt noch ungeborenen Überzeugungen. Insoweit es überhaupt ein Argument ist, führt es nicht zu echter Überzeugung, sondern zu einer ungezügelten Freizügigkeit der Lehre.

Das *tu quoque*-Argument bringt uns zu der nächsten Stufe in der Geschichte der Vernunft. Nach dem Vatermord kommt die Ohnmacht. Descartes und die frühen Rationalisten hatten gehofft, ihr neues Werkzeug, die Vernunft, als ein Produkt mit Herstellergarantie nicht für ein Jahr, sondern für alle Ewigkeit auszuliefern. Die Garantie sollte für immer gelten. Descartes war zu den Bemühungen, Garantie auf dieses Werkzeug zu geben, gezwungen worden, gerade weil andere Wahrheitsproduzenten so unsäglich schäbige Güter anboten, die von notorisch großspurigen, prahlerischen, bedrohlich nachtragenden und unverhohlen lügnerischen wie unzuverlässigen Garantien begleitet wurden. Die Weisen der Vergangenheit suchten wasserdichte Lebensstile, die enttäuschungssicher waren. Descartes war ebenfalls entschlossen, nur Güter der höchsten Qualität auf den Markt zu bringen, begleitet von einer ganz und gar ehrlichen und vertrauenswürdigen Garantie, obgleich er, anders als die Weisen der Vergangenheit, eher eine narrensichere Methode der Forschung suchte als einen narrensicheren Lebensstil. Spinoza paßte seine neuen Ideen der alten Suche nach einem sich selbst rechtfertigenden Lebensstil an.

Zunächst kam die Entdeckung, daß die Vernunft eine solche Garantie nicht wirklich geben konnte. Die Ohnmacht der Vernunft ist selbst eine unabhängige Wahrheit der Vernunft. Hume zeigte, daß die klaren und deutlichen Daten keine zwingende Folgerung hinsichtlich der Art von Welt, die wir bewohnen und mit der wir umgehen, zuließen. Ein System, das bei der Erforschung der Natur dadurch Erfolg hat, daß es Fragen in kleine Teile zerbricht, Beweise atomisiert und Ordnung sucht, kann nicht aus eigenen Mitteln oder ohne eigenen Prinzipien zu widersprechen feststellen, daß eine solche Untersuchung erfolgreich sein *muß*. Nach der Ohnmacht der Vernunft kam der Selbstmord. Die Vernunft erzeugt eine einheitliche, naturalistische Welt, in der es für sie keinen wirklichen Platz gibt.

Der moderne Irrationalismus ist inzwischen sehr selten Ausdruck einer echten Hingabe an eine extra-rationale, übernatürliche Autorität. Die besondere Debatte zwischen Protagonisten der Autorität und Parteigängern des freien Denkens ist, wenn auch nicht völlig tot, so doch weitgehend antiquiert. Soweit sie überhaupt noch andauert, ist sie verhalten und von anderen Erwägungen überlagert. Die wichtigen Feinde der Vernunft behaupten nicht länger lautstark, Zugang zu einer Quelle der Offenbarung außerhalb der Welt zu haben. Sie behaupten, daß es *in* der natürlichen Welt, so wie sie von der Vernunft enthüllt wird, Autoritäten gibt, die legitimer sind als die Vernunft, so daß der Vernunft keinerlei Beachtung geschenkt werden sollte und kann. Erkenntnis, Wertung, gesellschaftliche Organisation sind, und zwar mit Recht, Sklaven intramundaner Kräfte, denen die Vernunft nicht lediglich als Sklave, sondern auch als Fassade oder Tarnung dient. Freuds Vorwurf gegen die Vernunft, sie sei die Praxis andauernder Fehlinformation, wurde die Auffassung Humes hinzugefügt, der der Vernunft eine inhärente Sklaverei zuschrieb. Der neue Angriff auf die Vernunft empfiehlt keine transzendenten, sondern nur innerweltliche, rivalisierende Autoritäten. Tradition, Erde, Blut, die Dialektik sind die neuen Rivalen: Sie sprechen aus dem Innern der Welt, nicht von außen.

Man könnte die Probleme der menschlichen Vernunft auch in das Problem des Wahnsinns und das Problem der Göttlichkeit teilen. Die Vernunft kann einerseits aufgegeben werden, weil die

Kräfte, die uns kontrollieren, so komplex, so mächtig und so mysteriös sind, daß wir nicht anstreben können, sie zu verstehen oder zu meistern. Ein winziges Schiffchen mit einem schwachen Antriebsaggregat, das in eine machtvolle und turbulente Strömung gelassen wird, hat keine Chance – außer vielleicht, mit der Strömung zu schwimmen und das beste zu hoffen. Es wäre müßig vorzugeben, daß eine solche Darstellung unserer Situation, individuell oder kollektiv, weit von der Wahrheit entfernt ist. Das ist das Problem des Wahnsinns: Ein Mensch, der von inneren Kräften ergriffen ist, die zu stark und zu unverständlich sind, als daß er sie meistern könnte, kann sein eigenes Schicksal nicht kontrollieren. Descartes' Regeln können keinem Menschen dabei helfen, psychotische Wahnvorstellungen zu bekämpfen. Und es ist *nur* Glück, nicht irgendein rationales Verdienst, das jeden von uns vor einer solchen Lage bewahrt.

Aber ironischerweise entspringen einige der Probleme der Vernunft der entgegengesetzten Erwägung. Es ist unklar, welche Gründe die Gottheit gehabt haben könnte, die Welt so zu schaffen, wie sie ist: Weder Ziele noch Tatsachen noch Gesetze waren ihr auferlegt, und infolgedessen konnte sie keinerlei denkbaren Grund dafür gehabt haben, eher *dieses* als *jenes* zu schaffen. Da ihr Zwänge fehlten, fehlte ihr auch jeder mögliche Grund dafür, das eine eher als das andere zu tun. Die Gottheit ist der Unterstützung durch das Prinzip des zureichenden Grundes beraubt. Die intellektuelle Lage der fortgeschrittenen Menschheit ähnelt dieser Situation mittlerweile in gewisser Weise. Insoweit gesellschaftliche, genetische und andere Techniken menschliche Züge und Werte in manipulierbare Variablen statt in fixe Daten, die sie einstmals waren, verwandeln, finden wir in uns ähnlich prämissenlose Bedingungen. Die Vernunft ist einfach nicht imstande, die Prämissen zu liefern, die unsere Ziele oder unsere Mittel auswählen oder begründen könnten. Die Ohnmacht der vernünftigen Begründung ist vielleicht das Gegenstück zur technologischen Macht. In einer Welt, die von einer effektiven Wissenschaft und Technologie beherrscht wird, und in einer in hohem Maße variablen und manipulierbaren Gesellschaft und Menschheit fehlen uns einfach hinreichende Prämissen für langfristige politische Entscheidungen. Allzuviel Erkenntnis unterminiert unsere Prämissen — oder sollten wir sagen: unterminiert die alte Illusion fester Prämissen? Unsere alten Zwänge hatten unsere Optionen eingeschränkt, und unser Aberglaube versah unsere erzwungenen Optionen mit der Illusion der Legitimität. Unsere neuen Kräfte lassen uns frei schwebend zurück. Wir befinden uns vielleicht in einer Art prämissenlosem Vakuum, mit allzu viel Macht zu schaffen und ohne Gründe für die Wahl hinsichtlich dessen, was wir schaffen. Praktische Tatmenschen, die notorisch unter konstantem Druck von der Hand in den Mund leben, halten dies vielleicht für eine nicht sehr wahrscheinliche Gefahr. Sie ist es nichtsdestoweniger. Technologische Beinahe-Allmacht hat ihre eigenen Gefahren. Merkwürdig genug ergänzen sie diejenigen der Unterwerfung unter unverständliche Mächte. Die Furcht vor dem Wahnsinn und der Gottheit kann für dieselbe Situation relevant sein.

Die Ansprüche der Unvernunft sind nicht in allen Sphären gleichermaßen überzeugend. Sie sind nicht sehr überzeugend in der Erkenntnis, ungeachtet der Tatsache, daß das Fehlen einer Garantie für rationale Verfahren unbestreitbar ist. Die Erkenntnisprozesse funktionieren weiterhin auf bewunderungswürdige Weise, selbst bei Fehlen einer solchen Garantie. In der Produktion sind die Ansprüche der Unvernunft, obgleich weit davon entfernt, überzeugend zu sein, etwas stärker. In unserem menschlichen Selbstbild und unserer Selbstbeurteilung erscheinen die Ansprüche der Unvernunft überwältigend stark zu sein, obwohl es nicht sehr klar ist, wie wir eigentlich gemäß der entgegengesetzten irrationalistischen Vision leben sollten. Ihre Orakel sprechen in nebulöser und trüber Sprache, und ihre Verlautbarungen sind allergisch gegen Klarheit. In der Praxis nehmen wir mit behelfsmäßigen Kompromissen vorlieb.

Die frühen Rationalisten hatten vermutet, daß die Vernunft nicht nur mit einer absoluten und ewigen Garantie versehen, sondern auch ein höchst machtvolles universales, in allen Sphären brauchbares Werkzeug sei. Es stellte sich jedoch heraus, daß es nicht nur keine Garantie gibt, sondern auch, daß das Werkzeug, wenngleich in einigen Sphären effektiv, in anderen unwirksam oder kontraproduktiv ist. Es ist im Geschäft des Lebens, individuell wie kollektiv, keine große Hilfe.

Im Anschluß an die Sprache kultureller Transzendenz kam die

Vorsehungsgläubigkeit Hegels und seiner Nachkommenschaft, einschließlich Marx und vieler anderer. Das war einfach Phantasie. Die Weltgeschichte ist keine Erzählung, die unserem Wohl, unserer Erbauung und Erfüllung dienen soll; die Welt, die mit der Rationalität erschienen ist, ist auch kein notwendiger Höhepunkt oder die beste aller möglichen Welten. Sie hat einige größere Verdienste und einige größere Defekte, und wir müssen beide erforschen. Sie entstand nur durch glückliche Umstände, und für die materiellen und gesellschaftlichen Vergünstigungen, die sie unzweifelhaft bereithält, ist ein hoher Preis zu zahlen. Die Belagerungsmentalität, die von Max Weber ins Spiel gebracht worden ist – alles entstand durch einen prekären Zufall, und die Kosten sind groß –, ist der Selbstgefälligkeit der Hegel-Marxschen Tradition unvergleichlich überlegen. Wir müssen unsere Gefährdung und unsere Optionen wie deren Preis verstehen. Wir kommen ohne die Illusion aus, daß wir die legitimen Erben, das abschließende Ziel, der Höhepunkt und der Zweck der globalen Entwicklung sind und daß sie spezifisch dazu gedacht war, uns hervorzubringen. Diese Form philosophischen Größenwahns können wir den Hegelianern und ihren intellektuellen Nachfahren überlassen.

In einer stabilen, traditionellen Welt hatten die Menschen Identitäten, die mit ihren gesellschaftlichen Rollen verbunden waren und durch ihre Gesamtansicht der Natur und der Gesellschaft bestätigt wurden. Instabilität und schneller Wandel sowohl der Erkenntnis als auch der Gesellschaft hat diese Selbstbilder ihres ehemaligen Anscheins der Verläßlichkeit beraubt. Identitäten sind vielleicht ironischer und bedingter als einstmals oder doch, wenn sie selbstsicher sind, ohne Rechtfertigung. Aber eben der Stil der Erkenntnis, der diese Erosion des Vertrauens bewirkt hat, ist auch die Grundlage einer neuen und anderen Art von Identität. Wir könnten am Ende unsere Identität in der Vernunft suchen und sie in einem Denkstil finden, der uns alles gibt, was wir an wahrer Erkenntnis der Welt haben, und der uns anhält, einander gerecht zu behandeln – ungeachtet der weltlichen Wurzeln, der prekären Grundlage, der ungleichmäßigen Leistung, des Mangels an Selbstrechtfertigung und der merklichen vater- und selbstmörderischen Tendenzen dieser Dame.

Anmerkungen

1 R. Descartes, Von der Methode des richtigen Vernunftgebrauchs und der wissenschaftlichen Forschung, hrsg. u. übers. von L. Gäbe, Hamburg 1960, S. 65.

2 Ebd., S. 17.

3 Ebd., S. 27; kursiv vom Autor.

4 Ebd., S. 17; kursiv vom Autor. In der zitierten deutschen Übersetzung Descartes' wird »coutume« mal mit »Gewohnheit«, mal mit »Herkommen« wiedergegeben. Wahrscheinlich wäre »Brauch« im Sinne Max Webers (»Eine tatsächlich bestehende Chance einer Regelmäßigkeit der Einstellung sozialen Handelns soll heißen Brauch, wenn und soweit die Chance ihres Bestehens innerhalb eines Kreises von Menschen lediglich durch tatsächliche Übung gegeben ist. Brauch soll heißen Sitte, wenn die tatsächliche Übung auf langer Eingelebtheit beruht.« Wirtschaft und Gesellschaft, § 4) die beste Übersetzung; A.d.Ü.

5 Ebd., S. 25; kursiv vom Autor.

6 Britischer Schriftsteller (1812-1904), Verfasser des Buches Self Help (1859); A.d.Ü.

7 R. Descartes, a. a. O., S. 25.

8 Ebd., S. 21.

9 Ebd., S. 21.

10 Ebd., S. 33.

11 R. Descartes, Die Prinzipien der Philosophie, hrsg. u. übers. von A. Buchenau, Hamburg 1955, S. 26.

12 Ebd., S. 28.

13 Ebd., S. 29.

14 Ebd., S. 2; kursiv vom Autor.

15 Vgl. E. C. Mossner, The Life of David Hume, 2. Aufl., Oxford 1980.

16 R. Descartes, Meditationen über Grundlagen der Philosophie, hrsg. und übers. von A. Buchenau, Hamburg 1972, S. 21.

17 D. Hume, Ein Traktat über die menschliche Natur, hrsg. von R. Brandt und übers. von Th. Lipps, Buch I, Hamburg 1973, S. 326 ff. In der deutschen Übersetzung ist »intelligible« unverständlicherweise mit »vollziehbar« wiedergegeben, ich habe es mit »verständlich« übersetzt; A.d.Ü.

18 I. Kant, Kritik der reinen Vernunft. Von den Paralogismen der reinen Vernunft, A 381.

19 E. Durkheim, Die elementaren Formen des religiösen Lebens, Frankfurt am Main 1981.

20 J.G. Frazer, Der goldene Zweig. Das Geheimnis von Glauben und Sitten der Völker, Reinbek 1989.

21 Meine Darstellung Durkheims und Webers konzentriert sich auf bestimmte Themen in ihrem Denken, die für meinen Gedankengang wichtig sind. Sie stellt nicht alle Aspekte ihrer Ideen dar. Eine ausführlichere Darstellung bieten S. Lukes, Emile Durkheim: His Life and Work, New York/London 1963; A. Giddens, Durkheim, London 1978; R. Brubaker, The Limits of Rationality: An essay on the social and moral thought of Max Weber, London 1984; W. Schluchter, Die Entwicklung des okzidentalen Rationalismus. Eine Analyse von Max Webers Gesellschaftsgeschichte, Tübingen 1979.

22 Vgl. M. Weber, Die protestantische Ethik und der Geist des Kapitalismus, München/Hamburg 1969. Zur Frage, ob Weber und Durkheim voneinander wußten und überhaupt in Beziehung standen: E.E. Tiryakian, A problem in the sociology of knowledge: the mutual unawareness of Emile Durkheim and Max Weber, European Journal of Sociology, 7/2, 1960.

23 D. Hume, a.a.O., S.240.

24 B. Pascal, Pensées, Bd. II, Paris 1960 (dt. Über die Religion und über einige andere Gegenstände [Pensées], Heidelberg 1978).

25 Ebd., Bd. IV.

26 Stendhal, De l'amour, Paris 1927.

27 L. Wittgenstein, Philosophische Untersuchungen, Frankfurt am Main 1960.

28 J.H. Newman, Apologia pro Vita Sua, London 1865 (dt. Apologia pro vita sua, in: ders., Ausgewählte Werke, übers. von M. Knöpfler, Bd. 1, 4. Aufl., Mainz 1983, hier übers. von M. Suhr).

29 K. Barth, Kurze Erklärung des Römerbriefs, München 1956, S.24.

30 W.E.H. Lecky, History of the Rise and Influence of the Spirit of Rationalism in Europe, London 1910.

31 T. Luhrmann, Persuasions of the Witch's Craft: Ritual magic in present-day England, Oxford 1989.

32 R. Popkin, The third force in seventeenth century thought: scepticism, science and millenarianism, in: E. Ullman-Margalit (Hg.), The Prism of Science, Boston Studies in the Philosophy of Science, Bd. 95, Boston 1986.

33 N. Chomsky, Cartesian Linguistics, New York/London 1966 (dt. Cartesianische Linguistik. Ein Kapitel in der Geschichte des Rationalismus, Tübingen 1971).

34 G.W.F. Hegel, Die Vernunft in der Geschichte, hrsg. v. J. Hoffmeister, Hamburg 1955, S.29.

35 K. Marx, F. Engels, Die deutsche Ideologie, in: dies., Werke, Bd. 3, Berlin 1969, S.26 f.

36 Vgl. E.A. Wrigley, People, Cities and Wealth: The transformation of traditional society, Oxford 1987.

37 Zu einer günstigeren Einschätzung dieser Tradition vgl. H. Marcuse, Vernunft und Revolution. Hegel und die Entstehung der Gesellschaftstheorie, Neuwied 1962.

38 Siehe z.B. B. Magee, Men of Ideas: Some creators of contemporary philosophy, London 1978; ders., The Philosophy of Arthur Schopenhauer, Oxford 1983.

39 A. Schopenhauer, Die Welt als Wille und Vorstellung, Darmstadt 1980.

40 Eine detailliertere Ausarbeitung dieser Argumentation in: E. Gellner, The Psychoanalytic Movement: Or the cunning of Unreason, London 1985.

41 Vgl. W.V.O. Quine, Von einem logischen Standpunkt, Frankfurt am Main 1979; ders., Ontologische Relativität und andere Essays, Stuttgart 1969.

42 W. James, Pragmatismus: Ein neuer Name für alte Denkmethoden, Hamburg 1977.

43 Vgl. P. Feyerabend, Wider den Methodenzwang, Frankfurt am Main 1976.

44 K.R. Popper, Logik der Forschung, Wien 1935.

45 S. zum Beispiel I. Lakatos, Falsification and the methodology of scientific research programmes, in: ders./A. Musgrave (Hg.), Criticism and the Growth of Knowledge, Cambridge 1970 (dt. Kritik und Erkenntnisfortschritt, Braunschweig 1974).

46 Vgl. Th. Kuhn, Die Struktur wissenschaftlicher Revolutionen, Frankfurt am Main 1967.

47 Vgl. Th. Hobbes, Leviathan, 13. Kap.; A.d.Ü.

48 Anspielung auf Frazers Goldener Zweig (vgl. Anm. 20), das mit der Beschreibung des rituellen Priestermordes in Nemi, Italien, beginnt; A.d.Ü.

49 R.G. Collingwood, Denken. Eine Autobiographie, Stuttgart 1955.

50 L. Wittgenstein, Tractatus logico-philosophicus, Frankfurt am Main 1963.

51 L. Wittgenstein, Philosophische Untersuchungen, Frankfurt am Main 1963; vgl. auch B. Magee, The Great Philosopher. An Introduction to Western Philosophy, London 1987, S. 343.

52 Zu allgemeinen Implikationen von Chomskys Ideen vgl. zum Beispiel ders., Knowledge of Language: Its nature, origin and use, New York 1986; ders., Language and Responsibility, Brighton 1979; ders., Reflections on Language, London 1976 (dt. Reflexionen über Sprache, Frankfurt am Main 1977); sowie F. d'Agostino, Chomsky's System of Ideas, Oxford 1986.

53 J. Benda, La Trahison des clercs, Paris 1927 (dt. Der Verrat der Intellektuellen, Frankfurt am Main 1988).

54 Der entscheidende Punkt an Wittgensteins »Sprachspielen« ist, daß sie autonome Subsysteme der Sprache sind und von ihren eigenen Kriterien gelenkt werden, die keinem allgemeinen Gesamtprinzip unterworfen sind. Diese Lehre ist für Wittgensteins Irrationalismus entscheidend.

55 Vgl. M. Oakeshott, Rationalism in Politics and Other Essays, London 1962.

56 I. Berlin, Four Essays on Liberty, Oxford 1968 (dt. Freiheit. Vier Versuche, Frankfurt am Main 1994).

57 R. Dore, British Factory, Japanese Factory, London 1973.

58 M. Sahlins, Stone Age Economics, London 1974.

59 D. Bell, The Cultural Contradictions of Capitalism, London 1976 (dt. Die Zukunft der westlichen Welt, Frankfurt am Main 1976.) Bell hält dies alles für eine Art Widerspruch. In meinen Augen scheint es eher eine Art von natürlicher Folgerichtigkeit und Logik zu haben.

60 W.W. Bartley III, The Retreat to Commitment, London 1984 (dt. Flucht ins Engagement, München 1964).

61 M. Weber, Die protestantische Ethik und der Geist des Kapitalismus, München/Hamburg 1969, S.178.

62 M. Oakeshott, On Human Conduct, Oxford 1975.

63 Vgl. E.A. Wrigley, People, Cities and Wealth: The transformation of traditional society, Oxford 1987.

64 K. Marx, 3. These über Feuerbach, in: K. Marx/F. Engels, Werke, Bd. 3.

65 B. Spinoza, De Intellectus emendatione, 1677 (dt. Abhandlung über die Verbesserung des Verstandes, übers. von K. Gebhardt, Hamburg 1977, S.14).

66 M. Sahlins, Stone Age Economics, London 1974.

67 J.S. Mill, Autobiography, London 1873 (dt. Selbstbiographie, übers. von C. Kolb, Stuttgart o.J.).

Bibliographie

Primäre Texte

Bartley, W.W. III, The Retreat to Commitment, London 1984 (dt. Flucht ins Engagement, München 1964).

Benda, J., La Trahison des clercs, Paris 1927 (dt. Der Verrat der Intellektuellen, Frankfurt am Main 1988).

Berlin, I., Four Essays on Liberty, Oxford 1968 (dt. Freiheit. Vier Versuche, übers. von Günter Holl, Frankfurt/M. 1994).

Chomsky, N., Cartesian Linguistics, New York/London 1966 (dt. Cartesianische Linguistik. Ein Kapitel in der Geschichte des Rationalismus, Tübingen 1971).

Ders., Knowledge of Language: Its nature, origin and use, New York 1986.

Ders., Language and Responsibility, Brighton 1979.

Ders., Reflections on Language, London 1976 (dt. Reflexionen über Sprache, Frankfurt am Main 1977).

Collingwood, R.G., Denken. Eine Autobiographie, Stuttgart 1955.

Descartes, R., Meditationen über die Grundlage der Philosophie, hrsg. und übers. von A. Buchenau, Hamburg 1972.

Ders., Von der Methode des richtigen Vernunftgebrauchs und der wissenschaftlichen Forschung, hrsg. und übers. von L. Gäbe, Hamburg 1960.

Ders., Die Prinzipien der Philosophie, hrsg. und übers. von A. Buchenau, Hamburg 1955.

Durkheim, E., Die elementaren Formen des religiösen Lebens, Frankfurt am Main 1981.

Feyerabend, P., Wider den Methodenzwang, Frankfurt am Main 1976.

Frazer, J.G., Der goldene Zweig, Reinbek 1989.

Hegel, G.W.F., Die Vernunft in der Geschichte, hrsg. von J. Hoffmeister, Hamburg 1963.

Hume, D., Ein Traktat über die menschliche Natur, hrsg. von R. Brandt und übers. von Th. Kipps, Hamburg 1973.

James, W., Pragmatismus: Ein neuer Name für alte Denkmethoden, Hamburg 1977.

Kant, I., Kritik der reinen Vernunft, Hamburg 1956.

Marx, K., Thesen zu Feuerbach, in: K. Marx/F. Engels, Werke, Bd. 3, Berlin 1969.

Ders. und F. Engels, Die deutsche Ideologie, in: dies., Werke, Bd. 3, a.a.O.

Mill, J.S., Autobiography, o.O., 1873 (dt. Selbstbiographie, übers. von C. Kolb, Stuttgart o.J.).

Newman, J., Apologia pro Vita Sua, London 1865 (dt. Apologia pro vita sua, in: ders., Ausgewählte Werke, übers. von M. Knöpfer, Bd. 1, 4. Aufl., München 1983).

Pascal, B., Pensées, Paris 1960 (dt. Über die Religion und über einige andere Gegenstände [Pensées], Heidelberg 1978).

Popper, K.R., Logik der Forschung, Wien 1935.

Quine, W.V.O., Von einem logischen Standpunkt, Frankfurt am Main 1979.

ders., Ontologische Relativität und andere Essays, Stuttgart 1969.

Schopenhauer, A., Die Welt als Wille und Vorstellung, Darmstadt 1980.

Spinoza, B., De Intellectus Emendatione (dt. Abhandlung über die Verbesserung des Verstandes, übers. von K. Gebhardt, Hamburg 1977).

Stendhal, De l'amour, Paris 1927.

Weber, M., Die protestantische Ethik und der Geist des Kapitalismus, München/Hamburg 1969.

Wittgenstein, L., Philosophische Untersuchungen, Frankfurt am Main 1963.

ders., Tractatus logico-philosophicus, Frankfurt am Main 1963.

Sekundärliteratur

Barth, K., Kurze Erklärung des Römerbriefs, München 1956.

Bell, D., The Cultural Contradictions of Capitalism, London 1976 (dt. Die Zukunft der westlichen Welt, Frankfurt am Main 1976).

Brubaker, R., The Limits of Rationality: An essay on the social and moral thought of Max Weber, London 1984.

d'Agostino, F., Chomsky's System of Ideas, Oxford 1986.

Dore, R., British Factory, Japanese Factory, London 1973.

Gellner, E., The Psychoanalytic Movement: Or the Cunning of Unreason, London 1985.

Giddens, A., Durkheim, London 1978.

Kuhn, T., Die Struktur wissenschaftlicher Revolutionen, Frankfurt am Main 1967.

Lakatos, I., Fouloification and the methodology of scientific research programmes, in: ders. A. Musgrave (Hg.), Criticism and the Growth of Knowledge, Cambridge 1970 (dt. Kritik und Erkenntnisfortschritt, Braunschweig 1974).

Lecky, W.E.H., History of the Rise and Influence of the Spirit of Rationalism in Europe, London 1910.

Luhrmann, T., Persuasions of the Witch's Craft: Ritual magic and witchcraft in present-day England, Oxford 1989.

Lukes, S., Emile Durkheim: His Life and Work, New York/London 1973.

Magee, B., The Great Philosophers: An Introduction to Western Philosophy, London 1987.

Ders., Men of Ideas: Some creators of contemporary philosophy, London 1978.

Ders., The Philosophy of Schopenhauer, Oxford 1983.

Ders. (Hg.), Modern British Philosophy, Oxford 1971.

Marcuse, H., Vernunft und Revolution. Hegel und die Entstehung der Gesellschaftstheorie, Neuwied 1962.

Mossner, E.C., The Life of David Hume, 2. Aufl., Oxford 1980.

Oakeshott, M., On Human Conduct, Oxford 1975.

Ders., Rationalism in Politics and Other Essays, London 1962.

Popkin, R., The third force in seventeenth-century thought: scepticism, science and millenarianism, in: E. Ullmann-Margalit (Hg.), The Prism of Science, Boston Studies in the Philosophy of Science, Bd. 95, Boston 1986.

Sahlins, M., Stone Age Economics, London 1974.

Schluchter, W., Die Entwicklung des okzidentalen Rationalismus. Eine Analyse von Max Webers Gesellschaftsgeschichte, Tübingen 1979.

Tiryakian, E.E., A problem in the sociology of knowledge: the mutual unawareness of Emile Durkheim and Max Weber, in: European Journal of Sociology, 7/2, 1960.

Wrigley, E.A., People, Cities and Wealth: The transformation of traditional society, Oxford 1987.

Register

Jozef Keulartz

Die verkehrte Welt
des Jürgen Habermas

Aus dem Niederländischen von Inge van der Aart

Jürgen Habermas zählt zu den einflußreichsten
Philosophen des 20. Jahrhunderts. Nur wenigen
ist bekannt, daß der Nestor der Frankfurter
Schule anfangs stark von Martin Heidegger
beeinflußt war. Ohne Kenntnis dieser Prägung
und Habermas' früher Arbeiten bleibt sein »opus
magnum« jedoch schwer verständlich. Zwar
wandte er sich von Heidegger ab, verarbeitete
Erich Rothackers Kulturanthropologie und folgte
zeitweilig Herbert Marcuses psychoanalytischer
Gesellschaftstheorie. Indessen gelang es ihm erst
im Anschluß an die politische Philosophie der
Heidegger-Schülerin Hannah Arendt, seine kom-
munikationstheoretische Kehre zu vollziehen.
Jozef Keulartz verfolgt diese verschütteten Spuren auf dem intellektuellen Lebensweg von
Jürgen Habermas.

JUNIUS

288 Seiten   Broschur   ISBN 3-88506-248-8

Werner Jung

Von der Mimesis zur Simulation
Eine Einführung in die Geschichte der Ästhetik

Ästhetik hat Konjunktur, Fragen nach der Rele-
vanz sinnlicher Erkenntnis füllen die Feuilletons.
Von der Antike bis zur Gegenwart, von Platon
und Aristoteles bis zu postmodernen Denkern wie
Lyotard reicht das Nachdenken über unseren
Umgang mit dem Schönen und der Kunst. Von
welcher Art ist dieses Schöne? Ist es subjektiv oder
objektiv? Liegt das Schöne in den betrachteten
Dingen und Vorgängen selbst, oder wird es vom
Betrachter allererst konstituiert? Kann es eine
Hierarchie von Kunstwerken geben? Und nicht
zuletzt: Welche Bedeutung hat das Schöne für
Ethik oder Logik, für die Lehre vom Guten und
vom Wahren? Werner Jung zeigt, wie diese
Grundfragen sich trotz aller Brüche und Zäsuren
über Jahrhunderte und Epochen hinweg erhalten
haben – Grundfragen, die auf die Bedeutung und
die Funktion des Schönen der Kunst für das Leben
verweisen.

264 Seiten   Broschur   ISBN 3-88506-252-6

JUNIUS

David Nyberg

Lob der Halbwahrheit
Warum wir so manches verschweigen

Aus dem Amerikanischen von Henning Thies

Ehrlichkeit, Aufrichtigkeit, Wahrheit – diese
moralischen Forderungen gelten noch immer
absolut und unverändert. David Nyberg wagt die
Gegenthese. Wenn es die Wahrheit nicht gibt,
sondern nur Ansichten über Wahrheit, ist dann
das Spiel mit den Schattierungen der Wahrheit,
mit Beschönigungen und Verschweigen nicht
sogar ein wichtiger Teil der Selbstvergewisserung
des Menschen? Amüsant und doch fundiert zeigt
Nyberg anhand der alltäglichen Halbwahrheiten,
daß ein lebenswertes Zusammenleben in der
menschlichen Gemeinschaft ohne Täuschung und
Selbsttäuschung undenkbar wäre.

304 S. geb., mit Schutzumschlag ISBN 3-88506-241-0

JUNIUS

Julia Kristeva

Die neuen Leiden der Seele

Aus dem Französischen von Eva Groepler

Im Streß der Unterhaltungs- und Erlebnisgesell-
schaft finden die Menschen nicht mehr zu jener
Repräsentation der alltäglichen Erfahrungen, die
man psychisches Leben nennt. Ist die Psyche,
die eine dunkle und doch unverzichtbare Grundlage unserer Identität ist, weil sich in ihr die
Konflikte des abendländischen Menschen spie-
geln, in Auflösung begriffen?
14 Beiträge einer der bedeutendsten Vertreterin-
nen des französischen Poststrukturalismus.

272 S. geb., mit Schutzumschlag ISBN 3-88506-232-1